近代日本金融史要（大正昭和編）

近代日本金融史要（大正昭和編）

震災・恐慌・総力戦

明石照男
鈴木憲久

書肆心水

本書について

本書二巻は、明石照男・鈴木憲久共著、東洋経済新報社刊行『日本金融史』第一巻（明治編、一九五七年刊行）第二巻（大正編、一九五八年刊行）第三巻（昭和編、一九五八年刊行）三巻全体の圧縮版である。

章全体を省いた場合、各章内で一つか複数の節を省いた場合、注、備考、付記、集計表や資料を省いた場合がある。この省略により全体の分量を圧縮し、読み物的な体裁に近づけた。章節を省略した版であるので、章節の番号は削除した。章か節の全体を省いたところには「＊省略章」「＊省略節」と印し、省いた章節のタイトルを［　］で括って示した。表や文章を部分的に省いたところは特にそれと示していない（「次巻」を「次編」などに書きかえたところも同様）。元の本で注の体裁になっているものを生かした場合は、＊印を付したうえで括弧入れして本文に繰り込み、小活字を使用することを避けた（付記も同様）。巻末に一括して収められている資料類は全て省いている。

なお、本書では以下の表記調整をおこなっている。(1)送り仮名を現代的に加減調整したところがある（伴って「々」を使用したところがある）。(2)語句の表記ゆれを統一的に処理したものがある。(3)読み仮名ルビは選択的に採用し、多少の読み仮名ルビを新たに加えた。(4)読点を補ったところが多少ある。また読点と中黒点を相互に調整したり中黒点を省いたりしたところも多少ある。(5)ごく一部の片仮名語を現代的な表記におきかえた（例、スタムプ→スタンプ）。(6)引用文の表記は元の本のままである（読み仮名ルビの付加を除く）。(7)書肆心水による注記は［　］で括った。

目次

承前大正編

昭和編

（明治大正編） 創業・戦勝・国際化

明治編

維新前後の通貨金融情勢
国立銀行時代
中央発券銀行の創立
日本資本主義の生成期
日清戦争中および戦後における金融界
特殊銀行の創立
日露戦時および戦後の金融界
各種銀行の発展と銀行業の変遷

大正編

外国為替業務の伸展
外資輸入と対外投資
金融市場の発達
金融機関に関する法制および行政施設
大正九年の大恐慌と後始末
財界の反動後における金融界の大勢
金融関係諸制度の改廃および創始
恐慌一段落後の財界状態

近代日本金融史要（大正昭和編）

震災・恐慌・総力戦

承前大正編

関東大震災と善後施設

「震災」の意味と金融界への打撃

一 「震災」および「震災地」

十二年〔1923〕九月一日午前十一時五十八分に、突然起った関東大震災――当時一般には大震火災と称された――は、その惨害の甚大であった点で、わが国に関するかぎり未曽有の天災であったといわなければならない。したがって、これが善後策に関して政治上、経済上、社会上その他いろいろの方面にわたって、幾多の重大なものがあったこともまた前例を見ないが、ここでは、それら百般の事実を逐一詳説することはできない。以下、主として金融ないし経済界一般または金融界に比較的重要な関係を有する事がらを取りまとめて概説するにとどめることとする。ただしそれについて、あらかじめ断っておかなければならないことは、いわゆる震災および震災地または罹災地の範囲である。

この関東大震災において災害の最も甚大であったのは、もちろん東京および横浜の両市であったが、一般の法令などで震災地または罹災地と称する場合には、東京、神奈川、埼玉、山梨、茨城、千葉および静岡の一府六県を指すものと指定されている。したがって、たんに免災地といえば右の一府六県以外とみなすべきである。もっとも右のうちで茨城と山梨との二県は損害が最も軽少であったために、法令上の用語その他震災善後施設などの対象としての「震災地」または「罹災地」のうちには往々含まれないこともあった。

次に災害の程度においては地震そのものにおけるよりも、火災によるところのほうがいっそうはなはだしかったので、世間では関東震火災とか大震火災とか俗称されている。しかし、この場合においては、たんに火災だけでなく、地すべり、陥没、海しょう（いわゆるつなみ）のような異変は、すべて地震に起因するものと認めるよりほかはないという見解のもとに、法令その他公式の名称としては、これらの変災すべてを一括して「関東震災」またはたんに「震災」と呼ぶことになっているから、以下、特にことわりなきかぎり、「震災」は右様の意味であることを、あらかじめ付言しておく次第である。

二 金融の杜絶と応急策

これよりさき、八月下旬加藤（友三郎）首相が死去して、後継内閣組織の大命は山本権兵衛に降下し、その組閣工作中、政府は内田（康哉）兼任臨時首相のもとに掌理されていた。よって内田臨時内閣は震災勃発の翌二日、取りあえず帝都を中心とする罹災地一帯にわたって戒厳令を布くとともに、臨時震災救護事務局官制および非常徴発令（いわゆる緊急勅令）を施行して、同日夕刻、第二次山本内閣（大正の初期に第一次の山本内閣が実現されたのに対して）と入れかわった。かくて震災に関する諸対策は第二次山本内閣の下に続々と実行されたが、ここには主として金融ないし経済財政に関する官民間の罹災状況を概説し、これが善後施設の一般を述べるにとどめようと思う。

まず、震災のために各種の銀行が直接こうむった打撃について見ると、東京市内だけに当時、現存していた店舗、本店百三十八、支店三百十のうち、焼失または類焼したものは、日本銀行をはじめ本店百二十一、支店二百二十二、うち集会所組合加入銀行は本、支店を通じて——八十四行のうち——七十六行に上り、本店にして無事であり得たものは、わずかに勧業、興業、三菱、小池および麴町の五銀行、また支店銀行で免災したものは正金、台湾および住友三銀行の各支店、本支店を通計して八行にすぎなかった。また横浜市内における銀行の罹災状況は東京におけるよりもいっそうはなはだしく、ほとんど全滅といってもよいほどの惨状を呈した。

かような状況であったために罹災銀行はもちろん、免災銀行としても、災後はいっせいに休業のほかはなく、ために帝都を中心とする金融のみちは一時まったくとだえてしまった。そこで、東京手形交換所および同じく銀行集会所の池田謙三、佐々木勇之助をはじめ銀行関係の在京有力者は、火災がまだ消えつくさず、かつ余震がなおひっきりなしに繰返してくる三日午後一時から、取りあえず銀行集会所に集合して協議を重ねた結果、何をおいても、まずモラトリアムの施行を急務と認め、その他の善後方針に関するだいたいの意見を取りまとめた。いっぽう政府としては当日右のおもな銀行家を蔵相官邸に招集して、官民間にいろいろ協議を重ねた結果、大蔵省側としても支払延期令その他、緊急を要する諸対策の避けられないことを認め、翌四日の閣議にこれを付議した上、七日付の緊急勅令をもって支払延期令を公布し、即日施行したのである。

この支払延期令は「大正十二年〔1923〕九月一日以前に発生し同日より同年同月三十日迄の間に於て支払を為すべき私法上の金銭債務にして債務者が東京府、神奈川県、静岡県、埼玉県、千葉県及《およ》び震災の影響に依り経済上の不安を生ずる虞《おそれ》ある勅令を以て指定する地区に住所又は営業所を有する者に付ては三十日間其の支払を延期す」るという主旨になっていた。ただし「(一)国、府県其の他の公共団体の債務の支払、(二)給料及《およ》び労銀の支払、(三)給料及《およ》び労銀の支払の為にする銀行預金の支払、(四)前号以外の銀行預金の支払にして一日百円以下のもの」は、右の規定を適用されないことになっていた。

かように支払を延期しうることになると、それがため、いっぽうには手形その他の商取引関係において債権の時効にかかるものもありうる。そうした債権を保護するため同令中に権利保存に関する規定を設け、「手形其の他之に準ずべき有価証券に関し大正十二年〔1923〕九月一日より同年同月三十日迄の間に」、前掲の「地区に於て権利保存の為に為すべき行為は其の行為を為すべき時期より三十日内に之を為すに依りて其の効力を有す」ることになっていた。

かくして支払延期に関する対策だけは実施されたが、それにしても肝心の銀行が休業していたのではいかんともしがたいから、右の延期が施行された七日に、大蔵省では日本銀行の正、副総裁およびおもな市中銀行の代表者を招集して、銀行の開業ならびに開業後における商工業その他一般資金の融通方針に関して協議を遂げた結果、市内の一般銀行は、できるだけ早く営業を再開することとし、これに対して日本銀行はできるかぎり一般銀行に対して援助を与えるという申合わせをなした。そして翌八日に交換所組合銀行は協議会を開いた上、右の申合わせの趣旨を蔵相に対して提言することになったが、災害を免れた勧業、興業および三菱の三本店銀行と正金および台湾二銀行の支店とは、同日すでに開業していたのに引続き、翌九日には本、支店銀行を通じて四十四行の開業届出があり、その他の銀行も同月中旬中には大部分が開店した。また横浜市内の銀行としては、他地区に本店を有する各支店銀行は同月二十五日より、また市内に本店を有する銀行の本、支店は二十八日より、それぞれいっせいに開業した。かくて、罹災地域内の諸府県における各銀行は翌十月初めには、数行の小銀行を除くほか、ほとんど全部営業を再開するにいたったのである。（災後の銀行再開業に関しては、時の井上蔵相が特に金融界の事情に精通していたから、これが促進に意を用い、電話の復旧のごときも官庁同様の応急処置を進めるように尽力したことが、開業を速やかならしめる上に役立った。いっぽうではまた冷えきらない金庫の開扉が再発火の危険をともなうというので、それがために開業の遅れたものもあった。）

さて各銀行の営業再開後においては、つとに支払延期令が施行中であった上に、一般銀行に対する日本銀行の後援に関する方針も公表されていたこととて、かねて多少気づかわれていた預金の取付などのこともなく、世間一般の銀行に対する人気は予想外に安定していたようである。試みに災後、同月十五日現在までの日本銀行の各日貸出残高を見ると、最高は五億六百万円にとどまり、これは震災の起った一日現在高に比して一億五千八百万円の増加にすぎなかった。また兌換券発行高は同期間中に最高七千万円を増加したにすぎなかった。これで見ると一般銀行としては多少、預金を引出されたものがあったいっぽうには、預金を受入れたものもまた相当の額に上ったように察せられる。とにかく、再開業後における銀行界は、全般的には予想外に平穏状態を呈していたのである。当時の新聞によると、銀行が一般に平穏でありえたのは、預金者が銀行の被害を比較的に軽視していたこと、すなわち銀行が担保にとっていた商品、不動産などの損害によって、預金者に迷惑をかけるおそれは比較的少なかろうという予想によるということであった。

金融の復旧

一　支払延期令の撤廃

しかし、この状態は支払延期令施行中のことであって、できうるならば、一日も早くこれを撤廃したいのはもちろんである。しかも金融界のそうした小康状態は、必ずしも官民一般の安心をあがなうには足らなかったから、これが撤廃後の状態についての見とおしと、それに対する相当の準備とを確保した上でなくてはならなかった。

そこで、これが方策を講ずるために、大蔵省では同月十七日に東西および名古屋の各大銀行代表者を蔵相官邸に会同せしめて協議を遂げた結果、日本銀行の援助のもとに、大阪および名古屋の各主力銀行は国家的見地から、できるだけ東京側における金融界の平穏維持に協力することに、だいたい意見の一致をみた。よって東京側の銀行は翌十八日に集会所において、改めて日本銀行主催のもとに協議会を開催し、さらにその翌十九日ないし二十一日の三日間にわたり、連日交換所組合銀行としての協議会を開いた結果、二十一日に至って、けっきょく支払延期令は同令規定のとおり九月三十日限りこれを廃止すること、その代りに日本銀行は震災地関係手形の再割引をなすほか、見返品の種類拡張、担保評定価格の割増、不動産担保貸出その他について、特別に寛大な処置を執ることなどの諸事項を申合わせて、それを蔵相および日本銀行総裁に申請した。

この銀行側の申請の趣旨に基づいて、政府はさらに慎重な調査を遂げた上、二十六日の閣議において、いよいよ支払延期令を、規定の期日限り廃止することに決し、翌二十七日にその趣きを発表した。しかし支払延期令を撤廃するについては右の銀行団の申合わせにあるとおり、日本銀行において、いわゆる震災手形の再割引を行うとか、いっぽうでは同時に、延期令中に規定されている権利保存行為に関する特例の善後策などを講じなければならない。ところが、日本銀行がいわゆる震災手形の再割引を行うとしても、何分にも経済界が一時まったく混乱状態に陥ったこととて、日本銀行としては、それがために、こうむることあるべき相当の損失を予想せざるをえない。そこで政府は日本銀行が右の手形割引によって、こうむることあるべき損失のうち、一億円までを限ってこれを補償することとし、同日、日本銀行手形割引損失補償令とともに権利保存期間の延長に関する件を、それぞれ緊急勅令をもって施行したのである。すなわち前者は日本銀行が、

一　震災地（東京府、神奈川県、埼玉県、千葉県及《および》静岡県をいう。以下同じ）を支払地とする手形又は震災地に震災の当時営業所を有したる者の振出したる手形若《も》しくは之を支払人とする手形にして大正十二年［1923］九月一日以前に銀行の割引したるもの

二　前号に規定する手形の書換の為に振出したる手形
三　前二号に規定する手形又は震災地に営業所を有する銀行が他の銀行に対し大正十二年〔1923〕九月一日以前に発行したる預金証書若《も》しくはコール・ローンの証書を担保として銀行の振出したる手形
四　前三号に規定する手形にして日本銀行の割引したるもの丶書換の為に振出したる手形

のうちのいずれか「一に該当する手形にして大正十二年〔1923〕九月三十日以前の満期日を有するものの割引を為し之に因りて損失を受けたる場合に於て」、政府は「一億円を限り同行に対し其の損失を補償するの契約を為すことを得」る。ただしこの損失補償の対象とされていた手形のうちで、「第一号乃至《ないし》第三号に規定する手形の割引は大正十三年〔1924〕三月三十一日迄に為したるものに限る」のであった。

さてこの損失補償限度を一億円と決定した根拠については、もちろん同行の兌換の基礎にわざわいしないかぎりを目標としたものであるが、その推算の内容に関して時の井上蔵相が、後日、議会（国会）において説明したところによると、この勅令の対象となるべき手形の総額は、調査の結果、全国を通じて約二十億円を算することが明らかになったので、大略そのうちの五億円が日本銀行に持込まれ、そして、さらにそのうちの二割くらいが、或いは損失に帰しはせぬかというふうに見られたということである。

次に権利保存行為に関する勅令は前に述べたように、「手形其の他之に準ずべき有価証券に関し」、九月中に権利保存のためになすべき行為は、三十日内にこれをなせばよいということになっていたが、その後、なお交通機関の未復旧、公証役場の復業遅延などのために、当初の予定どおりにはゆかないような状勢にあったので、改めて十月一日から同月三十一日までの間においてなすべき権利保存のための行為につき、さらに三十日間これを延期した。この両勅令の施行によって災前の債権債務関係につき、モラトリアム撤廃後に処すべき対策だけは成立したわけである。

二　応急金融対策

ところが、何分にも罹災商工業者の大部分はおのおのその事業もしくは生業を、さながら新規に開始すると同様に、設備や仕入品などを調達しなければならないような状態にあったので、店舗、工場の建築および商工業資金の供給はきわめて早急を要した。そこで銀行団としては支払延期令の撤廃に関する対策とともに、前に述べたとおり政府および日本銀行に対し、これらの資金の融通に関して特別の対策を講ぜられたい旨を陳情した。この状況にかんがみて日本銀行はまず支払延期撤廃のことが決定された九月二十六日、銀行団代表者を同行に招集して資金融通に関する特別の方法について声明するところがあった。すなわち、

一　国債の担保価格に付ては大体、短期物は発行価格を以てし、長期物は震災前の時価を以てすること
二　地方債は大体震災前の時価の九掛けを以て担保価格とすること
三　社債、株券などはその実価を調査し、成るべく寛大に担保価格を定めること
四　利率は国債担保貸付、日歩二銭二厘、その他は同じく二銭四厘の定率を以てすること（これは日本銀行の慣行として、いずれの銀行に対しても貸出限度を定め、この限度以上はいわゆる高率適用として、一厘ずつ利率を引上げることになっている例外なのである）

というのである。右のうち、国債の短期、長期というのはだいたいその当時にあって、償還期限が四、五年以内に到来するものを短期、同じくそれ以上のものを長期とし、社債のうち、免災会社の発行に係る一流物に対しては担保価格を八掛け半まで、同様の株券に対しては同じく八掛けまで、震災に関係しない手形を見返とするものに対しては、その額面までを融通するほか、震災前に支払能力の確実であったもので、罹災のために支払能力を失ったものは、銀行がその手形に裏書した場合にかぎり二ヵ年以内の期間を限って再割引をなし、また不動産抵当を有する銀行で急を要する場合には、その不動産を見返として融通を与えるなどの内規のもとに実行された。そして右のいわゆる震災手形に対しては、前掲第四号の国債担保貸付以外のものと同率の日歩二銭四厘が適用された。

震災突発後、東京においては手形交換はまったく中止されていたが、かくモラトリアムは撤廃されることになり、その善後対策ならびに新規資金の融通に関する方策も決定されたので、交換所では同月二十九日に臨時総会を開き、一　手形交換は十月一日から再開すること、二　代理交換委託銀行またはその支店で、まだ開業しないものに対しては手形の持出をなさざること、三　支払延期令によって延期中の手形は延期期間満了後には、これを交換に持出すを得ざることなどの交換便法を決議したほか、かねて市中銀行は災後、営業時間をだいたい午前十一時ないし午後二時としていたのを、これまた十月一日から午前十時ないし午後二時に変更することなどの申合わせをなし、かくて震災直後における金融関係の応急処置はだいたい一段落をつげたのである。

震災直後の財界

さて、以上は主として金融に関する応急善後策のうちでも、特に急を要した緊切な処置に関してその概要を述べたにすぎない。その後おいおいに続行された金融関係施設のうちにも、なお幾多の重要なものがあった。もっとも、それらはまた後に順を追って述べることとし、便宜上ここでは震災直後における各地の銀行の状況、罹災地その他を通じての経済界の大勢を、かい摘んで一言しておきたいと思う。

まず銀行の状況を概観すると、震災地以外にあっては一般に予想外の平穏を維持し、大阪では東京および横浜に本店を有する銀行の支店および地もと銀行のうち、三、四のものが閉店しまたは取付にあったほか、名古屋における一罹災地銀行の支店が少額の取付をこうむったくらいのもので、その他、西日本一帯の銀行はほとんど平日と同様に営業を継続した。しかも、それらの閉店をよぎなくされ、または取付にあった銀行は、いずれも二流以下に属し、もちろん金融界の大勢に影響を及ぼすほどのものではなかった。いっぽう東北地方においては、震災の報に接して多数の銀行がいっせいに休業したが、これは取付をおそれての予防策であって、預金者側としては必ずしも、そのような不安の念をいだいていたものではなかったようである。ことに日本銀行の秋田支店が平常の取引関係の有無にかかわらず、特別の方法をもって必要な援助を与える旨の声明書を発したのが保障となって、人心は沈静し、各銀行はいずれも、まもなく安全に営業を再開したそうである。

次に震災地において何よりもまず気づかわれたのは物価の急騰ということであった。これに関しては、つとに罹災中の九月二日に施行された非常徴発令や支払延期令と同日、すなわち七日に施行された暴利取締令などが相当にきいたものか、幸いにして当初に危ぶまれたほどの暴騰をみることなくして済んだ。試みに東京商工会議所がそれについて特に調査したところによると、市内の主要な小売物品四十四品目のうちで、震災の起った当日の災前（午前中）に比し、九月二十日現在の相場が騰貴したものは二十一、保合いのものは二十二、低落したものは米が一品のみで、平均指数では九分八厘方の騰貴にあたるということであった。震災地以外の各地においても多少の騰勢を示したものがあったが、もとより東京におけるようにはなはだしい程度のものではなかった。全国的に見ると一般小売物価は、九月から十月にわたってやや急騰した後、その十月を峠として翌十一月には小反落を演じ、以来、翌十三年［1924］七月まで一途に漸落歩調をたどってきたという経過であった。

ひるがえって各取引所の状況を顧みると、東京および横浜の各取引所は、もちろん休場のほかはなかったが、各取引所としては何よりもまず、災前における取組み玉《ぎょく》の処置を付けなければならないので、それぞれ関係業者は九月中旬にはいって以来、ほとんど連日会合協議を重ねた結果、東京株式取引所では、まず十月三日に、実物に関しては協定価で総解合《とけあい》ということに決したのに引続き、清算については同月十三日に至って、帳入値段《ちょういれ》と推定時価との中値《なかね》をもって総解合を行うことになった。そして国債市場だけは九月十六日から興業銀行内の仮市場で取引を開始したが、株式の方は十一月十五日に北島町の仮市場で取引を再開した。

いっぽう、東京米穀商品取引所は九月十七日に棒値《ぼうね》で総解合ということになったが、これまた仮市場の開設準備に手間取って、十一月六日から取引を再開した。また、横浜生糸市場は在庫品その他を合わせて四万余梱《こうり》の大部分を焼失し、この損害概算は当時五千万円ないし六千万円と見積られていたが、なお多少の残存品もあったので、損害の善後策は、おってこれを解決することとして、十一月十日に至り、以後、到着の入荷を合わせて開場を急ぐことに決した。この焼失生糸の善後策については後に改めて述べることとするが、とにかく、そんな事情のもとに同月十七日から開場して見ると、市況は予想外の買人気にあおられ、相場は八月末、すなわち震災直前の出来値よりも百円ないし百五十円高で、最優等格は二千百五十円をつげた。

転じて大阪のほうを見ると、北浜の株式および堂島の米穀各市場は、ともに震災の当日から、前者は七日まで、後者は四日まで休場して、それぞれに八日または五日から開場したが、株式のほうは蓋《ふた》開けにおいて軒なみの暴落を演じ、休場前の出来値に比して、鐘紡三十八円安の二百六十二円、東株三十六、七円安の八十五、六円、大株《だいかぶ》（大阪株式取引所の株式の意）十二、三円安の八十一円内外というような商況であった。これに反し米穀のほうは災前に比して、はるかに強気配《つよきはい》を呈し、再開の五日には三十円九銭という高値を呼んだ。しかし非常徴発令や暴利取締令などがやつぎばやに続発されたのにおびやかされ、かつ震災地における米穀過剰の状勢も明らかになってきたなど、弱気材料に押されて、以来ほとんど一途に漸落歩調をたどり、同月の納会には二十七円七、八十銭まで低落したのである。

もう一つ災後、当面の問題となったのは各種保険金の支払いであった。ことにそのうちで火災その他、損害保険の方は後に述べるように、いわゆる地震約款が難関となって、早急の解決を期しがたいようないろいろの事情が紛糾し、ことに最初、山本内閣が十二年〔1923〕十二月の臨時議会（国会）に提出した火災保険金支払助成法案が否決されて以来、重大な政治問題となった。しかし生命保険のほうは市内の内、外国本支店を通じて四十三会社のうち、免災会社が十一を算し、またこのほうは全体としての損害額が火災のように大きくなかったので、九月十日に同業者の協議会を開催して、罹災保険金は完全かつ迅速に支払うことに申合わせをした。もっとも罹災地のうちで、茨城および山梨の二県を除く以外の一府四県を通じて、当時の保険金支払総額は約二千五百万円を算し、罹災被保険者側から或いは借入要求が殺到するかもしれないというので、保険会社側としてはおのおのその借入要求には、できるだけ寛大にこれに応ずることとし、その準備としてあらかじめ日本銀行に対し、資金融通の援助を申請して同行の諒解を得た。ただし実際には特に同行の援助を受けるほどの必要はなくて、その後だいたい順調に安定を回復することを得たのである。

要するに、震災直後においては形勢混乱のうちに、罹災地における住民一般を通じて、多少の前途不安の念をいだかないものはなかったであろう。そして時には京都その他への遷都説とか、いわゆる鮮人騒ぎとか、あらぬうわさに人心はびくびくとして、往々風の声にもおびえるようなこともないではなかったが、とにかく、あれだけの大変災に遭遇した割合には、罹災地一般の人気が比較的冷静を維持し、社会的秩序が円満に保たれたことは、ひっきょう財界が比較的早くかつ順調に安定を回復し得たゆえんであって、簡単にこれを不幸中の幸いと評し去るには、官民ともに、あまりに有意義な経験を得たものといってよい。

震災善後諸施設

以上に述べたところは震災が起ってから、およそ九、十月の交に至る約一ヵ月間の概況である。震災直後の経済界の動揺も、この辺からようやく小康状態にはいり、また応急対策もモラトリアムの撤廃ならびにそれにともなう金融関係の特別施設などをもって、ほぼ一段落をつげ、以後、震災善後策は第二段にはいった。もっとも、この第二段の善後施設のうちには、応急対策の延長または延期されたものも含まれているが、それらの諸施設もだいたい十三年〔1924〕上半期中に実行され、または着手されたのであって、この始終にわたる当時の政府当局者は内田（臨時）、第二次山本、清浦（奎吾）および第一次加藤（高明）四代の内閣にわたっていたのである。もっとも、この間に起った政変はすべて震災そのことに関するものではなかった。

一　金融に関する救済

しかし何をいうにも、帝都をはじめ横浜、横須賀などの諸都市における目抜きの商工業地区がほとんど焦土と化したこととて、まず急を要する対策は建築および事業もしくは生業資金の供給であった。そこで政府はモラトリアム撤廃直前の九月二十七日に、さしあたり救済を要する深川、本所、東神奈川などの各地における小工場または中、小工業者の復興を助成するという趣旨のもとに、預金部から興業銀行に対して一千万円を融通し、同行から年八分五厘の利子——この利子については、当時、渋沢栄一のごときは、はなはだしく高率にすぎるものと評していた——をもって貸出させる旨を声明したのに引続き、越えて十月五日に再度の声明書を発して、一般罹災商業者に対し仮建築および商業資金を供給するため、同じく預金部から、このほうは勧業銀行を通じて一千万円を融通することになり、さらに同月十九日に至り同様の目的をもって罹災地の各農工銀行を通じ、同様に六百万円を融通する旨を声明した。そして双方とも、定期、年賦ともに年八分五厘、原則として建築敷地である土地その他不動産担保により貸付を行わせることになった。しかし以上のほかに、なお社会政策の趣旨をも兼ねて、広く中産層以下に対し建築ならびに産業復興資金を融通する必要もまた大切なものがあったので、政府はさらに翌十三年［1924］三月十八日に声明書を発して、預金部から勧業銀行に一千万円、罹災地の各農工銀行に計五百万円、興業銀行に同じく五百万円、合計二千万円を融通し、それぞれ適当に貸付を行わせることになったほか、罹災地の産業組合および住宅組合に対して合計一千万円を、年五分利の三十ヵ年賦で貸付けることになった。

ちなみに、金融機関ではないが、復興建築助成会社が創立されて、災後の建築に寄与したことも付記しておきたい。

二　帝都復興および震災復旧計画

この間、政府としては一望焦土と化した帝都の再建をはかるために、帝都復興計画および震災復旧計画を立て、これに関する法律案および予算案につき、同年十二月七日に開会の臨時議会（国会）の協賛（議決）を経て、直ちに帝都復興計画の実行に着手した。このうちの帝都復興計画とは東京および横浜に関する特別都市計画をいい、またいわゆる震災復旧計画は主として官庁舎、工場その他官有建造物の営繕を意味するものであって、この両計画を一括して政府の震災善後計画と呼ぶことになっていた。そして帝都復興計画はこれを十二年〔1923〕度以降十六年〔1927〕度（昭和二年度）に至る五ヵ年度継続事業とし、その総経費は修正および追加分を差引して五億七千三百万円、ほかに地方負担に係る分二億二千四百万円、また復旧計画のほうは十三年〔1924〕度以降八ヵ年度の継続事業として、総経費七億五百万円、政府支出の震災善後費は合計十二億七千八百万円を算したのである。

この帝都復興計画については主管当局者である時の後藤内相のもとに、最初は現状に数倍する大規模の案が立てられ、当時の新聞が報じたところによると、総経費は三十億円以上を要するということであったが、かような大規模の計画が財政上とうてい許されるべきものでないのはもちろん、それがためにこうむるべき財政上の圧迫は、おのずから、かえって民間の経済復興を妨げる一因とならずにはいないから、けっきょくそれはいわゆる算盤無しの机上論にすぎないものであり、時の井上蔵相をして――これは井上準之助が初めて政局にあたった早々のことである――わが政治家の経済的無関心を嘆ぜさせたゆえんでもあった。その後、人心ようやく冷静に復するにともない、かような大規模の計画を目していわゆる大風呂敷と非難する世論がようやく強調され、また政府当局者としても中央および罹災地公共団体の財政事情にかんがみるところがあって、その後、再三計画を改定縮小したあげく、だいたい、右の成案に近いものをうるにいたったのである。ことに本計画に関する最高諮問機関として設置された帝都復興審議会（政友会総裁高橋是清、憲政会総裁加藤高明、渋沢栄一その他、第一流の政治家および実業家などを委員として組織された）が同案を承認するに際し、いたずらに輪奐《りんかん》の大ならんことをもくろみるよりは、むしろ罹災地の経済的復興を促進大成することこそ肝要であるという意味の付帯決議を政府に提出したことは、本計画についての有力な忠告とも認められた。しかし、いずれにしても帝都復興計画がわが国としての大事業であり、かつあの場合として、それが相当の成功であったことは、必ずしもこれをロンドン大火*の後始末の拙劣であったのに比較し、或いは外人の讃辞を聞いて、はじめてうなずかれたわけではなかった。（*ロンドン大火（Great Fire of London.）と称して史上に伝えられている大火災は一六六六年九月二日に発火して以来、六日まで燃えつづけ、三九六エーカーを焦土と化し、セント・ポール寺院をはじめ、八八の教会を焼失して、罹災した戸数一三、二〇〇戸、同じく人員二〇〇、〇〇〇人と注されている。）

三　国際金融上の諸施設

それはさておき、かように公私の震災善後計画を進めて行くにともなって、政府にあっても民間においても、復旧復興のために要する諸物資は、そのうちの少なからざる部分を輸入にまたなければならなかったが、それでなくてさえ、かねて逆調に傾いていた貿易は同年秋冬の交以来、いっそう逆調に傾き、それにともなって同年十二月初めから為替相場はとみに崩落状勢をたどってきた。すなわち震災前には対アメリカ、対イギリスとも、だいたい現送点内外に持合い、対米相場でいえば災前には当時の比価で四十九ドル四分の一（平価は四十九ドル八分の七）程度を維持していたのが、十二月初めには四十八ドル台割れをつげ、越年後の十三年一月上旬中には四十五ドル台を割るにいたったのである。

政府としては、かねて復旧復興材料の補給を容易ならしめるため、震災直後から必要な諸物資については、輸入税の減免などに関する対策を実施していたが、しかも為替相場の急激な崩落は公私の震災善後計画にわざわいするところが重大であったので、政府はさしあたり正金銀行をしてその建値《たてね》を市場相場よりも、はるかに上鞘《うわざや》に維持せしめ、円貨の奔落を幾分でも阻止しつつ、輸入難を緩和するにつとめさせた。しかし、とうとうたる貿易の入超と人気の軟化とに押されて、逐日崩落して行く為替相場の下げ足は、そのような調節策くらいでは、とうてい支持しうるものではなかった。そこで政府はこの状勢にかんがみて、十三年〔1924〕一月十五日に大蔵省から声明書を発し、従来、続行してきた正貨在高《ありだか》の発表を中止し、「絶対必要品の輸入に限り出来得る限り在外正貨の払下を緩和」することになった。

ところが、そうしている間に、後に述べるように翌二月中、かねて商談を進めていた政府の外債が成立したので、それらの事情とあいまって、為替相場の頽勢は一時やや阻止されることを得たのみならず、時には多少の反騰をすらみたが、しかも、その後、四、五月の交以来、さらに相場は逆転して、その後、底抜けの崩落歩調をたどってきたことは、これもまた後に改めて詳述するところに譲ることとする。

さて、かように震災善後計画は実行のいとぐちにつき、また為替相場崩落の対策も実現されたが、何分にも政府としては震災善後計画費の大部分十億九千六百万円を、公債財源すなわちいわゆる震災善後公債によることになっていて、ことにそのうちの一部分は輸入資材の代金支払にあてなければならないような事情に当面していた。しかるに、これよりさき、日露戦争当時に発行された第一回および第二回の各四分半利付英貨公債の未償還高が、当時なお合計三億六千六百万円ほど残っていて、その償還期限が十四年〔1

925〕二月および同年七月となっていたが、これは、かりに震災に遭遇しなかったとしても、なお、その現金償還は相当困難の状況にあったので、政府はつとに震災前から、これが借替について、ヨーロッパおよびアメリカの金融界の状勢をうかがっていた。そこへ、たまたま震災に遭遇して、これが善後公債の一部を外国で発行する必要に迫られたので、政府はこの双方の分を合わせて一挙に新規の外債を起すことになった。

この外債は十三年〔1924〕二月中、当時の平価で総額約五億五千万円を二口に分け、一口をイギリスで二千五百万ポンド、発行価格八十七半の利率年六分、期限三十五ヵ年、他の一口をアメリカで一億五千万ドル、同様に九十二半の六分半利、三十ヵ年で発行した上、右の旧英貨債を償還した残額を震災善後公債に繰入れたが、手数料その他を差引して、純手取額は九千九百余万円（議会――国会――における政府当局者の答弁）を算するにすぎなかった。なお、この外債はその条件が、わが国側にとってあまりに不利であったために、わが国では俗に国辱公債と呼ばれていたが、当時の状勢から、また当時のわが外債の値段、利廻りなどからすればやむをえない次第であったとも思われる。

四　火災保険金の出捐

これらの震災善後施設のほかに、いま一つの難件は火災保険金の支払問題であった。この問題は善後策というよりむしろ前に述べた応急施設の範囲に属するものであったが、それが未解決のまま数ヵ月にわたって懸案となっていたのである。

元来、火災保険については、いままでは世間一般も周知のとおり、いわゆる地震約款によって法律上ではこの場合、保険会社は保険金支払の責に任ずべきかぎりではない。しかるに当時の山本内閣は九月十六日の内閣告諭のなかでこの問題に言及し、

「この場合に際しては官民共に平時の条規に膠柱《こうちゅう》せず（中略）。例えば保険事業の如きは其の性質上社会公衆の安固を目的とするものなるを以て此の重大なる事変に鑑み幾十万の信頼に背かざるよう犠牲の精神を発揮し」……

とて、その支払かたをすすめるところがあったために、被保険者側としては、各保険会社よりも、むしろ政府に対して、なんらかの助成施設を期待するようになった。しかるに、その方針に基づいて政府の立案した保険金支払助成に関する法律案が、前に述べたように議会（国会）で否決されたために、被保険者側は保険会社よりも直接に政府に対して猛運動を開始し、また保険会社はその後、引続き政府と交渉を重ねた結果、十三年〔1924〕三月に至ってようやくこれが解決案をうるにいたった。すなわち会社の自力によって保険金額の一割または一ヵ年分の保険料を支払ったもの三社、この金額合計一千三百余万円のほか、三十五社各個に対して政府は剰余金支出により、通計六千三百余万円を「出捐《しゅつえん》助成金」として貸付け、各保険会社はそれぞれ保険金のだいたい一割内外を各被保険者に対して支払うことになった。そこで政府は同月十四日に右に関する声明書を発し、そして、これが支払は同年五月中旬から六月末までに実行されて、とにかく、この問題はひとまず落着したのである。

しかし、それらの保険会社としては政府からの借入金の元利合計一億四千百余万円を、最長五十ヵ年ま

での期限を通じ、年賦済崩《なし》しの方法によって返納するという義務を負うたので、各保険会社としては容易ならぬ重荷である。よって当業者側から、その元本はやむをえないとしても、せめては利子だけでも納付を免除されたいというので、その後、機会あるごとにこれが運動を試みたのである。

五　いわゆる焼糸問題

震災に関する救済施設でもう一つの重要なものは、いわゆる焼糸問題である。これは前に一言しておいた焼失生糸の損害に関する善後対策であって、十三年〔1924〕五月に解決をみた。このいわゆる焼糸の損害については前述のように、震災直後においては大体五、六千万円見当と推算されていたが、その後調査の結果、合計四万二千六百九十梱《こうり》、うち、問屋および銀行に保管されていた分が三万一千余梱、その他「引込中」および「看貫済《かんかん》」を通じて一万余梱ということが明らかになった。

そこで、この損害をいかに分担し、かつそれをいかなる方法により始末を付けるかということが問題になったが、いずれにしても共済の趣旨による一会社を新設して、政府から相当の低利融資を受けなければならないというので、共栄蚕糸会社なるものを創立して、預金部から三千五百万円の融通を受けることになった。しかるに、その損害分担割合について関係業者間の協議が容易にまとまらないので、けっきょく、関係業者から渋沢栄一、志村源太郎および牧野忠篤の三人に対して、これが裁定方を一任した。その裁定は、問屋または銀行保管中のものは問屋側二割、製糸家八割を基準とし、その他、だいたいこれに準拠することとし、四万二千余梱を一個あたり六百円、合計二千五百余万円と評価して、これを四分利、八ヵ年賦で皆済するというのであった。かくて、ようやくこの難問題の解決をつげたのである。

この焼糸問題の解決をもって震災応急施設、救済施設および善後計画はほぼ一段落をつげたので、以後、局面は、もっぱら震災善後に関する公私の諸施設が引続き実行されることになった。これと同時に、一面においては、また震災そのものを動機として、わが公私経済はいよいよ整理時代に移行してきたのである。

整理時代における財界の大勢

以上に述べた震災善後の諸施設は、帝都復興計画予算の追加改定が第一次加藤（高明）内閣のもとに行われたのを除くほか、だいたい清浦内閣までで一段落をつげ、同内閣は十三年〔1924〕六月に加藤（高明）内閣と入れかわった。その後の大正年代は同内閣以来、第二次加藤（高明）および若槻（礼次郎）の三代の内閣にわたり、この期間は始終を通じて公私経済の整理時代に属する。いずれにしても、さきの九年〔1920〕の財界反動以来、景気はますます沈退の傾向をたどってきたところへ、たまたま関東震災という大事変に遭遇したこととて、その善後施設が一段落をつげた後でも、経済界の動揺の余波はまだ平静に復するにはいたらず、したがってこの間には、なおいろいろの変調が現われていた。以下この期間における経済界の概況をひとわたり眺めておくこととする。

一般的状況

まず、政府の財政経済政策から見ると、震災善後施設がだいたい一段落をつげた十三年〔1924〕六月に、清浦内閣の後をうけて成立した第一次加藤（高明）内閣は、公私経済の緊縮整理を最重要政策として標榜し、非募債方針を採って新規国債の市場一般公募を中止した。ただし震災復興復旧計画の進むにともない、帝都を中心として、労賃その他の支払に撒布される零細な遊金を吸収し、一つは庶民階級に貯蓄を奨励するとともに、もう一つは、かかる零細な遊金を資金化して、経済的復興を助成する目的に利用しようという趣旨に基づき、十三年〔1924〕以降四ヵ年間または総額二億円を限って復興貯蓄債券を発行することになった。

復興貯蓄債券は額面を五円または十円とし、その額面金額に応じて最高千五百円または同じく三千円の割増金を付することとし、年四分利の二十ヵ年期限であった。これが発行は勧業銀行をして取扱わしめることになり、したがって本債券の発行が全了するまでは割増金付勧業債券の発行は停止された。かくて、その第一回分は十三年〔1924〕九月に発行され、以来、昭和二年〔1927〕二月までに前後九回にわたって累計八千余万円の発行を見た。もっとも、これが応募状況は当局者の予想を裏切り、発行回数を重ねるにしたがって不成績に傾いてきたようであった(実績は不公表)。また応募成績が比較的良好であった場合には、それがためにか否かはたしかでないが、往々、郵便貯金の減少をみることすらあった。そんな事情にあったところへ、昭和二年〔1927〕に金融恐慌をひき起したので、それを機として本債券の発行は打切られたのである。

この間における諸企業の状況は、全体としては震災後著しく減退し、ことに十三年〔1924〕にはいって以来、ますます不振に傾いてきたが、もっとも、これを新設と拡張とに区分して対照すると、その減退はもっぱら新設のほうに属し、拡張のほうはかえって増加の傾向をたどってきた。いっぽうこれを払込資本調べに見ると、十二年〔1923〕と十三年〔1924〕とでは、株式は三億二千五百余万円から三億九百余万円に減少しているに反し、社債のほうは三億四千余万円から一躍して五億余万円に激増している。もちろん、これらのうちには拡張計画の財源を社債に求めたものも多少はあったであろうが、大部分は、おそらく事業界の復旧復興または整理の進んだことを反映した一現象と見てよかろう。

またこれを銀行、会社の解散調べに見ると、十二年〔1923〕中の累計は三千百四十六件に上ったにもかかわらず、このうちで震災後に属する分は三百四十七件にすぎない。割合からするとあまりに少数にとどまっているようであるが、これは震災直後における経済界の動揺期に際しては、当然解散すべきものが、なおその運びにいたらずして、延び延びになっていたという事情によるものと察せられる。それかあらぬか、翌十三年〔1924〕中の解散数は一躍して七千三百三十七件に激増している。これらの事情を照らし合わせて見ると、財界の整理は十三年〔1924〕中を通じて相当に進捗したもののようである。

しかるに、かかる状勢にあったところへ、外国貿易は著しく逆調に傾いてきて、入超額は十二年〔1923〕中には五億三千四百余万円を算したのが、翌十三年中には六億四千六百余万円に上っている。それがために、かねて震災の打撃に対する海外市場の悲観的人気におされていた為替相場は、十三年〔1924〕四月以来、崩落に崩落を続けた末、同年十月末にはついに対米三十八ドル二分の一に大底を入れたまま、翌十四年二月上旬まで、くぎづけの状態において推移した。また物価は前に述べたように震災直後の急騰が十二年〔1923〕十月を峠として逆転し、その後、十三年〔1924〕七月まで漸落してきたのが、かく為替相場の低落が著しくなってきたいっぽう、国内的には公私の復旧復興事業が段々と進んできたなどの事情もあって、翌八月からはふたたび反騰歩調をたどり、十四年〔1925〕一月に二度目の峠をきわめたという経過であった。そのような状況にあったために、銀行としては、この間、おもに東西一流銀行などにあっては往々手もとが潤沢にすぎるようなことすらあったが、なお長期物に対してはもちろんのこと、一般資金の需要に対しても警戒の手を緩めるわけにはゆかず、金融は短期安にかかわらず、割引日歩はおのずから硬化の傾向を免れなかった。

かような金融の状勢はおのずから事業界整理難の一因となり、従前、不堅実な業態を持続してきた事業会社や銀行のうちには、金融梗塞のために、つまずきを演ずるものも少なくなかったが、それらの次第は後に改めて述べるところに譲ることとし、ここでは右に述べた震災後における社債発行の激増ということに関連して、この当時から起債市場が発達してきた概況を一見しておきたいと思う。

起債市場の発達

震災後における金融界の状勢を観察するについて、特に付け加えておきたいことは起債市場の発達である。もちろん、これは、すでに概説しておいたように、大正年代を通じての著しい傾向の一つであるが、その起債市場が広大になったのは、だいたい、大正の末葉から昭和年代にはいって以来のことであって、関東震災がたまたまその画期線をなしたような感じがある。

第一次大戦中から戦後にわたって国債の発行はとみに増加し、またこれを資本市場全体にわたって概観すれば、戦時ないし戦後の好況期には、株式の発行も盛況を呈したが、その株式発行高も九年〔1920〕の財界反動を転機として、以来激減してきたところへ、国債の発行も震災前の十一年〔1922〕から、とみに減少したのみならず、震災後から昭和の金輸出再禁止に至るまでは非募債政策が続けられてきた。これに反し社債の発行は前に一言したように、戦時中ないし震災前には比較的少額にとどまっていたのが、震災後に至って急激に増加してきた。これは、一つは右にいうように株式や国債の発行が減少したのにもよるのであろうが、要するに経済界全体としての実勢の変化ならびに金融界としての一つの新動向を反映したものと認められる。

各種資本の払込額を通じ、総額がとみに増加してきたのは五年〔1916〕以降のことであった。ことにその九年〔1920〕までの増加は主として株式の激増によるのに対し、国債の払込額は十年〔1921〕を峠として減少し、ことに十二年〔1923〕の半ば以降にあっては新規の発行はほとんど打切られてきた。それ以後における新規発行の払込は主として社債と株式とが大勢を左右していたという状況であった。しかるに、さらにそれについて気づかれる一つの著しい傾向は、社債と株式との額が、十一年〔1922〕以前と十二年〔1923〕以後とで、双方の対勢を一変し、ことに十三年〔1924〕以降においては社債の払込額が毎年最多額を算しているということである。もっとも、社債のうちには銀行債と会社債との双方を含んでいる。

銀行債と会社債との双方を対照してみると、震災の十二年〔1923〕までは大略その額が持合ってきたのに、翌十三年〔1924〕以降にあっては会社債のほうが格段に激増しているのであって、これで見ると、震災後においては各種資本の新規発行額のうち、大部分が事業会社の社債によって占められていたといえる。

では、かような傾向がどうして招来されたかというと、それは、すでに述べたように株式や新規の国債発行が少なくなったという消極的な事情以外、同時にまた所得税の関係、すなわち大正九年〔1920〕の所得税法の大改正によって、株式の配当が第三種所得として総合課税を受けることになったのに対し、社債利子が第二種所得として定率の源泉課税を受けるがために、投資者としての採算上の都合から、おのずから社債のほうが歓迎されるというような事由も多少の影響を及ぼしているようであった。しかし、その主因はひっきょう金融界自体の事情の変化というよりも、むしろ改善の傾向そのものにあったと認められる。その基調をなしたものは、もちろん市場資金の潤沢、したがって金利軟化の状勢にあるといってよかろう。

かような状勢を招来したおもな動力となったものは東西の一流銀行であって——なかには当時すでにはなはだしく不堅実なものもあったが——、それはすでに述べたように東西一流銀行の多くは、震災後における財界の動揺が一段落をつげたころから、つとに内容を整備して、むしろ往々、遊資の潤沢をつげるほどであったところへ、かねて九年〔1920〕財界反動や震災の難局を凌いで、営業の堅実化につとめてきた有力銀行にとっては、それらの受難がかえって好調の動機となり、預金の増勢がますます恒常性を帯び、いきおい投資の安全性を増してきて、これがため、銀行が進んで社債発行に関与し、またみずからも社債を所有するにいたったという次第である。

かように起債市場の発達は主として東西の有力銀行に負うところであるが、同時にまたこのころから起債市場の発達に、いわば助演の一役を勤めたものに証券引受業者のあることも見のがしてはならない。このいわゆる証券引受業者は東西その他、大都市の株式「現物団」がそれであるが、この中で公、社債の引受に関与するのは主として東京および大阪の各現物団であって、他はほとんど、もっぱら株式発行の引受にあたるのを常とし、また公、社債の発行に関与する東西の現物団も、ほとんど、すべてがシンジケート銀行団に対して下引受をなし、相当額の内債売出しを営んだ。なかには、昭和年代にはいって以来、下引受から元引受に進出したもの（たとえば山一証券会社のごとき）もあるが、いずれにしても現物団にあっては一般応募者に対して直接に投資を勧誘しうるなどにより、積極的に公、社債の消化に資することができるから、それがシンジケート銀行団の公、社債引受に際し、補助機関としての機能を発揮するにいたったことは、けだし適者適任と評してよかろう。

そんなふうに公、社債のうちでも特に社債の引受に関する活動が、震災後、一段と組織的になってきたことは、おのずから起債市場を統制して、金融界の安定に資するところが少なくなかった。これは、やがて後年の「社債浄化」運動のごときにその第一歩を踏み出したものと認められる。しかも、かように起債市場が改善されてきたことは、一面、財界の発達にともなう資金の潤沢化傾向とあいまって、その後、昭和年代にはいって以来、さらに信託会社のシンジケート加入や保険会社の公、社債投資を助長する一動機となり、金融恐慌後には信託会社はもちろん、保険会社すらも起債市場に重きをなすようになってきた。その後、さらに担保付社債制度の励行により、いわゆる社債浄化にさらに一歩を進めようと試みたものもあったが、とにかく、ここでは、かような起債界改善の傾向が、つとに大正末期から馴致されてきたことを付説するにとどめ、これに関連して少しくコール市場の状況を説くこととする。

コール市場

ビルブローカーの発達についてはすでに大略を説明したが、大正の後半期におけるビルブローカーの活動は相当に著しく、したがって、コール市場は繁盛していた。当時にあっても、コールの出し手は主として東西の有力銀行であって、取り手は特殊銀行ならびに中、小銀行であった。大正の前半における取り手の大手筋は正金銀行であったが、後半に至っては台湾銀行と朝鮮銀行とがそのおもなものであって、特に前者が後者の三倍を占めていると伝えられていた。そもそもコール取引が明治年間に、わが銀行界にはいってきた動機は手形交換尻決済のためであったが、大正年代においてはこの目的以外、ブローカーが自己の計算においてコールを取入れ、社債その他に投資する目的のものも多くなってきたし、また中、小銀行がそのやりくり算段として、「コールで泳ぐ」場合もないではなかったろうし、最もはなはだしいのは台湾銀行などが長期にわたり、コールに依存してその固定貸をまかないゆき、回収されれば日本銀行に走って融通を受けていたという次第である。それにもかかわらず、当時の銀行界、しかも大銀行などが、わが国にもまたロンドンにおけるようなコール市場が成立し、そして、それが相当に繁盛し、遊資のはけ口としては最も便利なものであるように考えていたのは、いわば眩惑の錯覚とでも評すべきである。明治の末葉ごろからの習慣上、コールには翌日物、無条件（一日据置後、何日にてもコールしうるもの）および普通物（一週間据置後、何日にてもコールしうるもの）の三種があったが、大正の何年ごろからか、だんだんと一月しばり、二月しばり、後には三月しばりなどというように、はたしてこれがコールであるかと疑われるようなものの取引さえ行われていたようで、ブローカーの相場表にもそのレートがのせられていた。これらが昭和金融大恐慌の一前兆であったとも見られるが、当時においては深くこれを考えた人は少なかったようである。

ちなみにコール利率協定のことにも触れておく。この協定がはじめて成立したのは、大正八年〔1919〕の末ごろかと思う。第一、十五、三菱、三井の四銀行の間における申合わせによって日歩一銭三厘以上と決めたが、当時の取り手の大物であった正金銀行の支配人などは、これに対して不平を洩らしていた。しかし、その後、おいおいと他の大銀行もこの協定に加入してきたし、後には正金銀行も、またある場合にはコールの出し手となったから、したがって、この協定に加入もしたし、かつまた大阪の住友その他の銀行が東京でもコールを出すようになったから、これらをも加入せしめたわけである。その利率の標準は、だいたい通知預金利子の一厘高ということになっていたが、ある時には同率のこともあったと思う。

かくして後には昭和五年〔1930〕十一月東京においては水曜会、引続いて大阪においては二水会ができて、営業部長級の間でこれを決めることになった。しかも加入銀行がまちまちになっていた各種の協定、すなわち当座貸越の利率、生糸資金の利率などと同じく、このコール利率をも、だいたい一つにまとめ、やがて貸出金一般の利率協定をも、この会合で申合わせるようになってきたのである。なお五年〔1916〕の旧銀行条例施行細則の改正（「金融機関に関する法制および行政施設」章「普通銀行に関する改正」節参照〔前巻所収〕）に際して、コール・マネーは取り手側、またコール・ローンは出し手側としての称呼ということに定められたが、こういう言葉の使い方は、どこにその根拠があるのか。

国際金融政策

第一節に述べた経済界の状勢は、もとより過渡期の変態に属し、やむをえない次第であるとはいえ、とにかく公私経済の整理を進めて行くについて、さしおきがたいのは為替相場の暴落であった。だから、これに対しては、すでに述べたとおり、十三年〔1924〕一月中に政府の在外正貨払下げ方針に関する声明書が発せられた上、正金銀行は引続きその建値《たてね》を市場相場よりも高値に裁定し、たとえば対米為替についてはー、二ドルがた上鞘《うわざや》に維持しつつ、できるだけ市況の動揺を緩和するようにつとめてきた。しかも、その後、相場はますます崩落して、十三年〔1924〕十月末にはついに対米三十八ドル二分の一という未曽有の安値をつげるにいたった。ここにおいて政府としても、もはや事態を放置されないものと認め、翌十一月二十一日の全国手形交換所大会において、当時の浜口（雄幸）蔵相から、在外正貨の利用により必要に応じてこれが対策を講ずべき旨を声明した。

この声明に基づき、政府は翌十四年〔1925〕の一月正金銀行の要請に応じて、同行が他の銀行へ転売すべき正貨を補充させるため六百万円を、さらにその翌々三月には同様に第二回分四百万円を払下げるとともに、従来、停止していた正貨在高をふたたび発表することになった。それによると、正貨総額は十二年〔1923〕一月の十八億二千万円から同年末には十六億五千三百万円に、次いで十四年〔1925〕一月には十四億八千九百万円に、すなわち二年間に三億三千百万円を減少した勘定であった。しかるに、かくまで為替相場が暴落したことは、おのずから貿易の逆調を緩和しうる一助となったところへ、ちょうど、この当時においては南満洲鉄道、東京電灯、東邦電力などの諸会社の外債が相次いで発行されたなどの事情にもよって、十四年〔1925〕二月上旬以来、為替相場はふたたび反騰の傾向に転じ、以来、累騰して同年九月初めには、対米相場はまさに四十ドル台に達せんとするにいたった。

そうした折から、政府は同月十六日に、突然、声明書を発して、政府の「内地に保有する正貨を必要に応じ海外に現送す」ることになり、その第一回分四百万円を同月二十日にニューヨークに向けて発送したのに引続き、翌十五年〔1926〕二月までに累計二千六百万円をアメリカに向けて現送した。この現送は「政府の海外支払に関する為替上の不利を緩和す」るのがおもな目的であり、兼ねて為替相場の動揺を防止するという趣旨によるものであったが、これは為替相場の回復をむしろ不自然に助長するような一動機となったのはもちろんのこと、内外市場においては、これをもって金解禁の前提であると認めた。これがいきおい人気的に「円」相場の騰勢をいっそう先走らしめたようであって、十五年〔1926〕二月には市場相場は対米四十六ドル台を出現するにいたった。ところが、かく相場の急騰を促したがために、内外の為替思惑はますます盛んになって、為替市場はようやく動揺の徴候を呈してきたので、政府は同月中、重ねて声明書を発表し、その現送が「金解禁の前提に非」ざる旨を力説するとともに、一時その現送を中止したのである。

しかし政府のこうした為替政策は、一般の金解禁見越しを否定する上になんらの影響をも与えなかったばかりでなく、そこへ、後に述べるように、民間に金解禁論が擡頭してきたなどの事情により、為替思惑はかえって増進され、四月中旬には対米四十七ドル台を突破した。それに引続いて、九月上旬には四十八ドルちょうどに達し、十月上旬には、まさに四十九ドル台に達しようとする状勢を示すにいたった。しかるに政府はその十月十五日にさらに声明書を発して、同年二月以来中止していた正貨の現送を再始することになったがために、「円買い」の思惑はいっそう助長されたようで、ことに当時ロンドンおよびニューヨークなどでは日本の金解禁近しという予想がとみに有力になり、円貨の急騰を招来したのにつれて、内地市場でも同月十九日ついに対米四十九ドル台をつげるにいたったのである。

顧みれば、前年末に四十三ドル四分の一にとどまっていた対米相場は、その後十ヵ月足らずの間に五ドル四分の三方を累騰したわけであって、それはさきの暴落の場合におけると対蹠的に、経済界に対して相当に重大な影響を及ぼさずにはいなかった。もちろん、これは必ずしも正貨の現送そのことのみによるものとは断じられないが、とにかく、この場合の為替相場の累騰が実勢以上に先走ったものであったことは、当時、いわゆる円買いのためにわが国に流入した資金が二億円余に上ったといううわさからしても想像にかたくないのである。そして、これが財界に及ぼした影響はおそらく、やがて昭和二年〔1927〕の金融恐慌の一因となったものと察せられる。

財政経済政策

かく政府が為替相場の回復を助長するような政策を実行したことは、当時歴代の内閣がうけついできた緊縮主義の財政経済政策と相関的に、デフレーションの方針に即するものであった。しかし何分にも好景気時代に空前の大膨脹を遂げたわが財界としては、九年〔1920〕春の恐慌に次ぐに関東大震災という二回の受難をこうむったにもかかわらず、金融界、事業界の整理は容易のことではなく、なかには難局を収拾することができないで不始末を暴露するものがおいおいと出てきた。それらのつまずきを演じた事業家のうちでも、おもなものは高田商会であって、金融の途にゆきづまったあげく、十三年〔1924〕二月中、ついに破綻を暴露するにいたった。同商会は主として電気機械などの輸入または代理販売を営んでいたが、取引関係が広くて、その破綻は財界に対し少なからざる影響を及ぼすおそれがあるもののようにみられた。

そこで時の清浦内閣は同商会の嘆願に応じて調査の結果、預金部の資金を融通してこれが救済にあたることになった。その融通予定額はおおよそ六百万円程度と伝えられていたが、――もっとも、これはまだ公にされるにいたらずして不実行に終ったから、正確な額ははたしていくばくであったか明らかでない――同内閣としては、まさにその融通を実行しようとしていたやさきに、たまたま政変をひき起し、同内閣は六月十日をもって総辞職し、その後を承けて第一次加藤(高明)内閣が成立した。しかるに、その加藤内閣としては前内閣の立てた右の救済案をもって無用に属するものとなし、同案を破棄し去ったので、わずかに旬日ばかりの時日の開きによって、ついに同商会は没落したという次第である。この間四月には葛原冷蔵会社、また翌五月には書肆至誠堂がそれぞれに破綻を暴露したほか、事業会社のつまずくものが続出してきたいっぽうには、二、三流の銀行中に、休業または閉店のよぎないはめに陥ったものも少なくなかった。

そんな状勢のうちに大震災後の第一年を送り、翌十四年〔1925〕の春ごろには、つとに財界一般にわたって相当、不安の模様が現われてきたので、これが緩和のために日本銀行は同年四月十五日、去る八年以来、持続してきた公定割引歩合を引下げて、最低二銭二厘を二銭に改めた。そして、この利下げに応じて同日、制限外発行税は七分から六分に引下げられ、またそれにともなって第一、十五、三菱、三井および安田の五銀行は同月二十五日から当座貸越日歩を二銭五厘から二銭四厘に利下げを行った。この貸越利下げの協定に際し、それに関連して預金協定利率の引下げいかんも問題になったが、一般金利の大勢は当時なお強調を持続していたので、その実状にかんがみて、預金利下げのほうは当分現率を維持すること、またコール歩合に関しては、その預金協定率の引下げをみるまで、現行協定率の一銭三厘を厳守することという申合わせを行った。

しかし、とにかく、こうして多少とも金利低下の気運が馴致されてきたいっぽう、為替相場は前に述べたように十四年〔1925〕春からようやく反騰歩調をたどりはじめたとはいうものの、なお平価に比して低位にあったこととて、たまたま同年中、アメリカの景気が著しく好調であったのとあいまって、わが輸出貿易を増進せしめる一つの動機となった。また他の一面においては震災復旧復興事業の進むにともなって、巨額の資金が撒布されたなど、内外環境の好調にともなって、十四年〔1925〕秋冬の交から十五年〔1926〕の新春にわたり、いわゆる中間景気のような状勢の擡頭をすらみるにいたった。もっとも、かような好転傾向は、もとより経済界の実勢を反映するものではない。早晩その逆転を免れ得ない一時的現象にすぎないことは、つとに見通されていたが、ことに十五年〔1926〕にはいって以来の為替相場の累騰は輸出貿易に対して重大な影響を及ぼし、それがために、たとえば生糸の市価のごときは十五年〔1926〕一月を峠として、以来、漸落歩調をたどり、さらに四月以降、急奔落を続けて、同年一月には最優等格二千十円を唱えたものが、その十月には千五百七十円に底を入れたというような次第であった。

この間、政府としては為替相場の回復による輸出貿易の困難にかんがみて、これが促進の対策を講じ、たとえば十四年〔1925〕八月から重要輸出品工業組合法および輸出組合法を施行し、さらにそれと関連して輸出利付手形の利率を、従前の年六分から五分に引下げさせるため、日本銀行から為替銀行に対して必要な援助を与えさせ、ことに台湾銀行に対しては、前に述べた特別の為替融資のうち、二千万円までを限って年二分利とすることに改めた。しかし、それとても、為替相場の急騰による輸出の伸び悩みをいかんともすることができず、いっぽう、財界自体の包蔵していた弱点は、だんだんとつくろいが困難になってきて、十五年〔1926〕の秋ごろには、財界はまたまた深刻な不安に掩われてきたのである。

この状勢にかんがみ、かつ年末金融の不安を緩和するという趣旨をも兼ねて、日本銀行は同年十月四日にさらに利下を行い、公定歩合を二銭から一銭八厘に改めた。しかも、この場合の利下げは財界の整理を促進するよりも、むしろ、それを弛緩させるほうの動機となったようで、現にそれがため、たとえば株式市況のごときは予想外の刺戟を受け、この利下げ前には百三十五円台にあった「新東」（東京株式取引所の新株式の略称）のごときは、利下を買い進んで一躍百七十円台に暴騰したというような状況であった。もっとも、かように日本銀行の利下が行われたので、当時の当座貸越協定銀行は同月十六日からふたたび当座貸越日歩を引下げて、二銭四厘から二銭三厘に改めた。かくて銀行の金利は、やや低下して、それが多少とも堅実な事業の整理、回復に資するところとなったことはいうまでもないが、経済界全体としての不安は、なお容易に緩和されず、地方銀行で休業するものまたは事業会社でつまずきを演ずるものなどが、やはり後を絶たなかった。その不始末を暴露した事業会社のうちでも、たとえば日本製粉会社のごときは比較的大ものに属するほうであったが、ことにそれについて、はなはだしく不可解であったのは同社に対する特別の救済であった。

元来、同会社は神戸鈴木商店の傍系、というよりも事実上、その直営に属していたといってよい。それが関東大震災後、だんだんと経営難に陥り、十五年〔1926〕下半期にはいって以来いよいよゆきづまってきたので、やむをえず同業の日清製粉会社に合併することになって、だいたいその交渉が成立するまでに進んだと伝えられていたが、同年十一月上旬に至り、ある事情のため、ついにそれが不成立に終った。ところが同会社としては、その合併が不成立に終った上は、多大の手形の支払が不能に陥って破綻するよりほかはないという窮状に当面していた。しかるに同月下旬に至って、政府はいかなる理由によるものか、日本銀行をして、このたんなる一民間会社を救済させるために、同行から台湾銀行に対して八百万円という巨額の特別融通を行わせ、そして同会社を救済したということである。

かように不純を疑われるような救済策を、しかも政府自身が取りもって、日本銀行をして、あえてこれを実行させたことが事実であったとすれば、これは、もとより理由をなさないものである。いずれにしても、かようなつくろい策は、わずかに破綻の暴露を一時のがれに免れさせただけのものであって、それが無事に納まりうるはずはない。はたせるかな、こうした大小幾多の禍因が爆発して、ついに昭和二年〔1927〕春の金融大恐慌をひき起したのである。そのことは、ここでは、しばらくおいて、以下、この期間における銀行ないし金融関係の諸事件に関し、だいたいの経過を概説しておきたいと思う。

金融機関の整備改善

銀行界の不堅実化と取締りの強化

一　銀行不始末の概況

さきの戦時好況時代から財界全般にわたって残された禍根は、戦後かえって増長の傾向をたどってきたが、そうした禍根はとうてい無難に解消されるべきはずはなく、九年〔1920〕春の恐慌と関東大震災との二大受難に際して、これが全貌を暴露した。その破局をつくろうことができないで、つまずきを演じたものは、ひとり事業界における不良分子だけでなく、銀行界においても、ことに二流以下の不堅実な銀行にあっては、休業や閉店のよぎないはめに陥ったものが少なくなかった。そうした禍根を包蔵していたものは東西の大銀行中にもあった。ただし大銀行の中には預金の取付けにあい、または休業したものはなかったが、相当に重大な欠損を包蔵していたものは普通銀行のみでなく、特殊銀行のうちに、むしろ、いっそうはなはだしいものがあった。そして、これが補填のため一大整理を避けられなくなったものは、普通ならびに特殊銀行を通じて一、二にとどまらなかった。たとえば普通銀行のうちでは近江銀行が十三年〔1924〕

六月中、日本銀行の援助のもとに同行の国庫局長を頭取に迎えて整理をなし、資本金三千万円を千五百万円に減額し、かつ重役の私財提供などによって更生の方途を立て、また日本信託銀行は同年八月中、大蔵省から整理の命令を受けて、資本金五千万円、うち払込済二千五百万円を、三千二百五十万円の一千七百五十万円に減資するなどにより、かろうじて整理を遂げたというような有様であった。

いっぽう、特殊銀行にあっては、かの台湾および朝鮮の両銀行の不始末はしばらく別としても、農工銀行中の一流に属する尾三農工銀行のごときが重大な不始末を暴露して、同年八月中、大蔵省から整理の命令を受けたばかりでなく、同時に、頭取および常務取締役の引責辞職の勧告を受けて入替をみたというようなこともあった。

この当時、ことに関東大震災後における財界の動揺が一段落をつけて以来、銀行界が引続き不安のうちに推移しつつ、断続的に、各地における主として二流以下の銀行に取付け騒ぎや休業が出たことは、多くは好景気時代における放漫な営業ぶりが禍因をなしているが、さらにその近因を探ねてみると、一　九年〔1920〕の財界反動に際し、不動産を抵当として貸出を行ったものが相当に多かったこと、二　しかもその後、関東大震災にあって、震災地においては、その抵当不動産の焼失したものが少なくなかったし、その他の地方においても、これらの不動産の価格が下落したこと、三　二流以下の銀行中にはいたずらに大銀行をまねて、資力不相応な大口の貸出をあえてするような傾向があったこと、四　地方銀行のうちで、いたずらに都会銀行の仲間にはいろうとし、東西両大都市に支店を設置したものが少なくなかったこと、五　特殊銀行の金利が高く、その影響によって他の諸銀行の金利も緩まず、二流以下の銀行などにあっては、それに引きずられて貸出の手を引締めなかったものが少なくなかったことなどであった。当時、井上準之助のごときはこれらの不堅実な二流銀行を、なんとかして整理合同させなければ、やがてきたるべき金解禁の一大障害となると言明していたほどであった。

二　取締りに関する諸施設

このころにあっては、上述のように、内部の欠陥をつくろうことができないで、世間にこれを暴露したもののほかに、まだ、その欠陥を暴露するにいたらない不良分子が、ことに二流以下の銀行中には相当に多数を算していた。これらの不堅実な銀行をそのままに放置したならば、ついには社会公衆の安寧をおびやかすことになるので、政府は後に述べるように十三年〔1924〕八月中、全国の銀行に対して業務改善に関する諭達を発し、かつ銀行の検査を励行する代りに、いっぽうにおいては、正当な銀行の営業にわざわいするところが少なくない銀行類似営業者またはいわゆる不正金融業者を、厳重に取締るべき旨を声明するところがあった。

しかるに銀行側としては、すでに述べたとおり、預金の吸収その他業務拡張のために支店を増設するものが続出して、関東大震災後においてもこの傾向はますます著しくなってきた。しかも支店の増設は中、小銀行または地方銀行のごときにあっては、それがために往々営業が放漫に流れ、銀行自体の基礎を不確実ならしめる禍根となることが少なくない。すなわち一面においては同業者相互間の不当競争を予防する目的をも兼ねて、大蔵省は右の業務改善の諭達を発したのと前後して、同月中に全国地方長官あてに銀行

支店増設の取締りに関する通牒を発した。その内容は、

一　資本金五十万円未満の銀行に対しては、いずれの地においても、新たに支店を設置することを許さない。

二　資本金五十万円以上二百万円未満の銀行に対しては、人口十万以上の地または経済関係の稀薄な地もしくは直接取引の稀少な地に、新たに支店の設置を許さない。

三　資本金二百万円以上の銀行にあっても、その支店設置については濫設の弊に陥らないよう、これが認可をいっそう厳重に取扱うこと。

というのであったが、この当時、本通牒の適用を受けた銀行数は合計一千七百六行、これを資本金額別に区分すると、五十万円未満のもの七百五十七行、五十万円以上二百万円未満のもの七百二十三行、二百万円以上のもの二百二十六行を算していた。

右のうちで一と三とは事情が比較的明らかであるが、問題となったのは、二の資本金五十万円以上二百万円未満という銀行であった。その原則的条件となっている「人口十万以上の地」は、当時全国を通じて二十一市を算するにすぎなかったが、それ以外の都市には支店設置の価値は著しく低くなるから、これらの銀行も実際には支店新設の余地を失うことになったと同様である。しかるに、かく支店の新設を制限された結果、中、小銀行のうちには出張所という名義のもとに、支店において営むと同様の業務もしくはその一部を、いわゆる出張所において営むものが続出するような傾向を招来したので、大蔵省はさらに通牒を発して、実地につきこれが取締り方針の徹底を期することになったのである。

かように銀行の営業上に取締りを厳重にするとともに、一面において、大蔵省は銀行の検査を励行して整理を要するものに対してはしきりにこれを督促し、また営業の内容に関して不良または不正の点を発見したものに対しては、営業の一部もしくは全部の停止または営業認可の取消などを断行した。それらの行政処分に付された銀行は十三年〔1924〕中に通計十五行を算し、かくて当時における最不良銀行の整理だけは一段落となった。もっとも、これらの不良銀行はいずれも二流以下に属し、金融界には、ほとんどなんらの影響をもおよぼさなかった。

しかし、これらの最不良銀行以外においても営業の内情を見ると、たとい不良とか不正とかいうほどに悪質のものではなくとも、はなはだしく不堅実な銀行が他にもなお多数存在していた。これまた経済界の安定を期するためには是非とも整理を要するものであったから、政府としては右のような行政処分を続行するいっぽうでは、地方長官を督励し、または日本銀行に斡旋かたをすすめるなどにより、それらの不堅実な銀行の整理を行わせると同時に、これを他の比較的有力な銀行に合併させるようにして引続き合同を促進し、かくて銀行の合同はこの当時においては、とみに増進された。

十二年〔1923〕以降の四ヵ年間に、銀行数は差引百九十三行を減少したが、ほかに合併以外の事由に係る廃業、解散なども相当にあったので、その結果、昭和元年〔1926〕末における銀行数は普通千四百十七行、貯蓄百二十四行、合計千五百四十一行を算するにすぎなくなった。

金融政策の強化

一　預金利子協定厳守の通牒

かく銀行の整理合同を促進したほか、政府は銀行に対して預金利子協定を励行させるため、十三年〔1924〕十二月中、全国地方長官、日本銀行および各地の銀行集会所または手形交換所あてにその通牒を発した。これは特に当時、信託会社の金銭信託引受期間が一年以上となっていたがために、銀行の定期預金がそのほうへ移動するような傾向があったので、金銭信託引受期間を二年以上とすることに改正し、その代りに銀行としては預金利子協定を厳守すべしという趣旨によるものであったが、信託会社側としては、よぎない改正であったと認められる。

信託会社の業務が銀行の業務と競合するおそれがあるという点に関しては、信託法および信託業法の制定当時において、つとに問題となったが、そうした当初の予想は信託会社の営業開始後、わずかに一年あまりで早くも事実となって現われ、銀行との間に一大摩擦をひき起し、にわかにかような改正を避くべからざるにいたらしめた。この信託会社に関する金融政策上の矛盾については後に改めて論評を試みようと思うが、元来、政府としては金融界の整備をもって経済上の一基本的政策に供し、その重要な一策として銀行預金利子協定の励行をすすめ、特に高橋蔵相のごときは、それがために郵便貯金の利上げをすらおさえ通してきたほどであった。

しかるに信託会社に対して、事実上、銀行定期預金と異ならない金銭信託の受入を許し、そして、その金銭信託の利益配当が銀行の定期預金の利子よりも、はるかに高率に回りうるようなしくみになっているために、たとえば三井信託会社のごときは、創業当初、金銭信託の標準配当率なるものを広告して、大蔵省からこれが中止かたを命ぜられたというようなうわさもあった。とにかく、その金銭信託が銀行定期預金の受入に関して銀行側に脅威を与えるところとなったことは、金融政策上の矛盾であるといわなければならないであろう。とにかく、金銭信託期間一ヵ年の延長は、金銭信託の増進を多少とも阻止したことにはなろうが、それとても、わずかにその推進力を幾分かおさえたというにすぎなかった。要するに銀行預金対金銭信託の競合という金融政策上の一大問題は、ついに根本的には解決されるにいたらずして、そのまま経過してきたのである。

しかしながら、金銭信託との関係以外において、政府当局者が銀行預金利子協定の厳守かたに関し、銀行側に対して勧告的態度に乗り出したことには、銀行側においても必ずしもそれを否定するを得ないような事情が現存していた。いうまでもなく、それは協定違反者が後を絶たないからであった。もっとも違反者の多くは一流もしくは地方の銀行に属していたもののようで、ことに違反行為が容易に突き止められないような状況にあるがために、けっきょく銀行各自としての自制に待つよりほかはないわけであるから、政府当局者としては、しょせん、一片の通牒などによって、これが励行を促すのもやむをえないという次第であろう。しかも、そうした協定違反者が東京の一流銀行のうちからも出たほどであるから、銀行側としては、あながち政府に対して越権呼ばわりもできなかったのである。

これは、右の通牒が発せられた翌十四年〔1925〕の八月中、安田銀行の浅草支店における協定違反の事実が明らかになったことである。この違反事件は協定組合の審査に付され、翌九月五日に組合銀行総会を開いて付議した。この事件に関しては、ただに組合銀行仲間だけでなく、新聞などでも痛く論難するものがあって、金融界の一大問題となったが、この場合には同銀行がひたすらに陳謝の意を表したのを諒として、組合銀行は罰則の適用には触れることなく、また同銀行自身が協定組合の幹事を辞任して戒慎の態度を示したので、ひとまず問題の解決をつげたのである。

もっとも、かく組合銀行が罰則の適用に触れなかったのは、一つは従前の罰則が実行難を免れないような欠点をもっていたからでもある。すなわち銀行が手形交換所組合から除名されれば、その日から営業が著しく困難になる。そこで、この違反事件を契機として、いきおい協定規約の改正問題が擡頭してきた。同時にまた規約中に、かねて他に改正を要すると認められていた点もあったので、加盟銀行は翌十月の五日に総会を開いて、それらの諸件に関する改正案を一括して可決し、即日これを施行した。そのうちで制裁関係以外の点は「利子の協定及《および》変更」ならびに同規約の「廃止又は変更」が、いずれも「加盟銀行三分の二の同意」を要するとあったのを、「三分の二以上の同意」と改めたことであって、規約違反に関する規定の改正は左の三ヵ条である。

一　第十九条　加盟銀行は規約違反の事実あるを知りたる時は幹事に通告し幹事は遅滞なく審査委員の審査に付すべし

の次に左の一項を加う

前項の通告なき場合と雖《いえど》も幹事審査の必要を認めたる場合亦《また》同じ

一　第二十条　幹事は審査委員の報告に依り規約違反の事実を認定したる時は之を被審査銀行に告知（し三日を経て異議の申出を受けざる時は加盟銀行総会を招集し其の決議に依り違反銀行を除名）すべし

の括弧内を削除し、従前の第二十一条の規定を左の如く改めて、本条第二項及《および》第三項に追加す

被審査銀行にして異議ある時は三日以内に帳簿及《および》関係書類を審査委員に閲覧せしむることを条件として再審査を請求することを得

再審査の認定に対しては更に異議を申出づることを得ず

一　第二十一条

幹事は前条再審査の請求を受けたる時又は再審査に依り異議を理由なしと認めたる時は左記各号の一に依り違反銀行を処分すべし

一　違約金（三千円以上一万円以下）

二　除名

前項処分の方法に付ては加盟銀行総会を招集し其の出席者三分の二以上の同意を得ることを要す

を左の如く改む

要するにこの改正は罰則を穏便にするという点に眼目をおき、除名のほか、新たに違約金制度を設けて、その趣旨を実現しようとしたものである。

二　銀行などの減配の勧奨

次に、政府の銀行に対する監督の手はさらに利益金処分の上に伸ばされ、配当についての干渉が試みられるようになった。すなわち十三年〔1924〕十二月中、大蔵省は前述の預金利子協定厳守の通牒と前後して、全国地方長官あてに銀行の減配を勧奨する旨の通牒を発した。これは、多数の銀行のうちには資産中に欠損を包蔵しながら、なお配当を続行するものがあるにより、この種の配当は当然中止せしむべきこと、また、たとい現実に利益を挙げているものといえども、銀行そのものの公共性にかんがみ、ますます基礎を強固ならしめるため、配当を低減して「剰余利益を留保」すべきこと、ただし減配のような処置は一、二のものが単独で実行すると、往々世間の誤解を招き、それでなくとも他の銀行との張合い上、実行を困難とするような傾向にあるので、なるべくは府県、郡、市などの同一地域内に存在するものが相互に協調し、一団となって実行するように取計らわれたいという趣旨のものであった。

しかしながら、かような画一的な制限に歩調を合わせることは、東京、大阪のような大都市において、いわゆる粒のそろわない大小多数の銀行が雑居しているところでは容易に行われがたいし、また東西両都市の堅実な一流銀行などにあっては、右の通牒の趣旨に関するかぎり特にその必要もなかったので、東京および大阪の両交換所組合銀行は本件に関してそれぞれに協議を遂げた結果、組合銀行のうちで自発的に減配をしようとするものは、もとより随意であるが、交換所組合としては右に関して協定などは行わないという申合わせをなした。そんなふうで、おおむね大都市所在の銀行においては大蔵省側の期待に副わないような傾向が強く、全国を通じて十三年〔1924〕下期に減配を実行した銀行は、普通および貯蓄を通じて合計二百二十行を算するにすぎなかった。

そこで大蔵省は翌十四年〔1925〕六月中、ふたたび減配勧奨の通牒を発した。この場合には、たまたま前に述べた日本銀行の利下げが行われたこと、ならびに金融が緩慢の状勢をたどり、したがって銀行としては収益歩合の低下するような傾向を免れにくいことなどに重点をおき、かつこのたびは銀行ばかりでなく、信託会社および無尽業者もまた同断たるべしというのであって、当局者としての態度が一段と強化されたかの感があった。もっとも、この当時には財界一般の整理もようやく進んできて、おのずから銀行としても収益歩合の低下を避けられないような状勢に当面してきたので、かたがたあいまって減配を実行するものが続出してきた。すなわち十三年〔1924〕下期に減配したもの以外、十四年〔1925〕上期において新たに減配したものが九百三行、二期通計千百二十三行に達し、普通および貯蓄銀行全体の六割六分、休業中の銀行を除いて計算すると七割にあたるということであった。ただし東京、大阪をはじめ大都市においては、やはり比較的に不成績であった。

なお、この減配の勧奨は特殊銀行に対しては適用されなかったが、最初の減配勧奨の通牒が発せられた翌十四年〔1925〕の二月中、大蔵省は、各特殊銀行から役員賞与金の減額に関する申出があったので、これを承認する旨の声明書を発した。

かように銀行の減配が東西の一流銀行その他一部の銀行において実行されなかったことは、政府当局者としてははなはだ不満足のようであった。しかしまた政府の減配勧奨の趣旨からすれば、それは特殊銀行に対しても同様に適用されるべきであると認められたのに、特殊銀行に対しては、なんらこの問題に関して触れるところはなかった。これは当時の新聞などから、いわゆる片手落をあえてしているとの非難を免れなかったゆえんであろう。

その後、昭和二年〔1927〕春の金融恐慌後、同年六月中に政府から改めて銀行の減配に関する勧奨の通牒が発せられたのに即応するつもりであったか否かは明らかでないが、同年上期の決算から東西の一流銀行もいっせいに減配した。もっとも、この場合には金融界の状況が以前とはまったく一変していたために、それらの銀行各自としての意向いかんはとにかく、事態そのものは前の場合とは、おのずから意義が異なっていたものと認めなければならない。

しかるに、ここにもまた政府の方針に不徹底の節が認められる。それは、やはり特殊銀行に対しては除外例が許されていたということである。かの台湾、朝鮮両銀行のごときはしばらく別としても、右の減配勧奨に関する再通牒が発せられた後、農工銀行以外の特殊銀行で同年上期に減配を実行したものは勧業銀行だけであって、その減配率は年一分にとどまり、従前の一割を九分に引下げたのである。しかるに、その勧業銀行の減配も同期一期だけで、同年下期以来さらに旧率に復した。かく普通銀行に対する干渉は一律にすべてを拘束しようとするものであったのに対し、特殊銀行に対して、それが著しく寛大であったのは不公平のそしりを免れないところである。

三　金融に関する付帯施設

ところが、以上に述べたように銀行に対する監督を、かく厳重にするについては、銀行の営業にわざわいするような他の営業、ことに銀行類似業のごときに対して、いっそうこれが取締りを強化すべきであるのは論をまたない。この点は銀行業者側でもつとに問題となっていたところである。ことにその当時、銀行の営業に妨げとなったいわゆる銀行類似業のうちには、実際には金融に関して不正を働き、もしくは犯罪をあえてするものが少なくなかったので、むしろ、その意味から取締りの対象とならなければならないものすらあった。なかにも貴族院多額納税議員高柳某のごときは貯蓄組合を経営し、零細な貯金をかき集めて数百万円にも上る不正を働いたというので、刑事問題をひき起し、いわゆる貯金魔として世間を騒がせたというようなはなはだしいものすらあった。

それらの銀行類似営業を業態の上から見分けると、貯蓄銀行または有価証券割賦販売業に類似するものが最も多数を占めていたが、なかには一定の融資その他の反対給付を好餌として、最初から申込金、保証金、掛金のごときを詐取するという不正の目的に出たものも少なくなかった。そこで政府は十四年〔1925〕六月中、不正金融業の取締に関する声明書を発した上、全国にわたって引続きこれが処分を続行した。以来、昭和二年〔1927〕の金融恐慌前までに処分を受けた業者は合計四百二十八社に及び、かくて、これらの不正金融業はここにほとんど一掃されたのである。

その間、政府は一面、債券取引の改善、ことに国債の市価安定および消化の円滑に資する目的をもって、前に述べた債券市場の取引に長期清算制度を併用せしめることとし、十四年〔1925〕十一月七日にこれが認可を与え、市場では同月十八日からこれを開始した。その長期清算取引に上場されることになった銘柄は、内国債では第一種五分利付、ほか十八種、外貨国債では仏貨四分利付一種、地方債では東京市電気事業第三回短期公債、ほか八種、社債では第七十一回興業債券、ほか三十八種、合計六十八種を算えたが、以来、その取引は当初に期待されたほどには好況でなかった。これは国債の大所有者であった大銀行などが、いまだこれを利用することを好まなかったためでもあった。

＊省略節［金融法規の根本的改正／大正年代を通じての銀行界の推移／大蔵省預金部の改革］

＊省略章［昭和年代に残された重要諸懸案］

むすび［大正編］

＊省略節［大正年代を顧みて／数字上から見た金融恐慌への必然的傾向］

金融資本と産業資本との分野

大正年代を通じ、さらに昭和年代にわたって、わが国の金融界がたどってきた経過を概観すると、消長転変の激しかった点において、それは、まれに見る大波瀾の時代であったといえる。のみならず、かような大波瀾がやがて経済界全般の動向に重大な変化を生ぜしめたことも見のがしてはならない。回顧すれば、第一次大戦前わが財界において団体的に有力な活動をなしていたおもなものは、金融方面においては手形交換所もしくは銀行集会所、また産業方面においては商工会議所（その当時にあっては商業会議所、以下同じ）であって、それぞれに指導的機能を発揮していた。手形交換所は明治の二十年代から金融界の中心勢力となって、或る場合には経済界全般の動向を嚮導しうるような地歩を占めたようにも見えた。また商工業の方面にあっては商工会議所がその方面の中心勢力となって大勢を指導し、或る場合にはあまりに政治的に行動するという非難をさえ受けるようになった。しかし時代が降っては、その人的要素にも多少、欠けていたところがあったようであり、しかも産業界の勢力を代表するに足る組織が備わっていなかったので、一般社会に対して重きをなさなかったと見てもよかろう。

しかるにヨーロッパの開戦により、わが経済界のこうむった影響は、これらの方面をも目ざましめるようになり、銀行家もその事業経営上、もはや、とうてい従来のような各自単独の方針のもとに安閑として座視してはいられなくなった。そこで各自の立場に即して当面の時務に通じ、かつ将来へ進み行く道を明らかにし、進んで金融界なり事業界なり、それぞれの動向を指導するため、共同して事にあたる必要が緊切になってきたのであった。

ここにおいて団体各自が経済問題に関する調査を試み、その結果に基づいて団体的に時局に対処すべき方途に出ようという気運が高まってきた。そういう試みに先がけをしたものは東京手形交換所であって、三年［1914］十二月中、かねて常設されていた経済調査委員会を拡充して戦時経済調査を行うことになった。こうした試みは、その後、各地の交換所または商工会議所のならうところとなり、そして戦後にあっては、これら諸団体の多くは引続き戦後経済の調査に移行し、そのままこれを常置機関としたのである。

ところがヨーロッパ開戦後、輸出貿易が増進したのと重要品の輸入がとだえたことによって急激な発達を遂げた主要製造工業は、新興製造工業の活躍とあいまって、わが工業界の面目をほとんど一新するにいたった。

これらの重要諸工業の振興は、いきおい労働問題に関して新たにこれが施設を要することになったので、五年［1916］九月から、かねて問題となっていた工場法が施行され、わが国の工場労働に対し、はじめてこれを法規によって制約することになった。この工場法の施行が、おのずから、利害関係を同じくする工業家をして相互に団結させる一つの動機となり、それがかねて有力な工業会社間に擡頭していた同業間の団体組織の気運を促進して、ついに六年〔1917〕四月中これが実現をみるにいたった。現存の日本工業倶楽部がそれである。この工業倶楽部は戦後にわたってようやくその経済界における勢力を増大し、いわゆる産業資本家団体として一時は商工会議所や手形交換所などのように活躍するにいたったが、後に説くように日本経済連盟会（以下、たんに経済連盟と略称する）およびその他の産業団体の興起により、漸次に社交機関化するような傾向に転じたという経緯である。

元来、商工業者の団体で、その指導機関であるべき商工会議所が、これまた当時とかく活動不振の状勢にあって、第一次大戦後における内外経済界の大勢の変動に即応しつつ、よくその機能を発揮してゆくには、何よりもまず肝心の人材を集めなければならないが、その点に欠陥のあることが、このころになって特に明らかになった。こうした状況にかんがみ、財界を通じて、ことに産業方面の中心勢力となり、その大勢を指導しうるような有力な団体を組織したいという要望は、九年〔1920〕春の財界反動後、一流財界人の間に、つとに芽ばえていたようである。

そうしたやさきに、たまたま十年〔1921〕中ロンドンにおいて、当時、すでに十七の加入国を有していた国際商業会議所の第一回総会が開催されたのを機とし、わが国としては、いまだこれに加入していなかったが、わが財界の有力者をもって組織している英米訪問実業団は、その視察を兼ねて戦後のヨーロッパおよびアメリカの経済界を巡歴したのが機縁となり、帰国後その所見に基づいて団員間に、かような新団体を創立する必要を唱道するものが出てきた。この気運にかんがみて、当時の井上日本銀行総裁は好機逸すべからずとなし、みずからその創立の肝いり役を買って出て、東京をはじめ大阪、横浜、名古屋などの一流実業家を網羅し、十一年〔1922〕八月に日本経済連盟会を創立したのである。

経済連盟は国内的には「一般経済界をして、其の帰趨する所を覚知せしめ、一は以て政府をして産業政策上其の拠る所を知らしむる」ため、また対外的には国際商業会議所に加入する「前提として」、わが国の「経済力を団結し各方面の意見を綜合統一する」目的に出たものである。そして、その指導の対象とされている一般経済界は、もちろん金融界ならびに産業界の双方にわたっているが、実質的には金融の方面よりも、むしろ産業の方面に重点がおかれていたのであって、或る場合には、そうした事情から、同会はその後、さながら商工会議所以上の勢力をもつにいたったのである。

こうして、わが国の財界は大正の末葉において、著しく産業団体の勢力の増大をみたまま、昭和年代にはいった。この状勢はその後、金解禁を転機として襲来した大不況期に際し、さらに金融界をして、その勢力を認識させるような傾向に立たせた。これを、しいて対立的に見れば、いわゆる金融資本と、いわゆる産業資本との分野を明らかならしめてきたともいえよう。そして、いわゆる金融資本家団体の増大の傾向を象徴したものは産業調査協会の創立と、それを機縁として組織された「五日会」とであったといえよう。前者はイギリスの Banking Industrial Development Co. にならい——ただしイギリスのこの会社は自身で投資をするが、わが産業調査協会には、そのことはない——、「銀行、信託会社其の他金融業務に重要なる関係を有する者を以て」会員とし、「本邦の重要産業を営む者の状態及《およ》び経営方針を調査報告」することをもって任務とする。そして当時、金解禁後の財界不況対策として高調された産業合理化のため、東西シンジケート銀行団所属の銀行の主唱により、投資の浄化と確実とを期するという目的に出たものである。それについて注意すべきは、会員として最初から信託会社を銀行と同列に加入せしめたばかりでなく、「金融業務に重要なる関係を有する者」として有力な生命保険会社をも参加させたことである。

かくて産業調査協会は昭和五年［1930］九月に成立したが、その翌々十一月にこの協会に加入している銀行、信託会社および生命保険会社の関係当事者をもって組織した「五日会」が成立し、ここに生命保険会社は公然と金融資本団に仲間入りをすることになった。かくて、さきに付言しておいたように、大正の末期から、その気運に向かっていた信託会社および生命保険会社の金融界への進出が、いよいよ本格的に実現されたわけである。これは昭和年代にはいって以来のことであるが、大正年代におけるできごとに関連して参考までに、ここに付言した次第である。

銀行業に関する一大教訓

最後に、大正年間の銀行業について率直にその所感を述べるとすれば、まず特殊銀行の業務の経営ぶりについてである。いうまでもなく特殊銀行が公共的金融機関として、普通銀行のなし得ざる業務に進出し、或る場合には営利観念を離れて活動した功績は、見のがすことのできないものがある。しかし特殊銀行は元来特権の上に成立した銀行である。特権を有するものは、みだりにこれを振り回すことなくして、自制しなければならない。また特権を有せしめるということは、なんらか特殊の目的に出たものであるから、その活動もこの目的の範囲を逸脱してはならないはずである。

しかるに当時の特殊銀行はその与えられた特権を濫用し、またはなんでもかでも新しくやり通すという営業ぶりであって、当時、台湾銀行の某氏が銀行家の長老を評して、「今にして、なお旧套を墨守するようではだめである。新時代には全然、頭を変えてかからねばならぬ」といったことがあるが、金融のことは、むしろ飛躍を許さないものがあるので、やがては、これが、そういう銀行の禍根となったのみでなく、その営業範囲の入りまじっている普通銀行の迷惑となることが多かった。しかも、その衝動は普通銀行のうちでも最も弱体のものに対して強烈であった。なかでも、或る特殊銀行の営業政策によって輪をかけられた大正年代の高金利は、幾多の方面にその余弊を流布し、中、小普通銀行の没落する一原因となったとさえ極言するものもある。これらの事情は特殊銀行の当事者はもとより、これを監督する当局者もよほど考慮しなければならなかった点である。或いはこれに対して、特殊銀行側としてはそれぞれに弁解の辞があろうし、また政府当局者としては、それぞれに相当の事由をきいて施設したことでもあろうが、これらの事情については、すでに述べたところであるから、ここにはこれを繰返すことを止める。

次に普通銀行について見るに、大正年代にはいっては、徳川時代における大阪の両替屋の流儀からか、俊敏な商売ぶりが東京方面をもなびかせてきた折も折、当時は第一次大戦によって非常な利益を獲得したひとびとが、いっぽうに商事会社を起すと、他のいっぽうで銀行をはじめることが流行した。しかも、それらの銀行の経営には経験の浅いひとびとがそれにあたった関係上、その余波のおよぶところは無謀な全般的競争を激成せずにはいなかった。また大銀行はすでに述べたとおり、このころには、いわゆる支店網を張って預金の争奪をはじめたが、それも、膨脹発展時代は比較的慎重であった。しかし、その後、或るものは、しいて無理を続けたり、事業会社の経営に深入りしたり、或いはまた認識不足のためか、多額のコールを特殊銀行に放出して、気軽にすましたりしていたなど、いずれの銀行に対しても、とがむべき点が少なくはなかった。

こうした状況のうちにあって、最も気の毒なのは中、小銀行、特に大都会において大銀行と並んでゆかなければならなかった中、小銀行である。これらは特殊銀行なり、新興財閥銀行なりに圧迫されたのみならず、かれら自身もまた軽々しく大銀行のまねをしたてきめんのむくいは、その経営上に無理ができて、ついに収拾されない不始末に陥った。

思うに銀行に関する基本的政策としては集中主義を採るもよかろう。いわゆる大銀行主義もよかろう。しかし健全な中、小銀行の存在は、わが国情としては中、小産業金融のために、どうしても必要なもののように思われた。またその経営ぶりいかんによっては、本来、中、小銀行の成立しないわけはなかったのである。しかるに、こうした事情のもとに中、小銀行の多くが没落したことは、顧みて実に惜しいことをしたものと痛感せざるを得ないものがある。

以上に説き去り説ききたったところを大観すると、大正年間の金融は、だいたい銀行によって運行されていたのであるが、その経営の放漫なものは没落の運命に陥り、堅実な流儀で動いた銀行は伸展したということを如実にものがたっている。これについて学ぶべきものは、やはりサウンド・バンキングであるということを強調して、この大正金融史を結ぶこととする。

＊省略章［昭和編第一章　大正から昭和への過渡期］

昭和編

震災手形善後処理

関係二法律の内容と債権債務関係の異動

大正時代から昭和年代へ持ち越された金融関係の懸案のうちで、何よりもまず解決を急がなければならなかった問題は、震災手形の善後処理に関する具体策であった。これは、その関係のつながっている方面や影響の及ぶ範囲が広範にわたるという複雑な事情から見れば、ただに金融界だけでなく、あまねく経済界全般を通じての大問題であったといわなければならない。ところがこの震災手形処理問題は、それ自体が一つの動機となり、またこの問題と不可分的にからまり合って、金融恐慌というわが経済界空前の大事件を引き起したのであるから、事の経過からすれば、両者を併合的に記述すべきであるが、事情の解明に便するため、金融恐慌のほうはしばらくこれを切りはなして、次章に譲ることとする。

震災手形に関する大正年代中の経過は、政府として何らか決定的な解決策を実施しなければならないような行きがかりのうちに昭和年代へ推移したのであるが、何分にも、当時この問題は経済界の癌とまで評されていたほどに厄介物視されていたこととて、政府としても、なるべくは早急に、また無難にこれが解決をつけたい意向のようであった。すなわち政府は第五十二議会の年始の休会明けを待って、二年〔1927〕一月二十六日に震災手形善後処理法案および震災手形損失補償公債法案を同時に衆議院に提出し、ひたすらに両法案の平穏な議会通過を期待したのであった。成立した両法案の内容は次のようなものである。

震災手形善後処理法

第一条　本法において震災手形と称するは、大正十二年〔1923〕勅令第四百二十四号第一項第四号に該当する手形をいう。

第二条　政府は昭和二年〔1927〕九月三十日において、日本銀行より震災手形の割引を受けおる銀行（以下震災手形所持銀行と称す）に対し、該震災手形の整理をなさしむるため、本法の定むるところにより、貸付金をなすことを得《う》。

前項の貸付金は五分利国庫債券をもってこれを交付す。

第三条　政府は前条の規定により交付するため必要なる額を限度とし、公債を発行することを得《う》。但しその総額は震災手形損失補償公債法により発行する公債と通じて二億七百万円を超ゆることを得ず。

第六条　第二条の貸付は、震災手形所持銀行が、その震災手形債務者との間に、その手形債務を更改するため、十年以内の年賦償還貸付契約を締結したる場合にあらざれば、これをなさず。

第七条　第二条の貸付の期限は十年以内として、その利率は年五分以上とす。

震災手形損失補償公債法

第一条　大正十二年〔1923〕勅令第四百二十四号及び大正十四年〔1925〕法律第三十五号による契約に基き、

政府が日本銀行に対して支払うべき損失補償金は、五分利国債証券をもって、これを交付す。
第二条　政府は前条の規定により交付するため、一億円を限り公債を発行することを得《う》。
（この公債法案中にある「大正十四年〔1925〕法律第三十五号」とは、最初、震災手形の満期日が「大正十四年〔1925〕九月三十日以前」となっていたのをさらに延期して、「大正十五年〔1926〕九月三十日まで」と改めたものであるが、しかしそれでも、なお回収がはなはだしく不成績で、その期限までには、とうてい解決の見込みがつかなかったので、その後、さらに大正十五年〔1926〕法律第三十三号をもって、満期日を「大正十六年（昭和二年）〔1927〕九月三十日まで」と再延期した上、この二法案を議会に提出したのである。）

震災手形の善後処理に関するこの二法律案は、不可分的関係において善後処理を実行しようとする仕組になっている。すなわち日本銀行が割引した震災手形の未決済残高二億六百余万円のうち、日本銀行自身の損失に帰するより外はないと認められる分は、さらにそのうちの一億円を限り、政府がこれを補償して決済をつけ（震災手形損失補償公債法による）、その他の分、すなわち必ずしも回収不能とは決せられない手形については、日本銀行からその手形の割引を受けている銀行に対し、政府自身が同額以内の国債を貸付け、銀行は手形債務者との間に、その手形債務を更改するため、十年以内の年賦償還貸付契約を締結して、漸進的に決済をつけようというのである。

これで見ると、手形債務者のうち破産その他の事由により、まったく債務履行の能力を有しなくなったものについては、日本銀行は政府の補償を受けられるから、無損失で肩抜けとなるいっぽう、手形所持銀行は政府から借入れた国債を担保として、日本銀行から普通の取引形式で融通を受け、それによって手形債務者に対し、最長十年という年賦償還貸付をつづけて行くことができるわけであるから、けっきょく、震災手形に関する債権債務の帰属は、政府と震災手形所持銀行との間に十年以内の国債貸借が行われるいっぽう、それらの銀行は手形債務者に対する十年以内の年賦償還貸付に関する危険を負担しなければならないという関係にかわったわけである。

金利政策と融通総額

大正十二年〔1923〕九月一日の関東震災はたまたま政変に際会していて、翌二日に井上日本銀行総裁は、第二次山本（権兵衛）内閣の蔵相に就任したので、同月五日に前蔵相の市来乙彦がその後をおそって第十代の総裁に就任したから、つまり前蔵相と前日本銀行総裁とが相互に交迭したという関係にある。しかしなにぶんにも、わが国としては関東震災という歴史的な大事変に遭遇したこととて、その後の金融政策に関する両当局者の方針の向背如何は、当時、必ずしも予想されないものがあった。

震災後は、さきに大正八年〔1919〕十一月十九日の改定による日本銀行の公定歩合二銭二厘が、災後一年半余にわたって、そのままに持続されたが、同十四年〔1925〕四月十五日に二厘引下げの二銭と改定されたのに引きつづき、翌十五年の十月四日、さらに二厘下げの一銭八厘、次いで翌昭和二年〔1927〕の三月九日に重ねて二厘下げの一銭六厘と改定されていたので、この震災手形処理に関する両法案は金利の底入れに近い下り坂で議会の問題となったわけである。ただし、震災手形に関しては一般に対する金利政策にかかわらず、むしろその整理を促進することに重きをおいて、適時にこれを改定するという方針をとっていたもののようである。最初これについて、大正十二年〔1923〕十月十三日、政府から日本銀行に対して指示した命令によると、その利子歩合は二銭四厘と定められ、同行は翌十三年の三月末日に震災手形による新規融通を打ち切るまでの券面額（震災手形および預金証書を通じて）合計四億三千万円に対し、その約八割に当る金額をこの歩合で融通したのであるが、十三年〔1924〕十二月二十二日に二厘下げの二銭二厘、翌十四年の四月十五日にさらに二厘下げの二銭、次いで翌十五年の十月四日にまたまた二厘下げの一銭八厘、震災手形の善後処理に関する両法案が衆議院を通過した五日後の二年〔1927〕三月九日に、重ねて一厘下げの一銭七厘まで引き下げたのである。

かように震災手形に対する利子歩合は、日本銀行の公定歩合に追随して、それよりもやや上鞘《うわざや》を保ちつつ、引きつづいて引き下げられてきたような関係にあった*から、実際に震災のため、よぎなく支払を延期せざるを得なかったとか、または誠実に整理を遂げるつもりでいたならば、災後三年余を経過した昭和の初頭までに、どうしても決済を果し得ないというものは、おそらくその一部分に過ぎなかったのではないかと察せられる。（*この間、日本銀行は震災後の大正十二年〔1923〕九月三十日、高率適用制度を停止し、十四年〔1925〕四月十五日にこれを復活したが、この場合には「暫定取扱方」として最高限度を一厘高、同年十一月から最高限度を三厘高と改定した。）

もちろん、比較的誠実な手形債務者としても、その間には深刻な苦難に陥り、殊に災後、打ちつづいた財界の不況に処して、営業はますます沈滞してきたところへ、銀行からの催促は強められるというふうで、手持商品の投売りにより、わずかにその日暮しをつづける外はないというようなものも少なくなかった。かような状況にあったので、大正の末期には、手形債務者が特に多数を占めていた東京および横浜の経済諸団体から、何らか債務の履行について緩和策を講じてもらいたい旨の陳情が、相次いで政府当局者に提出されたのである。

だが、そうした比較的着実な手形債務者の債務額は、むしろ少額に止まり、大部分は特殊銀行関係に属していたことが、後に至って明らかにされた。すなわち震災手形の善後処理に関する二法案が衆議院で審議中であった二年〔1927〕二月末日において、日本銀行から融通を受けていた震災手形所持の銀行別内訳によると、特殊銀行の分が六千百万円に対して、普通銀行の分は三千七百万円に過ぎなかった。この外に、日本銀行に持参しないで手持ちにしていた手形が、当時、どのような分布状態にあったかは明らかにされていないが、とにかく震災手形の大部分が特殊銀行関係に属していたことは疑いないといえよう。

ところが、その特殊銀行に関する分は、実際には必ずしも文字通りの震災手形ばかりではなく、あるいは震災と何の関係もない手形が、震災手形たる形式を備えることによって、日本銀行から再割引の特典に預っているものが少なくないとか、あるいは政界と財界との不純な関係が、いわゆる政商の暗躍によって因縁づけられ、殊にそれが特殊銀行を介して、この制度を不当に利用しているものがあるとかいうような記事が、当時の新聞などに、しばしば報ぜられたところから見ても、およそ、この震災手形善後処理が世間から多分の疑いをもって見られていたことは否定されないところである。

こうした疑惑が積り重なって、関係二法案に対する不信の念は、議会においてもますます高まり、衆議院ではこの両法案を審議するに際して、野党側から提出された「政府は震災手形の振出人及び個人裏書人ならびにその手形金額を明示すべし」という付帯決議案を、かろうじて否決したが、けっきょく、両法律の「運用については、審査委員会を設け、厳正公平なる審査を遂ぐること」および両法案の成立は、「特に台湾銀行のため絶対に必要なりとの言明に信頼し、この際、止むを得ざる処置としてこれを認むるの外なきも、政府は速《すみやか》に調査委員会を設け、更に適切なる法案を立て、帝国議会の協賛を経べきものは、その措置を採ること」そして「右法案成立し、これが実行せらるる場合においては、政府は同行に対する震災手形善後処理法による貸付金を回収すること」という決議を付帯して、わずかに両法案の可決を見たのであった。

だが、両法案が衆議院を通過した後においても、この問題に関する同院内の論議はかえって調子を高め、貴族院における一部議員の政府に対する追求的質問と呼応して、ますます政府難詰の声を大きくし、ついに三月十四日に至って、時の片岡（直温）蔵相のいわゆる失言問題を引き起さしめ、それが、さながら導火線のようなきっかけとなって、わが国空前の金融大恐慌を招来したという次第である。

手形処理の基準

こうした険悪な状況のうちに、震災手形の善後処理に関する両法律案は、三月二十三日に貴族院を通過したが、次章に述べるように、同月および翌四月にわたって金融恐慌が起り、しかもその恐慌と関連して第一次若槻内閣は総辞職をなし、かわって二年〔1927〕四月二十日に田中（義一）内閣が成立したという政変があったので、震災手形の善後処理に関する施設はおのずから延期され、関係両法律はともに同年五月に施行された後、翌六月四日に震災手形処理委員会官制が公布され、同月十六日その第一回会合が開かれて、次の処理基準が決せられたのである。

震災手形処理基準

(一) 銀行が破産し又は清算中の場合においては、

(イ) 日本銀行の割引せる震災手形中、その担保たる震災手形の取立により、回収不能と認めらるる金額につき、銀行の全資産に対し、他の無担保債権者と同様の地位において債権を行使し、なお回収すること能わずと認めらるる金額を補償すること。

(ロ) 善後処理法による貸付をなさざること。

(二) 銀行が休業中の場合又はこれに準ずべき場合において、その整理存続（合同を含む）の見込なきものについては、

(イ) 補償をなす金額を決定する方法は（一）の（イ）に同じ。

(ロ) 善後処理法による貸付をなさざること。

(三) 銀行が休業中の場合又はこれに準ずべき場合において、その整理存続（合同を含む）の見込あるものについては、

(イ) 日本銀行の割引せる震災手形中、その担保たる震災手形の取立により、回収不能と認めらるる金額を、少くとも左記条件により補償すること。右補償金額は該銀行の整理存続上、必要なる限度内

たるべきこと。
(1) 積立金を取崩すこと。
(2) 銀行の整理存続を害せざる程度において十分なる減資、減配をなすこと。
(3) 銀行の重役が相当私財の提供をなすこと。
(ロ) 善後処理法による貸付をなすこと。
(四) 銀行が営業を継続中なるも、少くとも(三)の(イ)の(1)及び(2)の整理条件を実行したる場合においては、
(イ) 日本銀行の割引せる震災手形中、その担保たる震災手形の取立により、回収不能と認めらるる金額を補償すること。右補償金額は該銀行の整理存続上、必要なる限度内たるべきこと。
(ロ) 善後処理法による貸付をなすこと。
(五) 銀行が営業継続中にして、別段整理をなすの要なしと認めらるる場合においては、
(イ) 日本銀行の割引せる震災手形の担保たる震災手形中、回収不能なるものあるも、補償をなさざること。
(ロ) 善後処理法による貸付をなすこと。
かくて、政府が日本銀行に対し補償をなしたときは、同行はこれに相当する震災手形およびその担保たる震災手形を保有し、入金があったときは政府にこれを納入するという制規のもとに実行されたのである。

内容不明のまま損失は国民一般に転嫁

この基準によると、善後処理は補償も貸付も、相当、厳重に実行されたもののようであるが、内訳は遂にまったく発表されなかったのであるから、補償の分については、実際に積立金の切崩し、減資、減配、重役の私財提供が、どのくらいの額を算したかは明らかでないし、貸付の分については、いわゆる財界に及ぼすことあるべき影響を回避するために、はたしてその必要があったか否かを推察することもできないわけである。

わが国の財界は第一次大戦後において、当然、遂行しなければならなかったはずの整理が、ほとんど行われていなかったばかりか、大正九年［1920］の反動的恐慌後においてすら、かえって放漫に流れまたは膨張の惰性を持続したまま、関東震災という大事変に遭遇したのであるから、その打撃によって何らかの動揺を免れないであろうことは、むしろ必至の成行きであったと認めなければならないし、またこれがために不堅実な分子が淘汰されることは、経済界全体にとって、むしろ望ましいところであったといわなければならない。

けだし震災直後の混乱期に際し、急激な金融の梗塞にあって、あるいは玉石ともに倒れるかもしれないという危機を避けさせるため、手形割引損失補償令という一つの支え柱を立てたことは、やむを得ない応急策であったとも見られるし、またその当時にあっては、堅実な被災者を保護するために、手形債務者名やその金額の公表を避けたことは、必ずしも理由をなさないところであったとは断言されないであろう。*

しかるに、その後、誠実な債務者は引きつづいて決済を了し、善後処理に関する二法案が議会に提出された当時、すなわち災後、約三年半を経過した昭和年代に入っても、なおその決済をつけ得ないようなものは、おそらくその大部分は不良分子と認めざるを得なかったであろうから、この当時に至って、なおも堅実な債務者を保護するためという理由は、つとに消滅していたはずである。（*当時の井上蔵相は衆議院において、「手形関係者の氏名を（中略）発表する（中略）ことは、商取引の機密に属することでありますから、今日におきましては発表しない積りでいる次第であります。しかしながら委員会におきましては差し出してもよろしいのであります」と言明していたのである。——第四十七回帝国議会衆議院議事摘要——）

あるいは善後処理に関する法案が議会で審議されるころになっても、なおその氏名や金額の公表は、多少とも財界に動揺を起させるような結果を招来しないとも限らなかったであろう。しかしまたその不公表がかえって経済界の疑惑を濃厚ならしめ、財界の正常な取引を阻害した悪影響のほうに、より重大なものがあったことも見のがしてはならない。否、それよりも反省しなければならないことは、国庫の補償だけでも一億円という多額の国債は、すべて国民一般の負担に帰するより外はないという点である。にもかかわらず、かくまで重大な問題に関し、政府の独断によってその内訳を飽くまで秘密に付し通したのは、けだし不良分子をあえて庇護するために、議会の議決権を阻害したものと非難されても、おそらく弁解の辞はなかろうし、またその内訳を不明のままにして、関係両法案を可決した国会も、決してその責任を果したものとはいわれないのである。

これを要するに、震災手形の善後処理に関する施設は、一億円以内という公債をもって、内容不明のまま、財界における不良分子の損失を国民一般に転嫁するとともに、やはり内容不明のまま、財界の不良分子を救済するため、年五分利以上、十年以内の期限という寛大な条件をもって、総額限度一億七百万円という多額の公債貸付を行ったものという以外に批判を試みる根拠はないのであって、結果的に見れば、このような不明瞭な政治問題が金融恐慌という大事変を誘発する導火線となったのは、むしろ当然のかかり合せであったともいえるのである。

金融恐慌

昭和の初頭に起った大事件としては、何をおいても、まず金融恐慌を挙げなければならない。これは金融界の事件というよりも、むしろわが国民経済としての大問題であったが、事がらは、名称のとおり金融に関する空前のできごとであって、具体的には銀行預金のいわゆる総取付と休業銀行の続出およびこれに対する救済施設とが重点をなしていたといってよい。もっとも、この事件は、前章で述べたように、動機的には政治上の関係とからみ合い、また本質的には経済上の問題として、震災手形の善後処理に関する施設と不可分的関係をもっていたので、実情を経過的に明らかならしめるための都合上、震災手形処理問題のほうを先に述べた次第である。

銀行取付騒ぎの発端と政府および日本銀行の態度

一　片岡蔵相のいわゆる失言問題と恐慌初期の態様

大正の末期から昭和の初頭にわたる経済界は、前述のような不安定のうちに推移していた関係上、金融界には、ようやく資金偏在の傾向があらわれて、東西の両市場などでは金利はますます軟化するような情勢にあったにもかかわらず、全国的には警戒気分が日に日に高まって行くというようなへんぱな現象を見たのである。ところが日本銀行としては市場金利の大勢に同調するという意味もあって、大正の末期、十五年〔1926〕十月四日に公定歩合を二厘下げの一銭八厘と改定したのに引きつづき、翌昭和二年の三月九日にはさらに二厘方を引き下げて一銭六厘に改めたいっぽう、これに先だつ二月九日には東京預金協定加盟銀行が預金利率を五厘方引き下げて、定期を年五分五厘と改定するなど、金融界の主流としては、かえって緩慢の情勢をたどっていたことが認められるのである。

しかし全国的には、季節的に金融の緩慢を常例とする二・三月の頃においても、警戒気分はますます高まって行くばかりであった。後述の震災手形善後処理に関する二法案は三月四日に衆議院を通過したのに引きつづき、貴族院の同法案に対する意向も、大体、無難を予想されるような情勢を告げ、世間一般もこの様子ならばと、一応、小康の気分に傾いてきたおりしも、同月十五日、時の片岡（直温）蔵相の衆議院におけるいわゆる失言問題が一つの動機となって、東京に本店を有する渡辺銀行および同行に対して親子関係にあった「あかぢ」貯蓄銀行が、ともに臨時休業の旨を発表したのが発端となり、世間一般に対して痛切な衝動を与えたのである。

この渡辺銀行は、銀行としての地位は二流またはそれ以下に属していたが、事実上、個人経営になっていて、その主脳者が東京における屈指の大地主であり、したがって一流の資産家とみられていた一族であるというところから、経済的には世間の信用も厚かったのに、その経営にかかる二銀行が休業の外はないというのでは、他の諸銀行としても内情がどうなっているかは疑わしいものであるというので、一般の銀行預金者はにわかに動揺をはじめ、二・三流どころの銀行ではようやく預金の引出しが増加してきた。かくて四日後の同月十九日には、やはり東京に本店を有する中井銀行が取付に会って臨時休業を発表し、一般の銀行預金者に対してさらに深刻な刺戟を与えたのである。

中井銀行が休業した翌二十日の日曜につづいて二十一日は祭日に当り、二日つづきの休日はそれだけ局面の悪化を延引させる上に多少の影響を与えたようでもあったが、預金者側の不安はとうてい緩和さるべくもなかった。休日あけの二十二日には、二・三流どころの多数の銀行は早朝から取付に会い、なかには日本銀行または比較的有力な市中銀行に依頼して応急援助を受けたものもあったが、それでも同日中に八十四、中沢、村井の在京本店銀行の外、横浜の左右田銀行も休業した。しかも、これら京浜四銀行の休業の報は、はやくも市外ないし関西方面にも伝えられ、同日中に埼玉県下、大垣市内、京都市内、京都府下および大阪市内にそれぞれ一行ずつ、すなわち二十二日中に通計九行の休業銀行が続出して、形勢はようやく重大さを増してきたのである。

二　蔵相および日本銀行総裁の声明

これより先、日本銀行では大正十二年［1923］九月二日に井上総裁が辞任（蔵相に就任）した後をおそって、市来乙彦が第十代の総裁に就任していたが、こうした情勢にかんがみ、片岡蔵相および市来総裁は二十二日夕刻、とくにそれぞれ声明書を発表し、蔵相は「金融を疏通し、財界を整理振興せんがために立案せられたる震災手形関係法案が、政治問題とてんめんして財界に危惧の念を起さしめたるは頗《すこぶ》る遺憾とするところなり。たまたま市中数銀行の臨時休業するものあり（中略）といえども、一般財界には何ら憂慮すべき事態なく（中略）、しかのみならず政府は今後財界安定のためには、責任をもって充分努力する決心にして、日本銀行も又政府とその決心を同じくする」ものであると強調し、日本銀行総裁はこれに呼応するもののように、「日本銀行はこの際、最善の努力をもって臨機の処置をとり、平時においては為さざることも行い、資金融通の便宜をはからんことを期す」と力説し、政府および日本銀行の両者が相まって、ひたすら事態の収拾に尽力するもののようであった。

蔵相および日本銀行総裁のこうした声明が多少の効果を奏したものか、その後、三月中には、福岡および千葉の両県下に各一行ずつの休業を見たのを除くほか、銀行界は翌四月の上旬にわたる二週日余をひとまず小康のうちに推移し、一般預金者側の人気も多少沈静に復してきたような傾向も見えてきた。少なくとも恐慌はこの辺で一段落を告げたかの感じもあったが、もちろんそれは一時のなかだるみ現象に過ぎなかったのであって、局面は第二期にうつるとともに、いよいよ本格的な恐慌状態に入ったのである。

恐慌の激化と通貨・金融事情

一　台湾銀行の不始末と同行救済計画の失敗

かような声明書によって局面の沈静を期するには、預金者側の不安はあまりに深刻であった。実際、また後にいたって明らかになったことであるが、多数の銀行が営業状態をはなはだしく不良化していたことも驚くべきものがあった。この金融恐慌とは不可分の関係にあった震災手形処理に関する二法案は、三月二十三日に貴族院を通過して、同月三十日に公布され、両法とも五月から施行されることになったので、これで金融恐慌の一つの禍因は、ひとまず解決を見たような事情にあったが、しかも問題は震災手形の処理という本筋の関係よりも、むしろそれから派生した台湾銀行の行きづまりという難問題が、世間一般に知れわたってきて、そこに新しい危険信号が現われたのである。

というのは、震災手形所持銀行のうちで、この手形を最も多く所持していたものは台湾銀行であり、その主たる部分（七千万円に上ると伝えられていた）は神戸の鈴木商店に対する貸金であったが、同商店は大正九年〔1920〕の恐慌およびこれに次ぐ関東震災によって重大な打撃をこうむり、したがってその主たる融資銀行であった台湾銀行を苦境に陥らしめたといういかかり合せにあった。かくて台湾銀行は大正十四年〔1925〕中、不徹底ながらも整理を行って、一時、その難局を凌いだが、しかも鈴木商店に対するいわゆる腐れ縁につながって、その後も、ますます深みへ落ち込むよりほかはなかったのである。

鈴木商店としては多額の固定資金を台湾銀行から借り入れていたほかに、短期の単名手形を売って一般の銀行から融資を受けていたが、手形が売れなくなれば台湾銀行にたよる。台湾銀行はコールをとって、これに融通するという空まわり式操作を続けていた。かくて同行の取り入れたコールの額が一時は三億三・四千万円にも上り、当時の新聞から「コールで泳ぐ」などと冷評されたほどであったが、かようなからくりの操作が永続されるはずはなく、繰回しが困難になるにともなって、大正の末期から翌昭和二年〔1927〕の初めごろには、同行も鈴木商店も、さながら、ともだおれの外はないという窮状に行きづまってきたのである。

このような窮地に陥った台湾銀行は、大蔵省側の内意をも受けて、三月二十七日、鈴木商店に対し、以後、新規貸出を中止する旨を通達した。このことが新聞で一般に知れわたったところへ、翌四月の五日には台湾銀行調査会が開会されたいっぽう、鈴木商店は同日以後、内外の市場における新規の取引をいっさい中止する旨を発表した。こうして台湾銀行に対する信用はいよいよ薄弱となり、それまで同行に対して多額のコールを放出していた三井銀行をはじめ、おもな市中銀行が急にそのコールを回収したので、同行はまったく行きづまってしまった。これは台湾銀行にとっては、さながら溺れるものがわらをも失ったようなものであった。

台湾銀行が危いという飛報は、いきおい鈴木商店に対する世間の疑惑を、いっそう濃厚ならしめたあげく、同月八日には、同店が大株主となっていた神戸の第六十五銀行が取付に会って臨時休業を発表した。すると、政府はこの難局を収拾するには、何をおいてもまず台湾銀行を救済するより外はないというので、同月十三日、議会が閉会後であることを理由として、同行を救済するための日本銀行非常貸出およびその損失補償に関する緊急勅令案を枢密院に提出した。しかし、これには衆議院の野党側も有力な諸新聞も、いっせいに反対の声をあげ、枢密院は同月十七日これを憲法違反であるとして否決したのである。

時の内閣は、前年（大正十五年〔1926〕一月二十八日に憲政会の第二次加藤（高明）内閣の首相が病没した後を受けて成立した若槻（礼次郎）内閣であったが、この緊急勅令案が枢密院で否決されたので、同内閣は即日総辞職し、四月二十日に政友会の田中（義一）内閣が成立したのである。ところが、この緊急勅令案が否決されたため、台湾銀行は翌十八日から休業（ただし台湾銀行は台湾に本店をもっていたので、この休業は正しくは東京およびその他の内地支店銀行というわけである。したがって本店および台湾その他にある同行の諸店は、いずれも営業を継続した）したが、おりもおりとて、大阪における大銀行の一つに数えられ、国債シンジケート銀行の一員となっていた近江銀行が、日を同じくして休業を発表したので、銀行の取付は東西両大都市の双方で、いわば再燃の火の手を揚げたような形勢に発展したのである。

こうして時局が重大化してきたのに対し、田中内閣がどのような方策を採るであろうかは、世間一般のひとしく注目したところであるが、局面はさらに悪化して、同内閣の成立した翌二十一日には東京にける五大銀行の一つに伍し、宮内省（今の宮内庁の前身）の本金庫を預っていた十五銀行が臨時休業を発表した。ここにいたって一般の預金者としては、もはや不安というような程度に止まらず、さながら恐怖人気におそわれて、東西の大銀行を除く外、銀行取付騒ぎは全国的に拡がり、東京市内でも、実に狂気の沙汰とでも評されるまでに混乱状態を現出したのである。財界の有力者のうちに、日本経済の崩壊を憂えたものがあったというのも故なしとしなかったのである。

二　支払延期令の施行と日本銀行の発券状況

このように状況が悪化しまた重大になってきたのに対して、政府の実行した方策は二段がまえになっていた。すなわち第一は、何よりもまず銀行取付を防止または回避することであり、第二は銀行をして預金の支払準備を保全させるため、かれらに対して特別の融通を与えることであった。しかし何分にも事態が急迫を告げていたので、金融界としては取りあえず自衛の手段をとることになった。それには政府側からの希望もあったので、東京および大阪の各手形交換所ならびに各銀行集会所は共同の決議により、全国の銀行がいっせいに二十二および二十三の両日を自発的に臨時休業としたのである。

そこで政府は二十二日、「支払延期及び手形の保存行為の期間延長に関する件」を緊急勅令として施行した。これは「昭和二年〔1927〕四月二十二日以前に発生し、同日より同年五月十二日までの間において支払を為すべき私法上の金銭債務については二十一日間その支払を延期す」るという主旨に成るものであって、つまり三週間の支払延期を公定したわけである。ただし例外的に次の四項目に規定する支払だけは、この限りではないというのであった。

一　国、府県その他の公共団体の債務の支払。
二　給料および労銀の支払。
三　給料および労銀の支払のためにする銀行預金の支払。
四　前号以外の銀行預金の支払にして一日五百円以下のもの。

かく支払延期令が施行されたことにより、銀行は関東震災直後におけるように、制規の期間と金額とに保障されて取付を回避し、全国の各取引所はいっせいに休業して、経済界はひとまず平穏を保ち得たが、この勅令に規定された期間後における秩序保全のためには、いわゆる本格的施設として、別途の対策を講じなければならない。これは当然に法律として施行することを要するので、政府はそれに必要な議会の協賛（今日ならば、国会の議決）を経るために、支払延期令の適用期間を三週間と見積ったものであるという。（*関東震災直後に施行された支払延期令では適用期間が三十日、またいわゆる一般の銀行預金支払の最高額が百円以下と規定されていた点だけで、この場合のそれとは異なっていたが、これはもちろん各場合の事情が異なっていたからであって、どちらの場合も、具体的に拠るべき基準があったわけではない。またこの支払延期令については、国民一般はこれを当然の処置として、むしろ満足の意向をいだいていたようであったし、とにかくこの期間中は全国的に、一応平穏の状態がつづいたのである。）

この恐慌に際して、その発端をなした三月十五日から、銀行が自発的に休業した前日、すなわち四月二十一日までに臨時休業した銀行は、全国を通じて二十八行を数えたが、その後においても、中小銀行の破綻を暴露したものが後を絶たなかったので、大体、金融恐慌の余波に属すると認められたものを同年七月末で区切ると、けっきょく、三月十五日から七月末までに続出した休業銀行の総数は三十六行に達し、その公称資本金額は合計一億八千三百余万円、預金額は合計七億九千三百余万円（ただし台湾銀行の分を除く。金額はいずれも昭和元年〔1926〕末現在）に上ったのである。

これだけの銀行が臨時休業をしたほかに、休業はしなかったが全国的に多数の銀行が取付に会ったということは、経済界全体に対して重大な影響を及ぼさずにはいなかった。殊に四月の上旬から再燃しだした全国的な恐慌に際しては、関西では七日、東京では八日いずれも株式市場がいわゆる恐慌相場を呼んで暴落を演じ、コール市場は東西ともに取引停止のほかはなく、一般の商取引も全国的に渋滞して、はなはだしきは中絶せざるを得ないというような状態であった。

この場合における日本銀行の発券または貸出状況を見ると、恐慌期に入る前、すなわち三月の前半における兌換券発行高は大体十一億円程度に止まっていたのが、前記の蔵相および日本銀行総裁が声明書を発した翌々二十四日には十四億円台に増加し、越えて四月の上旬には、一応、減少して、おおむね十二億円台を続けていた。それが枢密院で台湾銀行の救済に関する勅令案の否決された翌十八日には、日本銀行総裁から特に財界の動揺防止に関する声明書が発表されたにもかかわらず、当日の東京市中銀行に対する分だけの貸出が二億八千万円を増加して、その貸出残高は八億七千万円を数えた。ところが銀行が自発的に二日間を休業したその翌二十四日、総裁はさらに取引先でない銀行に対しても、徹底的に援助を与えるために非常貸出を行う旨を声明したのにともなって、翌二十五日には市中銀行のみに対する貸出残高が二十億余万円、兌換券発行高は二十六億五千九百万円を超えて、ここに同行開業以来の最高記録を告げたのである。

この恐慌に際し、全国を通じて、何ほどの預金が引き出されたかは明らかでないが、試みに全国の普通および貯蓄銀行について預金残高の総計の異動を月末別に対照すると、二月百億三千六百万円、三月九十九億三千百万円、四月九十二億一千九百万円、すなわち二月末現在高に比して四月末には八億一千六百万円の減少に当るわけであるが、実際には、一銀行から引きだされた現金の一部または全部が他の銀行、特に後で述べるように、東西の五大銀行や郵便局などへ預けかえられたものも少なくなかったようであるから、概観したところ、この場合に全国を通じて流動した現金の総額は、だいたい、十億円程度と見なしてよかろうということであった。当時の現金で十億円という額が如何に多大のものであったか、したがって、この恐慌がどんなに激しいものであったかは、むしろ想像の外であったといってもよかろう。（こうした多額の現金が流動したこととて、百円券を最高額としていた当時の通貨制度としては、計算上、とうてい煩わしさに堪えられないものがあったので、四月二十五日から二百円券――臨時の措置として――を発行したが、それも印刷が間に合わなくて、表面だけは印刷してあったが、裏面は無地であった。だが、この二百円券は、実際には一部で少額の取引に使用された外、ほとんど実用されなかったようで、その後、廃止されたまま今日に及んでいるのである。ただし今日からすれば、それについては通貨価値の激変という点に注意を要することはいうまでもない。）

三　一般銀行側および日本銀行の対策

これより先、一般銀行側は全国いっせいに二日間の臨時休業に入る前日、すなわち四月二十一日に休業の申合せをしたのに引きつづいて、有力銀行の会合を催し、財界の救済およびこれがために必要な日本銀行の特別融通を認め、かつ同行がその特別融通によってこうむることあるべき損失のうち、五億円を限度として国庫が補償することを得るような施設を、政府に対して要望するとともに、それがためには臨時議会が召集されなければならない旨を、あわせて進言したが、政府としても、また当然に臨時議会を召集しなければならないものと認めていたこととて、翌二十二日に臨時議会召集の詔書が公布され、五月四日から開会されることになって、これで政治的準備工作はととのったわけである。

いっぽう、日本銀行は全国銀行のいっせい休業にともない、同じく二十二および二十三の両日にわたって臨時休業をなしたが、一般銀行側は預金の支払準備のため、日本銀行に対してその非常貸出に関する商談を進めるとともに、支払延期期間中の手形交換、預金支払の実際などについて意見を交換した上、後述のような各銀行相互間の援助ならびに預金の移動防止に協力すべき旨を申し合せた上、これについて日本銀行側の了解を得たのである。

そこで日本銀行としては前に述べたように、四月二十四日、総裁から取引銀行以外の銀行に対しても、非常融通を与えるべき旨の声明書を発したほか、この場合の非常融通については、取引銀行と取引銀行以外の銀行との間における取引上の差別を撤廃すること、見返《みかえり》担保の種類を拡張すること、担保品の評価または掛目《かけめ》を寛大に定めることなどを発表したが、世間では、これが、先に同行総裁の声明した「平時においては為さざることも行う」というその実行方法であろうと認めて、一般に好感をいだいたもののようであった。

かように政府、日本銀行および一般銀行の三者が、相協力して万全を期し、二日間の臨時休業につづく二十四日の日曜日を経て、二十五日に全国銀行はいっせいに開業したが、こうして諸準備が調えられた上に、近く臨時議会も開会されることになっていたというわけで、さしもに熱狂していた預金者側もようやく冷静に復するとともに、世間一般の人気も安定して、金融界はむしろ予想外の平穏を告げ、全国大部分の地方における銀行では、支払準備として、せっかく調達した札束が、いたずらに店頭に山積されているという状態であったと伝えられた。

なお、この場合、東京交換所社員銀行が取引上の細目について申し合せた事項は七項目にわたり、別に念のための追加事項一項目を特に公告したのである。申合せの内容は次のようなものである。

一　預金五百円以上は、現金又は預金の振替いずれの方法によるも支払をなさざること。但し五百円は各種預金の合計たること。
二　必要上、やむを得ざる取引については手心を加うることを得《う》。
三　期日前の定期預金はこれを支払わざること。
四　預金証書担保にては貸出をなさざること。
五　当座貸越及び為替取引については一般預金の取引に準ずること。
六　同業者との取引及び外国為替関係の取引は各行の任意とすること。
七　支払延期中の預金及び貸金は利息を計算すること。
なお、四月二十五日以後に預け入れた預金は、支払延期令施行中といえども、同令による金額の制限にかかわらずして支払をなすべき旨を公告するというのであった。

この申合せについては、日本銀行もまったくこれに同意を表し、同日、日本銀行および東京交換所はそれぞれに声明書を発し、かつ大阪、名古屋その他全国の銀行が、この申合せの趣旨にならうことになって、歩調を一つにしたのである。

恐慌の根本的善後施設

一　救済資金の融通に関する二法律
金融恐慌の根本的善後施設に関する諸法案を議すべき臨時議会は、五月四日から五日間にわたって開会された。成立した関係法律は二件にわかれ、一つは日本銀行特別融通及《および》損失補償法であり、他は台湾の金融機関に対する資金融通に関する法律がそれであって、要項は次のようなものである。

日本銀行特別融通及《および》損失補償法

一、日本銀行は現に預金の払戻停止中に非ざる銀行*よりその預金（定期積金を含む）の支払準備に充つるため資金融通の請求ありたる場合において、財界の安定を図るため必要ありと認むるときは、これに対し手形割引の方法により、大蔵大臣の定むる特別融通をなすことを得《う》。

現に預金払戻停止中の銀行にして将来営業の見込あるものについては、前項の規定を適用す。（以上、法文第一条）

二、日本銀行が前条の特別融通のためにする手形割引をなすことを得る期間は本法施行の日より一年とす。

三、特別融通のためにする手形の書換のために振出したる手形の割引による特別融通の期限は、本法施行の日より十年を超ゆることを得ず。

四、政府は本法による特別融通に因りて日本銀行が損失を受けたるときは、同行に対し五億円を限り、その損失を補償することを得《う》。

五、政府が日本銀行に対して支払うべき損失補償金は、五分利付国庫債券をもってこれを交付することを得《う》。

六、昭和二年〔1927〕四月二十二日より本法施行の日の前日までに日本銀行の為したる手形割引による融通にして、第一条の特別融通に相当するものは、これを第一条の特別融通と見なす。

（＊右の第一項目（法文第一条）における「現に預金の払戻停止中に非ざる」は、原案では「休業」とあったのを、衆議院でかように修正したものである。これは「休業」銀行という言葉が意味の明確を欠き、まったく「休業」しているものと、預金の払戻を停止しているだけのものとを混同してはならないという意味であった。ただし一般にいうところの「銀行の休業」は、預金の払戻停止を指すものと解されている。なお、同条第二項の「前項の規定を適用す」るという規定も、衆議院において追加の修正を施したものである。）

台湾の金融機関に対する資金融通に関する法律

一、政府は台湾統治の必要上、台湾における金融機関をして、その機能を発揮せしむるため又は海外における帝国の信用を維持するため必要ありと認むるときは、日本銀行をして台湾における金融機関に対し手形割引の方法により二億円を限り資金の融通をなさしむることを得《う》。

二、日本銀行をして前条の融通のためにする手形割引をなさしむる期間は、本法施行の日より一年とす。

三、政府は本法による融通に因りて日本銀行が損失を受けたるときは、同行に対し二億円を限り、その損失を補償するの契約をなすことを得《う》。

なお、これらの条項の外に、「手形の書換のために振出したる手形の割引による特別融通の期限」を十年とする規定などに関しては、特別融通法の規定が準用されることになっていた。

この両法律はおのおのその眼目とするところは異なっているが、運用上、相関連して効果を収めるような仕組になっているし、また財界の安定を期するという終局の目的に関しては、両者は不可分の関係にあると認められる。ただし、それについて問題となったのは、台湾銀行が預金の払戻を停止しているのは同行の内地支店だけであって、台湾島内はもちろん、内地以外の店舗は引きつづき開店しているのであるから、これに対し、この両法律をどのように適用するかという点であった。

ところが、政府としては、いわゆる休業中の台湾銀行内地支店に対して、それらの支店に対する預金者を救う途はないが、それらの預金者が各自の債権を本店に移せば、本店の方で、この法律の適用による払戻を受けることができるという解釈をとっていた。だが、かりに台湾銀行ならびに同島内の支店が特別融通法による融通を受けることはできないとしても、同行が台湾の金融機関に対する資金融通の法律によって融通を受けた資金は、本支店を通じて共通的に利用し得られるし、またかりに同行がその資金を同島以外の支店における債務の履行には、まったく振り向けないとしても、本店が台湾の金融機関に対する資金の融通を受けることによって、それだけ余裕を生じたならば、その余力をもって当然に内地における支店の再開を可能ならしめ得るから、とにかく台湾銀行としては、この両法律の双方の適用を受け得るような立場にあったわけである。

かくて台湾銀行は、この両法律が公布された五月九日、かねて休業していた内地支店をいっせいに開業した。また支払延期令満期後の五月十三日には、東京、大阪の各株式取引所をはじめ、全国の各種取引所もいっせいに立会を再開したが、各地とも人気はまったく平穏を告げ、経済界の諸取引はようやく常態に復して、さしもに全国を動揺させた金融恐慌も、ここで安定し、以後、震災手形の処理とともに、引きつづいて必要な施設が実行されたのである。

二　特別融通の実行

この二法律の実施については、特別融通法の規定による特別融通審査会の議を経ることになっていて、その審査については大蔵省令による審査規定が定められた。おもな項目は左のとおり。

一、日本銀行が特別融通のため手形割引をなす場合においては、有価証券、不動産及び法律の規定により設定したる財団を担保とする債権を見返りとなすことを得《う》。

特別の必要ある場合においては、日本銀行は大蔵大臣の承認を受け、前項に定むる以外のものを見返りとなし手形割引をなすことを得《う》。

二、日本銀行が特別融通をなす場合における割引歩合は、国債担保の貸付利率によるものとす。

三、日本銀行は特別融通をなしたる銀行に対し必要ありと認むるときは、何時にてもその資産、負債及び営業の状態を調査することを得べき契約を締結すべし。

この審査規定に基づいて、審査会は次の審査基準によることを定め、五月十一日大蔵大臣の認可を得てこれを発表し、その後、引きつづいて審査を続行したのである。

一、特別融通の割引歩合は日本銀行の国債担保の貸付利子とし、必要ありと認むるときは、手形の書替に際し割引歩合を高むるものとす。

二、特別融通の担保範囲及びその掛《かけ》は左の通りとす。

（イ）有価証券

(A)国　債　時価の丸《ママ》掛
(B)地方債　時価の九掛半以下
(C)社　債　時価の九掛半以下
(D)株　券　時価の九掛以下
(E)倉荷証券　時価の八掛以下

(ロ)不動産抵当権付債権

抵当不動産は原則として一番抵当に限り、その評価などは日本勧業、農工及び北海道拓殖銀行において これを審査し、その担保価格は評価の八掛とす。

(ハ)法律の規定により設定したる財団を担保とする債権、財団の種類などは、個々の場合、審査会において決定し、その評価は日本興業銀行においてこれを査定すること。

三、休業銀行に対し特別融通をなすには、審査会の認定により営業継続の見込あるものに限ること。

この特別融通をなす場合における割引歩合については、衆議院は関係両法案を可決するに際し、とくに希望条件として「割引歩合は国債以外の担保貸付歩合以上たること」という一項目を付帯したにもかかわらず、政府は「国債担保の貸付利率によるもの」としたのに従って、審査会としてもまた「国債担保の貸付利子とし」たから、当時、実行していた日歩一銭七厘(同年三月九日の改定による。商業手形割引日歩、すなわちいわゆる公定歩合は一銭六厘また国債以外の抵当貸付利子は一銭八厘)が適用されたわけである。ところが、特別融通に対する担保の大部分は、国債以外のものであろうと認められていたにもかかわらず、殊に評価の掛けが特別に寛大に定められていたこととて、当時の金融状況としては、この特別融通を受けた資金を、預金の支払以外の債務の履行や、はなはだしきは利鞘かせぎを目的として、他に流用するという脱法行為すらも、あえて企図し得る余地がないでもないというので、言論界などから強硬な非難が出たが、実際またこの特別融通が「預金（定期積金を含む）の支払準備に充つるため」という立法の目的以外に利用されたところは、必ずしも少なくはなかったというので、政府および審査会の放漫な態度を痛撃する声も起ってきた。その他この施設の実行上については、預金者側ばかりでなく、世間一般からも、とかくの批評はあったが、一応その目的を達して締め切られたのである。

三　台湾に関する資金の融通と台湾銀行の整理

台湾の金融機関として、この法律の対象となったものは、台湾銀行の外に、華南および台湾商工の二銀行がそれであって、融通資金の限度を二億円と算定した内訳は、台湾におけるこれらの金融機関の預金およびその他の債務を合せて一億三千三百万円、台湾銀行の兌換券発行額の最高限度六千二百万円および海外において受け入れている預金、その他の債務合計五千三百万円、以上の総計二億四千八百万円のうち、どうしても日本銀行からの融通に待つより外はないという金額を二億円と見積ったということである。

この内訳から見てもわかるように、法律は台湾の金融機関と概括的に総称してはいるものの、実際には台湾銀行が主たる対象とされているというよりも、ほとんど台湾銀行救済のための施設であるとすら見られるほどであって、けっきょく、実際の融通額は、台湾銀行に対して一億八千五百万円、台湾商工銀行へ三百五十万円、華南銀行へ三百万円のほか、これらの融通に関する日本銀行への利子および諸手数料を「損失」として、翌三年〔1928〕の六月に日本銀行へ当該公債が交付されたのである。

かような事情になっていたほかに、台湾銀行に関しては震災手形善後施設の一条件として、同行の整理案を立てるための台湾銀行調査会が設置されているところへ、この法律によって台湾銀行へは政府が「日本銀行をして二億円を限り資金の融通をなさしむる」こと、すなわちそれが命令事項として施行される関係上、同行の整理は、この融通を行うために当然に必要な条件となったのである。そこで政府はこの法律を施行せざるを得なくなった事情に重きをおき、同調査会をして改めて整理案を立て直させることになり、同調査会は七月十四日に左記の答申を政府に提出し、政府はこれを承認した上、同行は翌々九月の二日に臨時株主総会の決議を経て成案通りに実行したのである。

台湾銀行の基礎改善方策

一、台湾銀行が多額の欠陥を擁し、その安定を欠くに至りたるは、ひっきょうその本来の使命を逸脱し、放漫偏倚の貸出をあえてしたるがために外ならず。故に今後における同行の営業方針は、本来の使命たる台湾における産業資金の供給をもって中心とし、その余力をもって南支、南洋における外国為替業務に当らしむるを至当なりと認む。

二、台湾銀行の資産に包蔵する二億四千万円の欠陥に対しては、左の方法によりこれが補塡の資源を求むるを適当なりと認む。

（一）資本金を三分の一に減少し、千三百十二万五千円とすること。

(二)積立金百七十六万余円を取りくずすこと。
(三)震災手形九千七百万円は震災手形処理委員会の議を経て、四千五百万円の免除を受くること。
(四)台湾の金融機関に対する資金融通に関する法律により、融通を受けたる金額二億円のうち、特別融通損失審査会の決定を経て、一億八千五百万円の債務額免除を受くること。
三、台湾銀行の将来における経営に関しては、前記第一の方針に則り、左の改善を加えるの必要ありと認む。
(一)内地における貸出はこれをなさざること。
(二)内地におけるコールの吸収はこれをなさざること。
(三)店舗の縮小廃止を行うこと、殊にロンドン及びニューヨーク出張所に対して、その規模を縮小すること。
(四)店舗の縮小廃止、役員行員の減員などにより、極力経費の節減をはかること。
四、台湾銀行の整理は、鈴木商店関係の貸出に対する回収の程度如何によるところ甚大なるをもって、特に同行内に整理部を設け、その組織を充実し、厳重なる監督を加うるの要ありと認む。なお今後同店に対し一切の貸増をなさざるはもちろんなりとす。
五、台湾銀行の主要債務たるコール一億二千五百万円の処置については、台湾銀行調査会において具体的成案を得るまで、暫定的にこれが決済の猶予を得つつあるの状態なるが、この際、本問題の解決を遂ぐるは同行の基礎を強固ならしむるゆえんなるをもって、速《すみやか》に台湾の金融機関に対する資金融通に関する法律により、資金を融通してこれが返済をなさしむるは、最も必要なる措置なりと認む。
六、台湾銀行の保証発行については、従来その準備は各種債券をもって充当せるも、今後はこれを全部国債に振り替えしめ、もって一層堅実ならしむること。

この整理案が最後の決定を見るまでには調査会の内部においてはもちろん、言論界、財界ないし世間一般からも、主として、いわゆる特殊銀行を庇護する方針を非難する意味でのいろいろの異論が出たが、要するにこの整理案は、大体、同行自身を創立当初の、本来の在り方に戻らしめることになるわけであるから、世間一般としても、けっきょく、これをよぎないものと認めていたようである。

なお朝鮮銀行がやはり植民地銀行の一つとして特殊銀行に属するというところから、震災手形問題についても、当時、世間から多分の疑いをかけられていたが、同行は台湾銀行のような甚だしい不良貸をかかえてはいなかったので、特別融通法の特典を受けるだけで更生し得たのである。

恐慌後における金融界の新傾向

一 特別融通総額と休業銀行の合同整理

二年〔1927〕七月末までに、この恐慌に際して、またはともなって休業し、もしくは休業したと認められる銀行は、台湾銀行の支店を除いて三十六行を数えたが、これらの「現に預金払戻停止中の銀行」でも、「将来営業の見込あるもの」と認められれば、特別融通を受けることができたわけである。これは、いうまでもなく立法の主旨が預金者を救済することにあったからにほかならない。すなわち、ほんらい預金の取付または取付の不安を防止するためにこそ、このような法律が施行されたものであるのに、実際には「預金の支払準備に充つるため」という肝心の目的を逸脱して、「財界の安定をはかるため」という抽象的な条件の方を主たる理由とし、休業銀行のほか、いわゆる不良銀行をして、預金の支払準備としてよりも、むしろ各自の整理資金として、より多くこの特典を利用させる結果になったものが少なくなかったようである。

こうした事情にもよるものか、同法に規定されている期限一年以内、すなわち三年〔1928〕五月八日の締切までに貸出を受けた銀行数は八十八行、その金額は通計六億八千七百余万円に上ったのである。この発表された数字が果して、いわゆる特融法の目的を達するために、必要欠くことのできないもののみであったか否かは、しばらくこれをおくとしても、前に述べたように台湾銀行は、関係両法律が施行されたと同日に、その内地支店を再開した外、これより先、支払延期令施行中の二年〔1927〕五月二日に滋賀県下の一休業銀行が再開していたし、その他の休業銀行のうちでも、内容の比較的堅実であったものは、それぞれ再開の準備を整えていたこととて、支払延期令の満期にともなう障壁の撤廃は、もはや、さしたる懸念もないまでに、局面は安定していたのである。

かくて支払延期令は五月十二日に満期に達したが、同日、関西方面では第六十五銀行のほか、兵庫県下における一休業銀行が再開したいっぽう、東京における一休業銀行は一口の払戻最高額を条件として再開し、その後、各地方に再開するものがぼつぼつと続出して、同年上半期末ごろには更生の可能性があるものは、大体、再開しまたは再開の見込を立て得るまでになって、いわゆる後始末はこの辺で一段落をつけたかの感じがあった。しかし多数の休業銀行のうちには、減資、未払込株金の徴収、役員の私財提供などによって自力更生につとめ、または他の銀行に合併されるなど、いずれの方法によるとしても、とうてい特別融通の特典にあずかり得ないほどに不始末のものもあって、善後施設が完了するまでには、なお幾多の難問題が横たわっていたのである。

休業銀行のうちで、比較的大口の震災手形を所持していたものは前記の台湾銀行のほか、東京では村井(一千四百四十一万円)、中沢(四百三万円)、中井(二百三十万円)、八十四(二百十五万円)、大阪の近江(六百五十五万円)、横浜の左右田(三百八十万円)などである。このうちの近江銀行を除く他の五銀行は、いずれも二流どころに属していたが、しかしまたかれらは関東における中堅銀行と認められ、中小企業に対する金融機関として相当の役割を果してきたその業績に顧みると、これらの二流銀行のうち比較的良質なものは、なるべくは合同整理によって更生させたいという意向が、特に金融界の主流で有力になってきたのである。

ところが、こうした中流銀行の合同整理によって一つの新銀行を設立するとしても、文字通りにこれを単なる「整理銀行」に終らしめるだけでは無意味である。むしろ積極的に、中堅銀行としての機能を十分に発揮させるべきである。それには、しょせん有力銀行が共同支援の方途にいでなければならないというので、発起人は東京、大阪および名古屋の各シンジケート加盟銀行またはその代表者がこれに当り、資本金を一千万円として、株式は第一、三井、三菱、安田(今日の富士)および住友の五大銀行が、それぞれ二万株ずつの計十万株を引き受け、その他のシンジケート加盟銀行で五万株(六千株のものと四千株のものとを通計して)、他の五万株を一般公募に付することとして全額の応募を見たのである。

この新銀行は昭和銀行と称し、休業銀行のうち中沢、中井、村井、八十四、近江、久喜、泰昌の七行を吸収して、これに尾張屋および豊国の二銀行が参加した外、若尾および藤田の両銀行がおのおのその営業の一部を引きついでもらうことになって、二年〔1927〕十月二十九日に創立総会を了し、同年十二月一日から開業したのである。ただし、この場合、特別融通に関する法律の適用によって預金者を救済し得るものには、特別の手続によってこれを実行するため、特に大蔵省側でいわゆる便法を講じ、かくて円満に解決を告げたのである。

(最初に合同談を取りまとめたものは、中井、中沢および村井の三銀行であって、これらの三銀行はそれぞれに、預金者側の承諾を得た上、和議成立の見込がついたので、大蔵省および日本銀行側の了解のもとに、これらの銀行の預金者はいずれも新設の昭和銀行を経て、それぞれの旧預金を払戻されることになった。また左右田銀行は横浜興信銀行に合併された上、その預金者は昭和銀行と同様の手続によって、興信銀行から旧預金の払戻を受けたのである。このいわゆる便法について、同年十二月五日に大蔵省から発表したところによると、「百円以下の預金者ならびに整理案により百円までの支払を受くることを承諾せる預金者に対しては、十月八日より十四日まで各銀行において支払をなし、その期間内に支払未済となりたる分に対しては弁済供託をなす」またこのほかの預金者にして「整理案を承諾せるものに対しては昭和銀行において本月(十二月)十五日以後、預金を担保とし、整理案による元金の払戻金額を無利息にて融通し、その融通金を直に預金に振り替え、その支払をなす」というのであった。これは、いうまでもなく特別融通法の適用を受けるためには、旧銀行の預金者は、新設の銀行または休業銀行を合併した銀行の預金として、払戻を受けるという形式によらなければならなかったからにほかならない。）

二　銀行営業方針の変化と預金偏在の傾向

近江銀行の外に、一流銀行の列にはいっていた十五銀行は、その債権債務の関係範囲が広く、またその貸借金額が多大であっただけに、整理はいくたびも行きなやんだが、けっきょく、減資その他の方法によって大整理を遂げ、規模を縮小して、いわゆる単独更生を実現し得た。ところが、前に述べた台湾銀行の鈴木商店に対する関係にしても、またこの十五銀行の川崎造船所や東京瓦斯《ガス》電気会社に対する関係にしても、これらの一流銀行から融通を受けていた大会社は、それぞれの融資銀行が破綻を暴露したために、それにともなって、いきおい大整理をよぎなくされたものが続出したほか、多数の中小企業のうちには、直接間接にそれらの余波をこうむって、倒産または閉店のほかはないという破局に陥ったものも少なくなかったのである。

大蔵省の調査によると、恐慌前、というよりも、その発端となった二年〔1927〕三月十五日から同年末までに休業した銀行の総数は、台湾銀行の支店を除いて三十六行、そのうち同年末現在において営業を再開したものは十二行、解散したものは一行、整理案の確立したものは八行、なお休業中のものは十五行を数えるということであった。この「再開」した銀行のうちには合同整理または他の銀行へ合併されたものも含まれていたであろうから、休業前に引きつづき独自で更生し得たものは、おそらくそのうちの一部分に過ぎなかったと思われるが、いずれにしても、この恐慌が全国を通じて銀行数を激減させる一大動機となり、ひいて事業界の整理を促進した影響は重大なものがあったと認められるのである。

こうして、いわゆる休業銀行はもちろん、休業しなかった銀行としても、この恐慌が動機となって、自省的に営業方針を改善し、または銀行相互間で合同しようとする機運が高まってきたことは必然の傾向と見られた。このような傾向にかんがみて、大蔵省は恐慌が一段落を告げた二年〔1927〕六月三日に、全国の各地方長官にあて、銀行の減配を慫慂する通達を発したのに引きつづき、越えて八月六日には重ねて銀行の合同を促進するよう通達するところがあったが、銀行側としては、この通達に先立って合同計画を進めていたものも少なくなかった。そのうちでも、同年八月三十日、川崎および第百の両銀行が合同して、あらたに川崎第百銀行を設立したほか、十月十二日に滋賀県下における十一の銀行が合同協定を締結したことなどは、特にそのおもなものであった。かくて、その後の数年間にわたり、わが国の金融界は銀行の合同を重点として、全国的に金融系統の整備を進めて行ったのである。

銀行業者としては、もちろんこの恐慌によって多大の教訓を受け、したがって各自の経営方針に関し、それぞれに改善をはかるところが少なくなかったもののようである。特にかれらの反省を促した要点は、銀行の経営が主として預金者からの信頼に依存していること、したがってその営業はあくまでも社会的公共性に重きをおかなければならないこと、預金者の信頼に背くような不始末の果ては、場合によっては、国民経済の崩壊をすら誘致するおそれなしとも限らないこと、殊に預金者心理の機微にかんがみ、同業者相互間に平素から連絡協調をいっそう密にするを要することなどであった。

こうした銀行界の主観的傾向にかかわらず、この恐慌が金融系統の変動を助成したと認められる影響のうち、特に著しいものは預金の移動というよりも、むしろ偏在の傾向であったといえる。このことは普通銀行だけの各月末預金残高を対照しても、一見して明らかであるが、同時にまた郵便貯金の異動についても、波瀾のあとを概観しておかなければならないものがある。

恐慌のピークと見られた四月に、普通銀行預金が減少の底をついた後、逐月漸増の傾向をたどり、同年末にいたって恐慌前の二月末現在高を超えるまでに回復したことは当然の異動ぶりと思われるが、郵便貯金が三月に激減して四月にやや回復した後、逐月累増してきたことについては、多少、奇異の感じがないでもない。しかし当時、新聞の解説していたところによると、大衆のうちには郵便局と銀行との信用度を識別し得ないままに、郵便貯金を引きだしたものが少なくなかったが、四月になると、そうした自己の無知識を反省して再預入したものが少なくなかったいっぽう、四月に休業した多数の銀行または休業しなかった銀行を通じて、休業前から、または休業しなかった銀行からも、預金を引き出すものが急増し、その引き出した預金の全部または一部を、郵便貯金に預け替えたものが少なくなかったからであるということであった。

もっとも、これは普通銀行全体を通じての現象であるが、その異動ぶりをさらに分野別に見ると、翌三年［1928］下期（銀行法が施行された満一年後の同年末）の決算では、五大銀行（第一、三井、三菱、安田（今日の富士）および住友）の預金はいずれも五億五千万円以上、これに次いで川崎第百、山口および三十四はいずれも三億円台、以下は最多額のものでも一億円台に過ぎないという大勢であって、これは明らかに銀行預金の大銀行への集中、したがって地域別には東京、次いで大阪の二大都市への偏集を意味するものといえるし、同時にまたそれは五大銀行の金融界における勢力の圧倒的優越化を物語る画期的現象とも見られるのである。

三　五大銀行の発展と日本銀行の地位の後退

ところで、この五大銀行の資本構成を見ると、三井、三菱（岩崎）、安田および住友の四行は、いずれも、いわゆる財閥銀行であるに対し、第一の一行だけは非財閥銀行である。財閥という資本の集中形態がそれぞれ最大の富豪を中軸として成立していること、したがって財界に圧倒的勢力を張っていることは、――もちろん財閥自体とその傘下に属していた銀行との関係においては、それぞれに多少の異なるところがあったではあろうが、――とにかく財閥としての資力が、恐慌を乗り切るに余りあるだけの有力なものであったことは疑いないが、同時にまた財閥もしくはその中軸をなしていた富豪に対する世間の財的信用が、さながら絶対的ですらあったと認められるほどに厚かったことも見のがしてはならない。

しかるに、ひとり第一銀行だけは、何らそうした資力関係によるものではなく、またそうした背景すらももたないのに、しかも他の四大財閥銀行とならんで、よく大銀行としての立場を維持し得たことは、単にこれを例外的な一現象とのみ速断し去るには、余りに有意義な問題であるといわなければならない。がんらい、資本集中の一形態としての財閥の生成は、たしかに、わが国民経済の発展傾向を反映した最高度の資本主義的象徴であったとしても、少なくとも金融、否、銀行に関する限り、非財閥の立場において、これに対抗し得る企業の存在するということは、けっきょく、わが国民経済の実質およびその動向に関する一つの研究課題をなすと認められるが、それは、しばらくこの小編の論評圏外に預けておくこととする。

恐慌後における金融界の異変として、今一つ付けたしておきたいことは、金融の中枢としての日本銀行の地位の後退という点である。もちろん日本銀行としては特別融通という特殊の金融施設によって、その特別融通を受けた数十の銀行、それも主として中小銀行に対し、直接の取引関係をもつようになったというよりも、それらの多数の中小銀行に対して、従来以上に圧力を及ぼし得るようになったわけであるが、しかも多大の預金を集中した五大銀行は、それだけ日本銀行に対して自己の独力を伸張し得るわけであるから、日本銀行の五大銀行に対する立場は、おのずから後退をよぎなくされざるを得ないゆえんであると同時に、それはまた日本銀行のいわゆる金融界指導をそれだけ不自由ならしめる原因とならずにはいないのである。こうした傾向が後年わが国の金融政策上またはその動向に、いきおい変調を生ぜしめてきたことは、よぎない次第であったといわなければならない。

恐慌に関する本質的批判

一　原因と責任の帰属

恐慌の発端から、これに対する善後施設およびその後における金融界の情勢を通観すると、まず、この空前の大騒動が、震災手形の善後処理という政治問題と関連して、それが事件の少なくとも一動機をなしたことは否定されないが、しかし全国的にかくまで重大な恐慌を引き起すにいたったことについては、何らか他に由って来た事情がなければならなかったはずであると推察される。いうまでもなくそれは銀行営業の内容の悪化にほかならないのであって、具体的には投資源、特に預金の増加に先走る貸出の増加、そうした意味でのオーヴァー・ローンが禍因をなしていたといってよい。

このような意味においての銀行の営業内容が、すでに大正時代から著しく悪化していたことは、単に貸出の預金に対する逆調という関係だけでなく、貸出（当座貸越を含む）担保の内容において驚くべきものがあったことと照らし合せて見なければならない。しかも、それは第一次大戦時以来、年を逐って著しくなってきた傾向で、そこに金融恐慌への必然的危機の到来が認められていた。

かように恐慌の由来したところをたずねると、その禍因は、ひっきょうさきの第一次大戦中ないし同戦後にわたる財界の好況に乗じて、営業が放漫に流れていた銀行のうち、大正九年〔1920〕三月の反動およびこれに次ぐ同十二年〔1923〕九月の関東震災に遭遇して、ぜひとも敢行しなければならなかったはずの整理を、なお実行しなかったばかりか、むしろそうした放漫な営業の手を拡げ、またはわずかに一時のがれのつくろいを重ねてきたあげくのはて、けっきょく行きづまるべき必然の破局に陥ったものが少なくなかったことにあったといわなければならない。こうした観点からすれば、何はともあれ、かような不良銀行としては、ただちに、その債権者特に預金者に対して迷惑をこうむらせただけでなく、実に国民経済全般に与えた損害の切実なものがあった点において、かれらは社会的にも重大な責任を負わなければならないわけである。

だが、いっぽう、これを政治的見地からすると、さきの財界好況期以来、こうした金融界や事業界の不良分子をして、八・九年にもわたる久しい間に、是非とも遂行しなければならなかったはずの整理を、あえて避けしめるような余地を与えてきたのは、一つは歴代の政府当局者の財政経済政策が宜しきを得なかったというよりも、むしろ歴代の政府がいわゆる事なかれ主義にこだわり、財界をしてその日暮しの無難を続けさせるような方針のもとに財政経済政策を運営してきたのによるものであったから、そうした関係においては、政府側としても、もとよりその責任なしとはいわれないのみか、殊に銀行に対する検査監督が事実上、ほとんど実行されていなかったことは、たしかにその原因の一つをなしたものといわなければならない。

かように事件の原因をたずねて見ると、責任は銀行側にも政府側にも分属さるべきもののようであるが、さらにこれを預金者側としての立場からすれば、およそ預金の払戻し要求に応ずることができないような銀行に預金を託していたのは、実は預金者各自が預金先の選択を誤っていたものであって、預金者としては、むしろ自業自得の損失とあきらめるよりほかはないはずである。だから、問題は事がら自体に関する限り、銀行、政府および預金者の三者において責任を分担すべき関係にあるものと見なければならないが、しかも一時にかくも多数の銀行が預金の払戻しを停止したという現前の事実をそのままに放任しておいたならば、いきおい国民経済の安定に禍するような重大な事態に陥らないとも限らないので、特に「財界の安定をはかるため必要ありと認むるとき」という条件の下に特別融通法を施行したわけであるが、しかも、そこにこの事件に対する批判の眼目があることを見のがしてはならない。

二　無用の休業銀行救済と過当の台湾銀行救済

けだし一月半ほどの短期間に、大小を通じて三十九行という多数の銀行が全国的に休業したということは、わが国としてはまったく空前の出来事であったし、もし、これを成りゆきのままに放任しておいたならば、あるいは国民経済の安定を脅かすような恐れなしとも限らなかったであろう。だから、時の高橋蔵相は「取付を起したのは預金者も悪い、預金者が取付をしたのに払うことができないで騒がしたことは銀行が悪いのだというように、理論ではそういうことになりましょうが、実際のこととして考えれば、（中略）如何にして、国が補償をせずして、それを治めるかということは、方法が見当らぬのであります*」と弁解しているように、その意味に関する限り、特別融通、国庫の補償という非常施設の止むを得ないゆえんが肯定されるのである。（*第五十三回帝国議会衆議院特別融通及び損失補償法案外一件委員会議録第三回。）

だが、はたしてそうだとすれば、その適用範囲は、実際に「財界の安定をはかるため必要」な限りに止めるべきであるのに、実際にはそうした必要よりも、むしろ休業銀行、したがってまたその預金者を救済することと自体を目的としたかのような結果に終ったのは、法規らん用と評してもよいほどであって、そのような法規らん用を許した盲点は、ひっきょう特別融通法第一条の第二項、すなわち衆議院の追加修正による「現に預金払戻停止中の銀行にして将来営業の見込あるものについては」同法を適用するという一項目である。

がんらい、この法律は「現に預金の払戻停止中に非ざる銀行」を適用の対象とするものであったし、またそれでこそ「財界の安定をはかるため必要」であるといえるわけであるのに、実際には、この原則が押し込められて、かえって例外の方が原則のようになったかの感じがあった。すなわちこれらの「現に預金払戻停止中の銀行」の多くは、支払延期令の施行前、日本銀行が「平時においては為さざることも行い、」救済しようとしても、とうていその余地なしとして手ばなしたものである。いうまでもなく、それは不良分子であって、早晩、破綻を暴露すべき必至の成りゆきにあったから、むしろ、できる限りにおいて、みずから整理を遂げるより外はなかったものであり、これをしも救済すべきいわれはなかったはずである。

特別融通による救済が大部分の休業銀行について無用の救済であったことは、一見して明らかであるが、そうした意味では、台湾銀行に対する救済の融資も、もとよりその必要なきものといわなければならない。ただし台湾銀行に関しては、他の一般銀行と事情の異なるものがあるので、一概にはいわれないが、同行の内地支店に関する限り、殊に特別融通法を適用するいわれはあり得なかったといってよい。

台湾銀行に対して非常の救済融資を与えようとする趣旨、否、与えなければならないとする理由は、その内地支店の不始末よりも、同行の営業における対外関係上に、より重大なものがあるからということであって、それは政府当局者の言明しているところによっても明らかである。すなわち時の高橋蔵相によると、「これは主として対外信用を維持するのと台湾統治上必要（中略）である。言いたくないことでありますが、台湾銀行は（中略）何時、訴え人があって本店支店の営業を止めなければならぬかも知れぬ。その場合においては、国は台湾統治上からして、この二億の金をもって救わなければならぬ*」ということであって、その不始末が如何に悪質重大なものであったかがうかがわれるのである。（*第五十三回帝国議会

衆議院特別融通及び損失補償法案外一件委員会議録第一回。）

だが、およそ台湾銀行の不始末ということは、一般の銀行における営業の放漫というような世間なみのものではなくて、むしろ特殊銀行という特殊の制度に、より多く由来したものと認められる点において、この問題とは別の見地から批判しなければならないものがあるが、いずれにしても、同行が台湾の金融機関に対する資金融通に関する法律によって、二億円中の最大部分を一方的供与の形で融通してもらう上に、なお特別融通法の適用にも預り得たということは、余りに過大の恩恵であったと評せざるを得ないのである。これは台湾銀行という一特殊銀行としての問題であるだけでなく、あまねく特殊銀行制度そのものに関する重要な課題として、当時言論界などでいろいろの論議が主張されたが、けっきょく、そのままに推移してきたのである。

三　階級的見地からの論争

ところが、ここでさらに問題となるのは、特別融通法に規定されている「財界の安定をはかるため必要ありと認むる」という条件である。これは、いわば抽象的想定に過ぎないのであって、経済政策としての本旨からすれば、「財界」の安定よりも、むしろ「国民生活」の安定をこそ眼目としなければならないはずであった。こうした施設によって、かりに「財界」の安定が維持されたとしても、それがために「国民生活」の安定を妨げるような結果になったとすれば、その害悪は、かえって容易ならないものがあろう。少なくとも、これがために全国民中の大多数を占める無産大衆が、後年、知らず識らずのうちに、かえって生活を不利に陥らしめられることがないとは、必ずしも断定されないからである。現にこの法律案の議事に際し、衆議院において、そうした見地からする質疑が発せられているのは、かような趣旨によるものである。試みにその質疑と、これに対する高橋蔵相の答弁とを対照的に紹介すると次のようなものである。*

（*第五十三回帝国議会衆議院特別融通及び損失補償法案外一件委員会議録第五回。）

（問）「本案は五億円の負担を国民に課することになる。しかも、その負担によって（中略）休業せざる銀行の預金者を救済する。（中略）これがためにその金を負担しなければならぬという国民の側から（中略）おたずねするのは、一体、国民と申しましても、（中略）銀行に預金をするとか、銀行と取引をするとかいうような階級は極めて少い。大多数の国民はこれとは無関心である。しかるにもかかわらず、その一部の預金者であるとか、銀行であるとかを救済するために、国民がこの五億という巨額の負担をしなければならぬ。（中略）今日の国民生活の実際から見れば、預金し能わざるところの多数の国民は、預金でもできるような方面から、かえって救済をしてもらう境遇にあると思う。それがあべこべに救済しなければならぬというその根本の観念は、どこに一体あるのですか。」

（答）「これは、その貯蓄をする力のないようなものが、この五億円という負担をする。それは一方からいえば、消費税などを払うからだという。（中略）しかし、この多数の貯蓄のできないような人というものは、日々これは稼業をして生活している。（中略）その稼業をさせるということは、資本を涸渇しては（中略）できないのであります。この国民が貯蓄するところのものが、（中略）すなわち資本の源泉であります。この貯蓄が集って、銀行がこれを資本として生産工業のあらゆる方面に供給するのであります。その供給によって国の産業が発達するからして、貯蓄のできない人々の稼業がそこに起ってくるのであります。故にこの預金者を救済するということが資本の源泉である。（中略）資本なくしては何事も（中略）まずできぬということを考えて見ますと、ただ今のような不平も起るわけではなかろうかと考えます。」

これについて、あらかじめ、ことわっておきたいのは、この当時の議会には共産党は一人の議員も出していなかったということである。ここに紹介した一議員の質問も決して共産主義もしくは共産主義的立場からの発言ではなく、いわば功利主義的または厚生経済的見地に基づく分配観とでも見られるが、しかも、これに対する政府当局者の所見と照らし合せて見ると、あたかも双方が対蹠的に異なっていることが認められるのである。

いったい、経済政策の基本的理念としては、生産を本位として消費を従たる地位におくか、もしくは消費に眼目をおいて、生産をこれに追随せしむべきかの問題に帰するといってよい。この議員の質問に表現されているような理念が、公然と議会の発言となったことは、従前には、ほとんどその例を見なかったようであるが、とにかく、こうした意味での新しい主張が議会で表明されるようになったことは、たしかに、わが政界における一つの新機運の胎動を象徴したものとして注目に値するところである。

議会におけるこの問答からしてもうかがえるように、前者は問題を大衆の生活安定という消費者本位の目標から検討しようとしているに対し、後者は政策の基調を産業の振興という生産者を主とする立場において立案したものである。すなわち経済的には前者の労働と後者の資本と、社会的には前者の無産と後者の資産と、階級的には前者の貧と後者の富と、こうした対立する二者が相互に矛盾するような関係を、あからさまに表現しているといってよい。

前者が、「預金し能わざるところの多数の国民」こそ、「かえって救済をしてもらう境遇にある」というところは、如何にも富の階級的不平等を否認するもののようであるが、その主張は、ただそれだけのことで、いまだ社会主義的な何ものにも触れてはいないのに対し、後者が「資本なくしては何事もできぬ」といっているところは、さながら古典派の経済学説*でも聞くような感じを与えるが、しかも、こうした経済理念のはなはだしい隔たりこそ、実はわが国民経済自体の過渡期的性格を、そのまま反映している不調和であって、金融恐慌というわが国空前の大事件も、本質的には、わが国民経済自体が、早晩、遭遇しなければならない過渡期の一大試練であったと評せざるを得ないのである。（*アダム・スミス以来、古典派の学説はいずれも資本または生産本位の見解を基調としている点で一貫しているといってよい。ここに紹介した高橋蔵相の所見を、試みにリカードの説と対照すると、さながら両者が相共通するものを持っているかのようである。David Ricardo, *On the Principles of Political Economy and Taxation,* 3rd ed. Chap. V, pp. 72-73, Chap. II, p. 42.)

金解禁および金再禁

問題の意味と見かた

金解禁および金再禁は詳しくいうならば金輸出禁止解除および金輸出再禁止であり、正確には、前者は大正六年〔1917〕（九月六日）大蔵省令第二十六号（銀貨幣又は銀地金輸出取締等に関する件）ならびに大正六年〔1917〕（九月十二日）大蔵省令第二十八号（金貨幣又は金地金輸出取締等に関する件）を廃止すること、後者は昭和六年〔1931〕大蔵省令第三十六号、「金貨幣又は金地金を輸出せむとする者は大蔵大臣の許可を受くべし」という規則がそれぞれの根拠となっている。前者では銀が金と同様に取締の目的となっているが、後者では取締の目的が金だけに限られている。後者の場合には、銀貨幣または銀地金については、その輸出があえて問題とするに及ばなくなったからである。つまり問題は金の輸出が禁止されていたのを解除して、その輸出を自由ならしめることと、もう一度その自由輸出を禁止することと、この二つの制度についての当否いかんという点に帰するわけであった。

この制度に関する規則は法律によるものではなく、一片の省令で左右されることになっていたし、また事がらは簡単なように見えるが、実は経済界全体にとっての、否、むしろ一国の盛衰に関する大問題であって、最初の輸出禁止からすれば、四十年余、解禁のときから数えても、四半世紀余を経過した今日、なお、この問題についての是非の論が、政界、財界、学界で対立するものがあるようである。その対立している論点というのは、金解禁を実行したのがよかったか、または解禁そのことが失敗であったかという見解いかんにかかるのであるが、これは問題に対する見地または見かたいかんによって異なるところであるから、ここではまず、問題をどういう意味で、どういう見地から観察しなければならないかを明らかにし、今では「後世」からの史観として批判すべきであろうと思う。

まず見ておかなければならないことは、金本位制そのものが自由主義経済における典型的な制度の一つに属するにもかかわらず、その自由主義経済――自由主義ということは単に経済だけに関することではないが――世界的には、大体、第一次大戦を画期として、最高度の発展段階または爛熟期から、醗酵状態または変質期へ移行してきたということである。わが国の経済界は第一次大戦の影響によって、ようやく資本主義体制を完成し得たといってよいような事情にあったが、世界経済としての動向は、当時、はやくも自由主義または資本主義それ自体の矛盾によって致命的な行きづまりの局面に陥り、社会主義的傾向へ転換して行くか、またはその資本主義体制を補強するための「統制」を避けられなくなったか、とにかくこうして、今では正統派的な生粋の自由主義体制というものは、地球上から姿を消してしまったように見られる。

ところが、わが国の金輸出禁止は第一次大戦中の大正六年（一九一七年）九月に施行された非自由主義的政策のうちでも、最も基本的なものの一つであるに対し、その禁止が解除されたのは、世界経済が、特にアメリカ合衆国の財界反動を転機として起った「世界恐慌」に入ろうとする昭和五年〔1930〕一月のことであった。すなわち、わが国の金に関する政策は、ヨーロッパやアメリカの諸国よりも、はるかに後れていた自由主義経済体制を、なお持ちつづけるべき段階において、輸出禁止という基本的な非自由主義政策を実行した後、さらに十四年余を経過して、世界の主要な諸国が統制時代に入ろうとするやさきに、自由主義体制の典型とも見られる金本位制に復したという経過にある。いいかえれば、この輸出禁止から輸出解禁に至るまでの十四・五年間は、世界経済が本質的には歴史的な一時代を画するほどの重大な過渡期に際していたのに、わが国の経済に関する基本的政策は、いわば前後の順序を転倒したような関係にあったとも認められるし、あるいはまた転倒せざるを得ないような事情にあったとも解されるのである。

だが、こうした意味での前後転倒ということは、必ずしも、それだから失当であったというわけではない。この急激な過渡期に際していたことは、それがために、おのずから問題自体の意義を変転させつつ、したがってまた時日の経過にともない、その解決をますます困難ならしめてきたもののように思われる。だから、この問題についての官民双方の見かたや意見などにも、いくたびもの曲折があったし、また局面の変化にともなって新説の発表されたものもあるが、とにかく問題は時期と環境とに照応して観察されなければならないわけであるから、政府当局者の施策、政党の主張、財界団体の要望、民間一般の意見などに対しても、単なるいわゆる事後評をもって、それらの当否を速断すべき限りではあり得ない。しかし、いずれにしても、問題が前述のような重大な過渡期に際していたという局面からすれば、まずそうした本質的な見地に立って、大局的に、また客観的にこれを批判すべきであるというゆえんのものを、あらかじめ理解しておかなければならない。

*省略節〔解禁までの経緯／解禁後における経済界の逆転／再禁輸前の内外経済事情／解禁と再禁輸との当否〕

解禁および再禁輸の総評

一　解禁を失敗と見る「予想はずれ」の説

思うに満洲事変やイギリスの金本位制再停止という二大事件は、たしかにわが国の金本位制を維持する上に大きな障害とならずにはいなかった。また解禁にともなって多少の正貨流出を避けられないであろうこと、さらに、それにともなって相当に深刻な不景気に当面せざるを得ないであろうことも、最初から官民一般の予想していた難点であった。さらに解禁第二年の六年〔1931〕における恐慌状態も、そのことだけならば、わが国民経済自体として必ずしも忍苦不可能の逆境であったとは断定されないかも知れない。だが、問題はそうした個々の現象だけに関する批判の限りであってはならない。それよりも決定的な要点は、解禁実行の眼目となっていた財政経済の「矯救」が果して実現し得られたであろうか否かにかかっていたのである。しかるに当時のわが内外にわたる経済情勢は金本位制という自由主義時代における「世界経済の常道」によって、財政経済の矯救を期待するには余りに「非常道的」段階にまで発展していたばかりでなく、解禁の結果はその第二年において、はやくも国民経済自体の混乱が避けられないほどに悪化してきたのである。この予想はずれという意味からすれば金解禁は明らかに失策であったといわなければならない。

というのは、井上〔前任蔵相による高橋後任蔵相へ〕の質問演説中に述べられているように「他の方法をとっても、この金本位制度を維持する」というその方法が何であったにしても、解禁以来二ヵ年足らずの間に七億九百万円という正貨が流出したばかりでなく、それがドル買側と防戦売りの政府および日本銀行側との間で、いわゆる腕力戦の勝負関係を形成してきたほどであったとすれば、かりに政府および日本銀行側が期待していたように、買い方の腰くだけによってなんとか解け合いが成立したとしても、その後さらに正貨の流出がつづくであろうことは想像にかたくない。さきに正金銀行が解禁準備の一策としてイギリスおよびアメリカの銀行団との間に締結した合計約一億円のクレジット設定の契約は、五年（一九三〇年）十月二十日に解消されているし、日本銀行総裁の市中銀行に対するドル買中止の要請などは、いわゆる馬の耳に念仏ほどの効果もなかった。けだし、正貨の流出そのことよりも、むしろ内外にわたるそうした経済観念の変化、殊にわが財界におけるイデオロギーの異動こそ、時勢のしからしめるところとして、よぎない次第とあきらめるよりほかはなかったわけである。

では、どうしてこのような予想外の現象が起ったのか。ドル買のためにする正貨の流出については、すでに述べたように、自己利益の飽くなき追求は、最悪の場合には兌換制度の安定をすらおびやかすかも知れない。かくて国民経済としてのより重大な危険をもともなわずにいないであろうことは、ドル買思惑の当事者としても、もとより無関心であり得たはずはない。——外国銀行については、しばらくこれをおくとしても——それにもかかわらず、内地銀行のうちでも特に一流の大銀行が、さながら競争的態度でドル買に躍進したのには、なんらかよぎない事由があったからに相違ない。というのは、かれらとしてはドル買による自己利益の追求そのことよりも、大銀行は大銀行同士、財閥は財閥同士が相互に競い合って営利の飽くなき追求に躍進しなければ、その銀行なり財閥なりが、みずから劣後的立場または落伍者としての悲運に陥らなければならない。それは、いうまでもなくかれらとしての転落の第一歩を印づけるものであるからこそ、かれら相互間でも、また政府および日本銀行に対しても、いわゆるひくにひかれぬ一大勝負とならざるを得なかったのである。

顧みれば明治時代におけるわが国の銀行が、国立銀行としてはもちろんのこと、それが純私立銀行に振りかわった後でも、金融上の諸問題に関し、かれらが心よく国策に協力してその使命を果した業績については、明治編中でそのつど評説しておいたような次第であるが、それはひっきょう国民経済自体が前資本主義ないし幼稚資本主義の段階をたどっていた時代であったからこそ期待された過渡期的現象であって、金本位制の存廃が問題となった昭和時代に、そのようなモーラル・サポートを期待したからとて、それはむしろ時代錯誤の無理な注文とでも評せざるを得ないのである。すでにしばしば述べたようにわが国の財界は金融界にしても事業界にしても、明治の初期以来、国からの高度の保護と干渉とのうちに温室育ちをつづけてきたとはいえ、第一次世界大戦を契機として急速な発展を遂げ、資本主義としての最高段階に達したに止まらず、昭和時代に入ったころには、すでにその爛熟状態を呈していたほどである。そうした環境の著しい変遷は必ずしも大企業とか財閥とかだけに限らず、経済界の各階層にわたる大小のあらゆる分子をして、ただ営利の追求のみに自己保全の途をもとめさせるだけであったといってよい。こうした営利追求の圧倒的な競争の勢いの前に、自由主義上昇期における典型的な一体制であった金本位制の維持によって、「財政経済を矯救」し国民経済の安定向上を実現しようと期待したとて、もはやそれは見当はずれの想定でしかなかった。いいかえれば、資本主義の上昇期における「世界経済の常道」は、もはやその爛熟期における常道であることはできなかったのである。

こうした本質的な誤りに依存する限り、かりに金本位制の維持そのことに成功し得たとしても、肝心の眼目とされていた景気の回復はついに実現さるべくもなかったばかりか、目前の恐慌状態がますます悪化して行く逆転ぶりは、とうてい見のがしてはいられなかったのである。そしてこの予想はずれが解禁を失敗であったとする難点とされているのであるが、しかし、それが失敗と認められるのは、予想はずれという解禁の結果よりも、むしろ客観的な基本条件の変動という問題の前提にあったといわなければならない。

二　解禁と再禁との是非

金解禁を失敗と見るいま一つの通説は、わが国の経済界が解禁に堪え得るだけの実力を、いまだ完備していなかったというのである。試みにその代表的な一説を紹介すると、金の輸出解禁は「あまりにも弱体であった日本経済にとっては、果断に過ぎた手術であった。というのは、この金解禁の強行は、産業恐慌というおそるべき結果をもたらしたからである」*というようなのがそれである。すなわち「産業恐慌」という結果から見て、それが失敗であったと評している点では、前述の予想はずれ説と共通するものがあるといえるし、実際また「産業恐慌というおそるべき結果をもたらした」ことは、何人も否定することのできない顕著な現象であった。（*大内兵衛編、『昭和財政史』第十巻、『金融（上）』はしがき。）

だが、この「おそるべき結果をもたらした」その原因、すなわち「あまりにも弱体であった日本経済」が、解禁を避けることによって、果して「強体」化され得たであろうか。なるほど産業恐慌というおそるべき結果そのものは、できることならば、なん人もこれを免れたかったに相違ない。しかしその原因となっていた日本経済の弱体ということは、必ずしも金本位制の存否に関するところではない。およそわが国の財界は明治三十年〔1897〕の金本位制実現以来、否、その以前、明治政府の成立以来、金融も産業も高度の保護と干渉とにより、時には民営か官業かを疑わしめるほどに手厚い世話にあずかって、不自然ないわゆる他力本願式に育て上げられてきた「苦労知らず」であった。だから、もしわが国の財界をして諸外国との経済競争に対立し得るまでに強化させようとするならば、依然として温室育ちをそのままに盛り立てて行くか、でなければそうした保護や干渉を排除することによって自主的に独立を確保させるよりほかはないわけである。

だが、明治以来数十年にわたって持続されてきた保護と干渉とにより、変態的に弱体を持続してきた日本経済は、いつかは、またなにかの動機によって破綻を暴露せずにはいなかったであろう。前々章および前章に述べた震災手形問題や金融恐慌のごときは、いずれもそのひとこまであったと見なしてよいのであるが、しかもその震災手形問題や金融恐慌は、あれほどの大騒ぎを演じてすら、いまだ必ずしもわが財界の弱点や欠陥を一掃するに足るだけの効果を挙げなかったのみか、その善後施設によって、かえって不良分子を不当に保護したような傾向すら認められるのである。だから、かりに金解禁というような一大施設が実行されなかったとしても、そうした禍根は早晩なんらかの形で発現せずにはいなかったか、でなければ数年、あるいは数十年の久しきにわたって、おそらくわが国民経済をジリ貧的に逆転させて行かずにはいなかったであろう。

こうした見地からすれば、たとえその結果は予想はずれに終ったとしても、わが経済界をして更始一新的に立ちなおらせるためには、金解禁は避けられない抜本的手術であったとも認められるのであるが、しかしそれには実行の時期が時代的にあまりに適切でなかったことも否定されないものがある。すでに述べた通りわが国では資本主義の完成期に際会していた第一次大戦時代に、無意味な金輸出禁止が行われた後、その輸出禁止によって不良分子を不当に保護するような傾向を続けてきたあげく、世界経済がその資本主義本来の動向に行きづまって、国々は社会主義でなければ、統制経済に転向するよりほかはなくなったという過渡期に際し、従前のいわゆる世界的常道へ復帰しようとしたのであるから、そこに一つの大きな行きちがいができたのは当然の次第であったといわなければならない。

とすれば正貨の流出または兌換準備の減少という逆調の傾向にかかわらず、金の再禁輸はとうてい避けられなかったわけであるが、しかもこの場合の金本位離脱は、もはや正貨の増減または兌換の基礎の安否そのことよりも、むしろ資本主義本来の在り方に依存していた国民経済自体を、統制経済の体制へ転向させるための基礎工作として、本質的な意義をもっていたと見なければならない。高橋蔵相が「時局匡救の第一歩である」と言明しているのは、けっきょく、こうした意味にほかならなかったと思われる。だがその再禁は必ずしも解禁そのことを否認する理由とはされない。このことについては、解禁と再禁との各当局者またはそれぞれの政党としての功罪というよりも、わが国民経済自体が右するにも左するにも、しょせん一度は当面せざるを得ない受難の過渡期にさしかかっていたことを見のがしてはならない。たとえ実行の時期を誤っていたとはいえ、解禁によってわが財界が不可避的に自主性を保ち得るようになったことは、わが国の経済史上に一時期を画したものといえるのであって、後に太平洋戦争中ないし戦後のわが経済界が比較的安定を保ち、殊に戦後における回復の目ざましいものがあることは、ひとつは解禁による財界の大手術に負うところが少なくないと認めざるを得ないのである。

あるいはこうした意味での金解禁の結果を、さらに事後的に評価して、わが国が日華事変から太平洋戦争という重大な過誤をおかしたのは、解禁によるわが経済界の立ちなおりが、それを可能ならしめたという意味で、かえって禍根をなしたというような見かたも成り立つかもしれないが、それはまた別途の角度から検討を進めなければならない問題である。

＊省略章 〔時局匡救計画と金融界〕

準戦時体制下の金融界

＊省略節〔「準戦時体制」の由来と意義〕

準戦時の政綱と金融の大勢

一　財政経済方針の転換

いわゆる軍部ファッショの動向がようやく進展しはじめた新局面の下に、広田内閣の政綱（十一年〔1936〕八月二十五日発表）が「国防の充実」を最大の重点としていたことは当然の次第である。もっとも国防の充実とともに、というよりも、むしろ国防充実のための不可欠的方策として、「国民生活の安定」、「農山漁村経済の更生振興および中小商工業の振興」、「貿易の伸張」などを並べて標榜したところから見ると、同内閣の施政方針は大体前三代（実行に当ったのは前二代）の内閣による「時局匡救計画」を積極的に延長したもののようでもあるが、しかもそれは同内閣の成立した即日、馬場（鍈一）蔵相が発表した声明書にあるように、当局者みずから「前内閣の財政方針とは相当差異のあることを認め」ているのであって、実質的には高橋前蔵相の財政経済政策を否認するもののようであった。

高橋前蔵相の財政経済方針が「時局匡救」そのことを眼目とし、時局匡救に資することに重きをおいて、または時局匡救に資し得る限りにおいて「兵備改善」を増進するという趣旨であったのに対し、広田内閣としては国防第一を絶対的命題として、他の諸政策はその条件的または付随的地位におかれているかの感があった。つまり両内閣の方針は「時局匡救」と国防充実または兵備改善とが、相互に目的と手段とを転倒したような関係になっているとみなされるのであるが、それよりも、またはそれと関連して財政経済方針を一変したと認められる要点は、むしろ財源調達の関係にあったといってよい。

試みに広田内閣の編成にかかる十二年〔1937〕度予算を前内閣による十一年〔1936〕度のそれにくらべると、十一年度には総額二十三億余万円に止まっていたのが、十二年度には一挙に七億三千余万円を増加して三十億四千万円に達している。前内閣としても臨時利得税の創始のような局部的な、したがってまた増収策としても見るに足るほどのものがないような政策を実行することはしたが、とにかく同内閣が国債の増発または続発をなるべく減少してインフレーションを回避する方針をとっていたことは前に述べたような次第である。しかるに広田内閣のように国防の充実とともに国民経済の繁栄を目的とする積極政策をも増進しようとすれば、国債の発行は減額されるどころか、むしろ多大の増額を必要とするであろうし、さらに通常収入の増加をはかるために、あえて増税をも避けられないであろう。現に馬場蔵相は右の声明書において「新たなる国債の増加を覚悟せねばならぬ実情にある」が、「負担の均衡と租税収入の増加をはか」ることも必要である旨を力説し、同内閣の財政方針が公債と増税との二途によるものであることを明らかにしているのである。

このような方針の下に、広田内閣は一大増収をともなう税制の改正を企図したのであるが、当時わが国運の動向が「準戦時」というほどの重大な局面に処していたとすれば、それには「準戦時」が早晩「戦時」へ移行するであろうことを想定しておかなければならないはずである。だからこの場合における税制の改正は当然に戦時財政への適応性を必須の条件としなければならなかったし、また同内閣自身としてもそうした考慮の下に、多分の弾力性をねらって立案したもののようであった。すなわち同内閣の改正案は国および地方を通じ、また国内税および関税の双方にわたり、さらに専売収入をも含めた一大増収計画であって、増収額は租税収入（印紙収入を含む）だけでも初年度（十二年〔1937〕度）に四億一千七百余万円、平年度（十四年〔1939〕度以降）に六億一千万円を算するという見積りになっていたのであるが、関係諸法案が議会でなお審議中の十二年〔1937〕一月二十三日同内閣は衆議院における一議員と陸相との論争に端を発して総辞職し、翌二月二日に林（銑十郎陸軍大将）内閣が成立し、同内閣は広田前内閣の提案にかかる十二年〔1937〕度予算案および税制の改正に関する諸法案を撤回し、これらの議案は同内閣の下に結城（豊太郎）蔵相によって多少の補正が加えられた上で成立し、とにかく十二年〔1937〕度から実施されたのである。ただし税制の改正と関連して実現されることになっていた煙草専売代金の値上げだけは十一年〔1936〕十一月に施行されていたので、この増収予定額約三千万円はそのまま十二年〔1937〕度の歳入に組みこまれたのである。

二　低金利政策の推進と金融界

だが、かように広田内閣の提案した増税計画は初年度において四億一千七百余万円という一大増収をもたらし得るとしても、総額三十億円以上という歳出をまかなうためには、なお八億四千二百余万円という多額の国債を発行するよりほかはなかった。と同時に、同内閣の標榜した諸政策を実現するためには、どうしても通貨の潤沢と金利の低下とを、より以上に促進する必要があった。だから馬場蔵相は前述の声明書においてこの点にも言及し、政府は「金融界の情況に即して適当なる通貨政策ならびに低金利政策を実施し、もって事業界の健全なる繁栄と国民全般の金融上の負担軽減を期」する旨を明らかにしているのであって、その第一着手を国債発行利子の引下げにおき、十一年〔1936〕五月一日に三分半利付国庫債券第一回分を発行して、従前の四分利付をさらに五厘方引き下げたのである。試みに金再禁輸前とこの場合とについてくらべてみると、各半期間の平均国債利回りは、六年〔1931〕下半期の五分四厘九毛から十一年〔1936〕下半期には三分九厘二毛まで低下している（日本経済連盟会調査）のであって、わが国ではまったく空前の記録を残したものであった。

もっともこの場合における経済界は前に述べたように軍需産業や貿易関係の事業など、財界の一部に多少の活況を示していたものもあるにはあったが、事業界一般としては依然として警戒と手びかえとの態勢をもって推移していたし、したがって金融界といううちにも、多くの銀行はいずれも消極的な営業方針を持続していたから、金利は引きつづいて軟化気配のうちに持合いを続けていた。そこへ十一年〔1936〕三月九日に馬場蔵相の声明書が発表されて、政府の金利低下に関する方針が一応明らかになり、これに呼応するもののように、翌四月の七日には、さる八年〔1933〕七月以来すえおきとなっていた日本銀行の公定歩合が、さらに一厘下げの九厘と改定されたので、東京預金協定加盟銀行は同月十日から定期を四厘下げの三分三厘と改定してこれに対応したのである。だが、こうした利下げ政策にかかわらず、金融の基調にはほとんど見るべきほどの変化はなく、三分半利付国債が発行された十一年〔1936〕五月以来、大阪では紡績手形の最高が従前の一銭二厘から一銭一厘に下ったのを除くほか、一般にはむしろ高騰気味であったのに対し、東京では同年三・四月ごろに普通商業手形が最高一銭七厘から一銭六厘に下ったほか、普通ものでいくぶん弱ふくみの傾向も見られたというような状況のうちに推移し、大体において金利情勢はやや西高の東安という気配で持ち合っていたのである。

だが、このことは必ずしも金融界としての無風帯的な平静を反映した現象とはいわれなかった。実は政府がさらに低金利政策を推し進めるための地ならし工作として、多分にその下心をもっていたのに対し、金融界としては、むしろこれを度はずれのもくろみと認めて、いっそう前途を不安視せざるを得なかったからにほかならない。というのはおよそ「国防の充実」のために軍需産業に対して多量の低利な資金を潤沢に供給しなければならないとすれば、それには大企業と同時に、むしろわが国特有の下請式制度による中小商工業への融資も保全されなければならないのに、その方策が立てられていないからであった。がんらい中小商工業に対する金融機関の必要は、いわゆる時局とは関係なしに、すでに久しい以前から官民間の一部で認められていたことであるが、広田内閣の政綱は当然にその実現を促進する上に有力な動機とならずにはいなかった。かくて十一年〔1936〕五月二十七日に商工組合中央金庫法が公布され、同金庫は同年十二月十日に開業したのに引きつづいて、次の林内閣の下に興業銀行は翌十二年二月五日軍需工業への積極的融資方針を公表したというふうに、軍需産業金融の基礎工作が官民相まって進められていったのである。

この間における金融界の主要な事件としては、十一年〔1936〕九月二十二日に関東州および満洲国における鈔票《しょうひょう》（横浜正金銀行券）の発行禁止に関する勅令が公布（翌十月一日施行）されたのに次いで、同年十二月三日には満洲興業銀行法が公布（翌十二年〔1937〕の一月四日に開業）され、満洲関係の金融上の制度は大体これで一段落を告げたいっぽう、国内では同年十二月十二日に兵庫県下の七銀行が合同して、あらたに神戸銀行を設立したことも一記録に値するものであった。

金融界が少なくとも外見的には比較的平静をつづけていた間に、低金利政策と軍需産業金融との基礎工作は、国内的には、さしあたって必要な準備だけは整えられたような状態にあったが、そうした意味での国内金融の安定を維持するためには、なお対外的にも特に輸入貿易と関連して対外支払を規制する必要があったので、広田内閣はさきに八年〔1933〕五月一日から施行されていた外国為替管理法を発動し、十二年〔1937〕一月八日輸入貨物代金の決済および外国為替銀行の海外指図による支払の制限に関する命令（大蔵省令）を公布するとともに即日これを施行した。これで輸入為替の取引は許可制の下におかれたのである。たまたま翌二月の二日に政変が起って、次の林内閣のもとに同年三月九日から金の海外現送が再開された。これは日本銀行金買入法によって同行の買い入れた金を、いったん政府勘定に移管した上、海外に現送したものであって、かくて国際金融、したがって輸入貿易もいっさい政府によって規制されることになったわけである。

三　「滅私奉公」と金融界の平静

林内閣は十二年〔1937〕二月二日に成立して以来同年五月末日に総辞職するまで四ヵ月間在職したに過ぎなかったし、大体前広田内閣の政綱をそのまま受けついだような関係にあったが、基本的な方針に関して前内閣と異なるように見られた点は、前内閣が「国防の充実」とともに、あるいは国防の充実を期するために「国民生活の安定」を不可欠的条件としていたと認められるのに対し、林内閣は官民一致の綱領として「滅私奉公」というスローガンを掲げ、このスローガンの下にいわゆる挙国一致を実現しようとするところにあったといえる。

広田内閣が国防の充実とともに、その不可欠的要件として「国民生活の安定」を標榜したのは、少なくとも趣旨としては軍備の拡充と同時に潜在軍事能力（Potential military strength）を保全するという意味で、現代国防の常道に乗っていたものと評され得る。しかるに次の林内閣があらたに「滅私奉公」を綱領として標榜したのは、いうまでもなく国防の充実、実は軍備の拡充のためには、「滅私」すなわち「国民生活の安定」の方は犠牲に供されてもしかたがない、または犠牲に供すべきであるという意味にほかならない。これは現代国防の常道をあえて踏みはずした根本的な誤りであったが、とにかく林内閣としてはその「滅私奉公」を実現しないままに、または実現し得ないままに総辞職し、次の近衛内閣が「北支事件」勃発の直前に成立して、これが遂行の衝に当ることになったという経過にあった。

さきに述べたように林内閣は広田前内閣が議会に提出した十二年〔1937〕度予算案および租税改正案を撤回して補正を加えた上、再提案して可決を得たが、同内閣の結城蔵相によると、その改変は「物資需要の急激なる増加を緩和するなどの趣旨により、成るべく経費使用の減少をはかる」というのであって、広田前内閣の編成にかかる予算が三十億円をこえるものであったのを二十八億七千二百余万円に、すなわち一億六千六百余万円を減額するとともに、租税収入額（増収予定の分を含む）が合計十八億一千八百余万円（印紙収入を含む）となっていたのを十三億三千七百余万円に、すなわち四億八千百余万円を減少すると同時に、公債金の受入れについても二千万円を減少して八億二千二百余万円に止めることになったのである。

かように「経費使用」の減少をはかったことは、民間側にとっては、それだけでも歓迎さるべき事がらのようであったが、民間殊に財界ではほとんどこれを問題としなかったばかりでなく、むしろそのような補正策にかかわらず、いっそう不安人気を濃厚ならしめたかの感があった。というのは三十億円以上という予算を二十八億余万円に切りつめたとはいうものの、軍関係の経費はまったく削られないばかりか、陸軍関係ではかえって増加されている。しかも直接間接「国民生活の安定」に資すべき経費がもっぱら削減されたという実情であったから、民間特に財界の不満や不安が高まってきたのは当然の傾向であったといわなければならない。

もっとも軍備拡充のために、またはそれにともなうべき軍需産業の増進については、同内閣の当時にはいまだその活躍期にはいっていなかった関係上、金融界はやはりおおむね旧態をつづけていた。全国銀行の月別勘定を見ても、同内閣の成立した直前の十二年〔1937〕一月とその総辞職した同年五月とでは、預金は百三十八億一千六百余万円から百四十五億七千五百余万円に、七億五千九百余万円すなわち六分弱を増加したのに対し、貸出は九十九億九千四百余万円から百三億三千六百余万円に、三億四千二百余万円すなわち三分強の増加に止まっていた。こうした振合いは金利の上にもそのまま反映されて、東京の普通商業手形で最高一銭六厘、大阪の紡績手形で最高一銭一厘はそのまま釘づけの持合いをつづけていたのである。これは金利の持合いそのことが自然の情勢であって、貸出の伸びなやみは、むしろよぎない手びかえによるものであったと見なければならない。

この間、政府としてはもちろんのこと、日本銀行としても、できるだけ金利の低下を促進するような方針をとっていたこととて、十二年〔1937〕四月一日から郵便貯金利率を二厘四毛方引き下げて二分七厘六毛と改定したいっぽう、日本銀行は同年五月から特別の場合を除き高率適用を原則として廃止するなど、金利の低落を助成するような間接手段を、政府および日本銀行が相まって実行するところがあった。殊に日本銀行の高率適用に関する制度の改正は、これで事実上、高率適用制度を廃止したようなものであったが、なにぶんにも普通銀行では貸出の増加よりも預金の増加が先ばしるような状態にあったこととて、これらの間接手段については、金融界としてはほとんど無影響のままに推移したのである。こうした意味での金融界の平静、殊に銀行の手もとが潤沢化して行くような傾向にあったことは、日本銀行の公開市場操作を増進するには好都合であって、とにかく林内閣の財政金融政策は大体前内閣以来の「準戦時」としての準備工作を、いっそう強化しつつ続行したに過ぎなかったというよりも、まんぜんと追随したものと評してよいのである。

四　商工組合中央金庫の設立

広田内閣の準戦時金融政策の一つとして挙げらるべきものに商工組合中央金庫の設立がある。商工組合中央金庫を設立すべしという要望は、遡れば大正時代に産業組合中央金庫が設立されたのを動機として、それならば主として中小商工業者のためにも、これと並立するような特殊の金融機関があってしかるべきはずであるという見地から、中小商工業者の団体や政党の一部の間には早くからそうした声があげられていた。だからこの金庫の設立は必ずしも広田内閣の創意によるものとばかりはいわれないが、しかしまた広田内閣が同金庫の設立を準戦時金融政策の一環として実現したのには、もちろんそれだけの理由があったことも認めなければならない。

がんらいわが国には都市および地方を通じて比較的多数の中小商工業者が散在し、しかも全体としての中小商工業者が国民経済の構成上に占めている地位は、国運の盛衰を左右するほどに重要なものがある。ところがその経済的比重の比較的大きい中小商工業者が適当な金融の途を確保していないということは、特に大正時代以来、中小企業金融問題の名において官民間にようやく高調されてきたのである。準戦時に入って特にそれが重視されるようになったのは、具体的には低金利という地盤の上で軍備の拡充と輸出貿易の増進とを実現するためであったといってよい。

というのは、わが国特有の経済機構からして、軍備の拡充に欠くことのできない軍需産業にしても、また輸出貿易関係の産業にしても、いわゆる下請け関係により、または独立経営している中小商工業に依存するところは、著しく重大なものがある。むしろ中小商工業の立場を保全しないでは、軍需産業も輸出貿易もとうてい増進され得ないような関係にあるといってよい。しかも広田内閣としては「中小商工業の振興」や「国民生活の安定」を重要政綱の一つとして標榜したほどであるとすれば、まず中小商工業のための金融に関して、この多年の懸案を解決することになったのは当然の行きがかりであったといわなければならない。かくて商工組合中央金庫法は十一年〔1936〕六月二十日に施行され、商工組合中央金庫は同年十二月十日に開業したのである。

商工組合中央金庫は「商業組合、商業組合連合会、商業小組合、工業組合、工業組合連合会、工業小組合、貿易組合、貿易組合連合会、自動車運送業組合、自動車運送業組合連合会または食糧営団に対する金融の円滑を図るため必要なる業務を営むことを目的とする」法人であって、資本金五千万円は政府および前記の組合または連合会のほか、これが出資者たることを得ないものとし、政府は最初五百万円を出資したのである。商工組合中央金庫は払込資本金額の十倍を限って「商工債券」を発行し得る。その業務としては（一）所属組合、その連合会に対し担保を徴せずして五年以内の定期償還貸付、（二）同じく二十年以内の年賦償還、半年賦償還または月賦償還貸付、（三）同じく手形の割引または当座預金貸越、（四）同じく荷為替手形に関する保証業務、（五）同じく預金の受入れ、（六）同じく有価証券の保護預りまたはその委託売買などをなすことが挙げられている。

その後太平洋戦争中の十八年〔1943〕三月十一日公布の改正法によって資本金一千四百万円を増加するこ

とになり、政府はこの増資のために一千万円を出資したのである。同金庫がその業務について相当に活躍したことは、この増資の事情から見ても一応推察するにかたくないのであるが、さればとて、これによって中小商工業の金融難が改善され、さらにその振興が期待されるには、現実がなおあまりにかけはなれていることは否定されない。しかしこのことは同金庫自体よりも、むしろ中小商工業者側の反省に、より多くを求めなければならないものがあるように認められる。

日本銀行改革問題と参与理事制度

日本銀行の制度について改正を加える必要があるという意向は、遡れば大正時代以来、特に大正七年〔1918〕に成立した原内閣の高橋蔵相が私見のかたちで漏らしていたこともあるが、その後財界の主脳者らの間から有力な意見や希望などが主張されたなかでも、昭和八年〔1933〕六月に日本経済連盟会から政府の要路や日本銀行などに提出した建議は最も重きをなしていた一つである。とにかく日本銀行の改革ということは必ずしも「時局」に処するため、または時局に関連してはじめて提起されたという問題ではなかったが、時局が「準戦時」に当面してきたからには、この懸案は当然に現実の問題として登場せざるを得なかったのである。

一　軍需産業金融上の要求

というのは軍備拡充のためには軍需産業の活躍を要する。軍需産業の活躍には多大の資金が円滑に供給されなければならないが、金利の低下にも、また銀行の融資能力にもおのずから限度があるから、かりに国債の増発にともなって公開市場操作が順調につづけられて行くとしても、それだけでは多大の軍需産業金融を保全することは必ずしも期待されない。かくて、どうしても日本銀行みずから積極的にこれがための一役を務めなければならなくなってきたため、いきおい同行の改革問題に触れざるを得なくなったというわけである。

日本銀行をして時勢に即応し得るようにその機能を発揮させるために、当時ぜひとも改革を要すると認められた問題点は、大体二通りにわかれていた。一つはいうまでもなく同行の業務（旧日本銀行条例第十一条および第十二条、現行日本銀行法第三章第二十条以下）に関する規定であり、他は同行の役員に関する制度であった。それについては金再禁輸後における金融・通貨事情の激変に対処するため、日本銀行の業務をより適切円滑に運営させるようにしたいという趣旨に基づいて、七年［1932］七月一日に日本銀行参与会法が施行され、即日参与を任命すると同時に、兌換銀行券条例中に改正を施して保証準備発行限度を、従前の一億二千万円から十億円に拡張し、かつ制限外発行税率が従前は最低年五分と定められていたのを年三分に引き下げたのであるが、同行の貸出業務が旧条例の規定によって制約されている限り、参与会の制度も保証準備発行限度の拡張も、いまだ必ずしもその趣旨にそい得るゆえんとはならなかったのである。

がんらい旧日本銀行条例における業務規定は、商業手形の割引と財政上または国庫の事務とを主たる目的とするように制約されていた。すなわち同行は財政または国庫との関係以外、もっぱら商業銀行の中央銀行たる立場をとっていたに過ぎないかの感があった。だから別に不動産銀行としての勧業および農工銀行と並んで、動産銀行としての興業銀行を設立したという次第でもあるし、また日本銀行自身が見返品制度という名において社債券や株券や、はなはだしきは不動産をすら担保とし、殊に非常の場合にはそれぞれの掛目を比較的寛大に見積って、事業資金や整理資金を融通したこともしばしばあった。このことは明治時代以来の常習とすらなっていたほどであるから、こうした意味でならば業務規定の改正は特に緊要な問題でもなさそうであるが、勧業（農工も同様またはいっそうはなはだしく）、興業の各銀行がそれぞれの使命に関して、著しく不活発であったばかりか、かれらが各自にかえってますます普通銀行化してきた。また日本銀行の産業金融に関する見返品制度にいたっては、もともと例外的便法として実施されていたに過ぎなかったのであって、いずれにしても、これでは、「準戦時」の莫大な軍需産業金融を保全するためには、特に軍部および政府としては、とうてい満足ではあり得なかったのである。

十二年〔1937〕上半期ごろにおける全国銀行の預金は、総額百三十億円台から百四十億円台（普通銀行だけでは百億円台から百十億円台）を算していたのに対し、貸出は九十億円台から百億円台（同前七十億円台）に止まっていたという振合いであって、社債や株式への事業資金に相当多額を振り向けていたことも想像されるが、さればとて、銀行一般の投・融資余力はいまだ必ずしも手づまりを告げていたとは認められない。だが、「準戦時」という局面に即応して陸海軍部側の要求するような大規模の軍備拡張計画を計画通りに続行しようとすれば、かりに金利低下の促進と公開市場操作の続行とが可能な限りにおいて、一応インフレーションの不安が避け得られるとしても、多種多様の軍需産業を活躍させて行くためには、金融機関は時には相当の危険を冒してでも産業者に対してよぎなく信用を与え、または与えつづけて行かなければならない。とすると、それは本来普通銀行に対して期待さるべき要求であることはできない。そこに日本銀行の業務規定に関する改革問題が登場してきたことは、あえて怪しむに足らないのである。

二　見送られた業務規定の改正

林内閣が成立した一週間後の十二年〔1937〕二月九日深井日本銀行総裁は辞任して、即日第十四代総裁に池田成彬の就任を見たが、同総裁は就任前から日本銀行のこの点に関する有力な改革論者の一人でもあり、また前述の日本経済連盟会の建議に参加し、むしろその指導者としての立場にもあった関係上、時の結城蔵相と提携してこれが実現をはかるであろうと期待されていたが、林内閣が同年五月末日に総辞職したのにつづいて、その池田総裁も翌々七月二十七日、後任の近衛内閣のもとに辞職して、第十五代総裁に結城の就任を見たという事情から、日本銀行のこの点に関する改革問題は未解決のままに見送られたのである。

だが、この準戦時における同行の業務を運営する上に、より適切円滑をはかるには、さしあたり主脳陣営を強化する必要があった。それには従前の参与会という諮問機関では必ずしも完全を期するゆえんではないというので、十二年〔1937〕三月三十一日に日本銀行参与会法を廃止すると同日に、旧日本銀行条例中に改正を施して、あらたに参与理事をおくことになり、同年七月一日からこれを施行したのである。参与理事は金融業もしくは産業に従事し、または学識経験あるもののうちから株主総会において選挙し、大蔵大臣がこれを命じ、任期は二年として「業務に参与する」ことになっていた。従前の参与会と対照すると実行力において一段とその地歩を向上したもののようであるが、それとても同行の改革問題としては、いまだ核心には触れていない。ただ従前の参与会が総裁の単なる諮問機関でしかなかったのに対し、参与理事が「業務に参与する」という点では、改革問題への一歩を踏みだしたものといえよう。

日華事変期の金融界

「戦時体制」への前進事情とその期間

準戦時体制に入って以来は軍部の支持によるか、またはその操り人形となるか、でなければ、どの内閣でも成立もしくは存続し得られなくなったが、この関係は首相が軍人であると文民であるとを問わなかった。とにかくこうした条件によって制約される限り、その後の内閣はいずれも右翼系統または国粋派か、全体主義または独裁主義に依存しているかの点で、なんらか共通するところがあった。だから政変は隠暗のうちに、すなわち国民の前に理由が公表されることなく、または世間一般から推察すらもされないような事情のもとに起り、また繰り返されたのである。そうした情勢のうちに十二年〔1937〕五月三十一日には林内閣が総辞職した後をうけて、同年六月四日に成立したのが第一時近衛（文麿）内閣であった。同内閣は特に政綱または政策として標榜したところはなかったが、同月十五日の閣議で生産力の拡充、国際収支の適合および総合的産業五ヵ年計画を、日満両国一体化のもとに実現するという大綱を決定したと発表したのである。

これは林前内閣もしくは広田前々内閣から受けつがれてきた基本方針、すなわち軍需産業に重点をおいての生産力の拡充を「総合的」体制のもとに、より増進するのがねらいであって、それを日満両国が一体的関係において実現するというところに、従前と多少の異なるところがあったというよりも、準戦時体制がそれだけ前進させられたものといってもよい。だからそれは実際には「戦時」ではなくとも、政府自身が「戦時体制」を象徴したものとみなされたのである。いずれにしてもこうした綱領を主持して行く限り、それはいきおい経済界全般を通じ、生産消費の双方にわたる統制への転向またはその強化が避けられなくなるわけであって、通貨・金融に関する施設、したがってその動向もおのずから従前の自由主義的体制を否定して行くことにならざるを得ないであろう。そうした情勢のもとに「北支事件」が勃発したのである。

近衛内閣が成立して約一ヶ月後の十二年（一九三七年）七月七日、蘆溝橋で日華両国兵が衝突したのを発端とし、十六年（一九四一年）十二月八日以降、二十年（一九四五年）八月十五日にいたる太平洋戦争を終るまで、局面は一貫して戦時状態をつづけ、またそれは連鎖的に発展した一事件と見るべきであるが、当時わが国側としては、国際闘争局面が北部中国に止まっている間はこれを北支事件と称し、それが中国の中・南部一帯へ拡大するにともなって「支那事変」と改称するようになり、さらに、十六年〔1941〕十二月八日にアメリカ合衆国およびイギリスと開戦するに及んで、「支那事変」をも含めた全体としての国際闘争を「大東亜戦争」と呼ぶことになった。しかし事態の経過、局面の推移そのものは、客観的には明らかに不可分または一連環の関係にあったから、かりに形式的には、蘆溝橋事件以来、局面が日華両国間の関係に止まっていた限りこれを日華事変、またアメリカ合衆国およびイギリス両国との開戦から二十年〔194

5〕八月の終戦にいたるまでを「太平洋戦争」と区別して名づけるとしても、本編にいわゆる戦時体制の「戦時」は、便宜上の区画は別として、「北支事件」以来終戦までを通じての期間にわたるものと規定しておく。

戦時体制の基礎工作

一　暴利取締令の施行

戦時体制としての政府の統制施設は北支事件の勃発にともなって矢つぎ早に進められてきた。統制計画の主たる対象が通貨・金融関係の事項にあったことはいうまでもない。まず蘆溝橋事件の起った即日、すなわち十二年〔1937〕七月七日に輸入為替の自由取引限度の引下げなど、外国為替管理の強化に関する大蔵省令を公布と同時に施行したのにつづいて、同月二十九日北支事件に関する経費支弁のため公債を発行し、または借入金をなすことを得る旨の法律を公布と同時に施行した。かくして国債の続発にともなう公開市場操作の続行とともに、金利の引下げによる軍需産業への資金供給の促進が国策の名において要請され、これに、あらかじめ呼応するもののように、日本銀行は同年七月十四日、「時局緊要産業」会社の社債を保証とする手形割引に関して、優遇の措置をとる旨を発表、実施したのに引きつづき、翌十五日には国債担保の貸付利子を一厘方引き下げて、商業手形の割引歩合（一般に公定歩合と呼んでいるのはこの商業手形割引歩合を指す）と同率の九厘と改定したのである。これで国債の増発と軍需産業金融とに関する基礎的工作だけは一応整えられたわけであるが、こうして軍需産業が増進されて行くいっぽうで、いわゆる戦時のかけ声は必然に諸物価の高騰を促さずにはいなかったので、政府は翌八月の三日に暴利を目的とする物品の売買取締に関する商工省令の改正を公布して即日施行した。取締りの目的とされた物品は数十種目を二十六項目に分類して列挙されたが、すべてがいわゆる時局緊要産業の原材料のほか、日常生活用品または医薬品などの必需品に属していたことはいうまでもない。（この暴利取締に関する商工省令はその後十三年〔1938〕七月までに二回にわたって改正が施され、そのたびごとに取締りの目的となる品目を追加して、けっきょく百品目近くを数えることになった。）

二　金準備の評価換え

かように通貨・金融に関する基本的方針が物価の取締りに関する施設と相まって、軍需産業の増進を期待し得るとしても、この当時におけるわが国の通貨はなお貨幣法の量目規定に則っていたから、通貨と物価との間にはいきおい不調和を生ぜずにはいなかった。前に述べたように九年〔1934〕四月に日本銀行金買入法を施行して以来、金買入価格は三回にわたって引き上げられ、十二年〔1937〕五月十五日の改定により一グラム当り三円七十七銭となっていたが、これでは貨幣法の規定（一匁すなわち三・七五グラム当り五円の割合）は無意味に帰するわけであるから、十二年〔1937〕八月十一日に日本銀行金買入法を廃止する法律を公布し、翌十三年の二月一日にこれを施行すると同時に、産金法、金準備評価法および金資金特別会計法を公布して、ともに十二年〔1937〕八月二十五日からこれを施行したのである。

金準備の評価を引き下げるということは、実質的にはいわゆる平価の切下げと異ならないわけであって、貨幣法の量目規定は、もはや形式に過ぎないのである。ところが、かように金の時価が国内通貨（兌換券）の勘定で著しく高騰しているのに、量目規定による比率をそのままに持続しようとすれば、国内的取引と国際的収支とはまったく均衡を失うことになる。そうかといって貨幣法の改正により従前の公定量目を引き下げるとすれば、それはいうまでもなく平価の切下げにほかならないのであるから、兌換準備実際には兌換は停止されているが――に充当する金を国際的につり合った時価に近い程度へ評価換えして、内外にわたる通貨価値の格差を調整しようというのがこの法律のねらいであったとみられる。だからこの法律はひとり日本銀行に対してだけでなく、朝鮮、台湾の両銀行に対しても同様に適用さるべきであるが、朝鮮および台湾両銀行としては、つとに金準備を必要としないような状態になっていたとも認められるので、おのおのその保有する金貨および金地金の全部または一部を日本銀行に引きわたさせることとし、かくて日本銀行が兌換準備に充てる金貨および金地金を、貨幣法の量目規定にかかわらず、二百九十ミリグラムにつき一円の割合で評価換えすることとし、これによって日本銀行が取得し得る利益については、それに相当する金額を国庫に納付させ、政府はこれを金資金特別会計に受け入れるという仕組になっていたのである。

貨幣法による量目規定では七百五十ミリグラムにつき一円という割合になるのであるが、これを二百九十ミリグラムにつき一円の割合で評価換えすれば、日本銀行としては準備高を二倍六割弱に増加し得るわけである。すなわち本法施行当日（十二年［1937］八月二十五日）の準備高四億二千四百余万円は十億九千百余万円に評価換えされ、同行はその差益六億三百万円を国庫に納付することになった。またこの法律と同日に施行された産金法により、改めて、従前の日本銀行金買入法による一匁当り十四円十三銭の価格をそのままに、国庫で金の買入れを行うことになったのである。

かように金の買入れを国庫自身で行うものとすれば、産金高の多少は日本銀行の正貨準備とは直接の関係をもたないわけであるから、わが国の通貨制度は金準備を名目的に維持するだけで、通貨は当然に管理制度下におかれるよりほかはなくなったといってよいのである。とにかく、こうして評価換えをした結果、兌換券の発行は正貨準備高が増加しただけ、それだけ発行余力が増加し、または制限外発行を減少し得るわけではあるが、保証準備の発行限度はすでに七年〔1932〕七月以来、十億円に拡張されていたのであるから、金準備の評価換えは当面の通貨事情にはさしたる影響を及ぼさなかったもののようである。

三 「支那事変」への発展と戦時体制の樹立

こうしたおりから日華両国間の闘争局面は一時「北支」だけで収拾され得るようにも見えたが、同年八月九日には戦火は上海にまで拡大して、北支事件は「支那事変」に発展してきた。それがわが国側、特に陸軍部としての予定の成行きであったか否かはしばらくおき、とにかくかように局面が拡大され、またその態様がますます「戦争」になってきたことは、わが国民経済をして名実ともに「戦時体制」へ進展させずにはおかなかったゆえんである。それについては政府としても財界としても、いきおい統制による動員計画の一体化と円滑とを眼目として制度や組織の更改を実現しなければならなかった。

まずなによりも急を要したのは、国際金融の統制を確保するため必要な中枢機構の充実、すなわち日本銀行と正金銀行との連絡をいっそう緊密ならしめることであった。すなわち十二年〔1937〕八月十一日正金銀行および日本銀行の各条例中に改正を施し、正金銀行の副頭取一名を増員するとともに、日本銀行の理事一名をしてこれを兼任させることになり、翌九月の十日から施行したのである。いっぽう、民間では八月二十三日にいわゆる為替銀行間で対イギリス為替協定が成立し、一シリング二ペンスの水準を維持することになり、また九月十日には輸出入品等臨時措置法が公布と同時に施行されて、国際経済に関する戦時統制の陣容はいよいよ本格的に整備されてきたのである。

このような情勢に即応して民間では九月二十一日に全国の主要な銀行・会社を網羅した経済団体連盟が組織され、翌十月一日には内国通運会社を主軸として主な運送会社の合同による日本通運株式会社が設立されるなど、財界の統制が進められてきたのにともなって、政府はさらに国民の戦争意識を高揚するため、十月十二日に「国民精神総動員中央連盟」を設立したのに引きつづき、同月二十五日には企画院を設置して戦時経済の企画指導に当らしめ、翌十一月六日には日独伊三国防共協定を締結し、同月二十四日には大本営を設置したなど、北支事件勃発以来半年もたたない間に、わが国はまったく戦争態勢に一変したのである。しかもその翌十二月の十三日には南京を占領して、中国の中南部一帯をわが兵力の支配下におくことになったと同時に、北京に中華民国臨時政府を樹立させた。またその前十一月二十三日には蒙疆《もうきょう》銀行(翌十二月一日開業)を、さらに南京占領後の十二月二十九日には満洲重工業開発株式会社を設立させるなどにより、いわゆる日満一体化の方向に大きな歩みをだしたのである。

この間、財政上では同年九月十日に「支那事変に関する臨時軍事費支弁」のために公債を発行し、または借入金をなすことを得る旨の法律を公布と同時に施行し、また金融関係の施設としては同年九月中に臨時資金調整法を施行したが、この施設に関しては次節で改めて述べるところに譲ることとする。

資金調整制度と銀行の立場

資金調整という名称は当時の政府および軍部の意図としては、むしろ金融統制上の一施設とでも呼ばれるべきであり、目的はいうまでもなく主として公債の消化と軍需産業資金の供給を潤沢ならしめることにおかれていたのである。公債の消化と軍需産業資金の潤沢とを期するということは広田前々内閣以来主持されてきた最重要政策の一つに属するのであるから、それは近衛内閣によって、はじめて採用された新方針というわけではないが、しかもその資金調整こそは戦時経済政策の大動脈を規制するための第一段階にあたるわけであって、特に軍需産業を助長するためには、まっさきに実現を要する統制施設の一つであったといわなければならない。

近衛内閣としての戦時政策は経済の部門においても、就任以来暴利の取締り、その他急を要する問題に関して、つぎつぎと新施設を実現し、日華事変勃発の前後にわたって、一応その基礎的工作を成就したことは前節で述べたような次第であるが、それらの基礎工作は戦時経済を樹立するためのいわば準備手段に過ぎなかったのであるから、同内閣としては戦局の進展とともに、いよいよその本格的統制に乗りださざるを得なかったのである。

近衛内閣の資金調整に関する施設は、当時の金融界からは多少実勢に先ばしっているようにすら見られた点もないではなかったが、世間一般からは戦時政策として、よぎないものと認められていたようである。しかしいずれにしても、経済が政治に左右されたという意味での一大変則に属していたことは否定されないところである。

一 臨時資金調整法の内容および目的

臨時資金調整法は本文が二十一ヵ条から成っていて、十二年〔1937〕九月八日に公布され、一部（第十一条の規定のみ）は翌九月の十五日から、その他の規定は同月二十七日からそれぞれ施行された。立法の趣旨はいうまでもなく公債買入れのほか、いわゆる時局緊要産業、主として軍需産業およびそれに次いで輸出関係産業への資金（これに関連して物資および労力をも）の供給を潤沢ならしめるため、比較的不急不要な目的に使用される資金の融通を抑制することを眼目としていたのであるが、しかしまたその資金源を確保するためには、銀行をはじめ他の金融諸機関の預金を増加させる必要があると同時に、時局緊要産業の活躍にともなって民間に撒布されるであろう労・工賃その他の人件費や資材費などの撒布にともなう消費の増進が、いきおいインフレーションを招来するであろう関係も見のがされないので、同法はこれに対する予防策をも兼ねて、国民貯蓄の増強を一つのねらいとするなど、相当に複雑な内容になっていたのである。

しかしなんといっても、資金流通の最主要な動脈は金融機関の融資そのものにほかならないのであるから、同法はまず銀行その他の金融機関（信託会社、保険会社、産業組合中央金庫、商工組合中央金庫および北海道、府県を区域とする信用組合連合会を含む）を取締りの主たる対象においていたのであるが、これらの金融機関に非ざるものでも、「事業に属する設備の新設、拡張もしくは改良に関する資金の貸付をなし、または有価証券の応募、引受もしくは募集の取扱をなさんとする」ものは、これらの金融機関と同様に、それらの行為について政府の許可を受けなければならない。もっとも、これらの金融機関や証券引受業者などでも、「本法の目的に従い政府の適当と認むる方法により自治的に調整をなす」ならば、右の規定は適用されないというのである。こうして融資の途を規制する代りには、融資を受け入れる方の側、つまり事業会社に関しても一定の制限が課された。すなわち「命令の定むる会社の設立は政府の認可を受くるに非ざればその効力を生ぜず、会社の資本増加、合併または目的変更」についても、すべて同様に政府の許可を受けることを要する。これらの許可または認可に関する事務は日本銀行をしてこれを取り扱わしめるというのが、融資規制の原則となっていたのである。

ところで、かように融資の規制をはかるにしても、それには金融機関が積極的に政府の希望するような融資を増進してくれればよいが、これは必ずしも期待されることではないので、政府の意図は当然に興業銀行の利用に向けられた。すなわち同法は興業銀行に対して同銀行法による規定を超えて債券を発行することを得させたのであるが、規定超過額の限度は最初五億円を限ることになっていたのを、その後四回にわたる改正によって、だんだんと拡張され、最後の二十年〔1945〕二月の改正によって百億円を限ることになったのである。しかも政府はこの規定によって同行が発行する債券については、「その元本の償還および利息の支払を保証す」ることを得るというのであって、これによっても政府が時局緊要産業への融資をいかに重要視していたかを察するにたるものがある。

だが、こうして融資を積極的にも消極的にも規制するとはいえ、肝心の事業会社側にその受入れにさしつかえるような不備の点があったのでは、必ずしも所期の目的は達せられないかもしれない。殊に多くの事業会社のうちには、この場合、資金の需要は切実であるにもかかわらず、未払込株金の徴収が困難であるような事情のものもあろう。それで同法はかような会社が「事業拡張の場合において、政府の認可を受け、その事業の設備に充つるため」には「株金全額払込前といえども、その資金を増加することを得」るばかりでなく、「その事業の設備に充つるため」には商法（第二百条）の規定による制限を超え、総額が払込株金の二倍を超えない限度内で社債を発行することもできるという特例を許したのである。

この法律が公布されるに先だち、同年九月六日には資金調整法適用の業種別認可基準なるものが発表されたが、これが実行には個々の場合について具体的に検討を要するものがあるので、同法は「資金使用の調整に関し重要なる事項を調査審議するため臨時資金調整委員会を置」き、また「許可または認可に関する処分にして事案の重要なるものについては臨時資金審査委員会の議を経」べきことを規定し、前者については同月十六日また後者については同月二十七日にそれぞれの官制を公布したいっぽう、日本銀行は同月二十七日あらたに資金調整局を設置したのである。これに呼応するもののように、同月十七日には同法第三条の規定に基づいて東京地方銀行自治資金調整団が、また翌十八日には大阪および京都にも同様の団体が結成され、「使用」の方面に関する調整の制規や機構はこれで一応整備されたわけである。

だが、実際上の難問題は資金の「使用」よりも、むしろ「吸収」の方にあった。融資に関する調整は罰則を設けてまでも、脱法を取締ることができるというふうに、あらかじめその保障が立てられたのであるが、資金の調達は必ずしも法規によってその達成を期待し得るものではない。しかもその不成績は資金源の欠乏をよぎなくされるばかりでなく、あるいはより以上にインフレーションを招来せずにはいないという大きな危険をも予想せざるを得なかったので、政府は同法中に貯蓄促進のための規定を設け、まず勧業銀行をしてこれが実行に当らしめることになったのである。すなわち最初は同行をして「収入金二億円に達するまで貯蓄債券を発行せしむること」とし、券面金額二十円以下に対して「売出価格の百五十倍以内の割増金を付与することを得」るという規定になっていたが、当面の経済的・社会的情勢からすれば、この程度では必ずしも貯蓄促進の目的を達し得るゆえんではないのに、しかも戦局の進展にともなう軍需産業の活躍はますます民間における通貨量の増大と物価の高騰とを助長してきたので、この貯蓄債券に関する規定はその後数度にわたる改正によって、最後には収入金の限度を二十億円に、また券面金額がはじめは二十円以下となっていたのを三十円以下と改めたのである。

しかし、これだけでは、なお零細な遊資を吸収するには適切でないというので、十五年〔1940〕三月二十九日施行の改正法により、政府はあらたに報国債券なるものを、やはり勧業銀行をして発行させることになった。この債券は券面金額を十円以下とし、債券の所有者が「長期にわたり郵便官署または日本勧業銀行にその債券の保管を委託したる場合においては（中略）割増金を附することを得」るのであるが、発行額については十九年〔1944〕二月十四日公布の改正法により、「貯蓄債券および報国債券の発行額は通じて収入金五十億円を限度と」し、またこの改正によって報国債券の券面金額は八十円以下と改められたのである。

だが、かようにして勧業銀行を利用するだけでは、なお貯蓄増強の目的は容易に達成されそうにもなかった。そこで政府はさらに統制を強化し、十八年〔1943〕三月三十一日施行の改正によって「政府は国民貯蓄の増強を図るため必要ありと認むるときは（中略）銀行、信託会社、保険会社、市街地信用組合（中略）に対し（中略）資金の吸収に関し必要な命令をなすことを得」るほか、「貯蓄債券および報国債券を除くの外、命令の定むるところにより命令の定むるものをして抽籤をもって割増金を附することを得る債券その他の証券を発行せ」しめたり、また「抽籤をもって割増金を附することを得る預金の取扱をなさしむることを得」るほか、さらに前記の二十年〔1945〕二月十三日公布にかかる改正により、「政府は資金の吸収を図るため必要ありと認むるときは（中略）命令の定むる法人をして売得金の中より抽籤をもって購買者に当籤金を交付することを得る証票を発売せしむることを得」るという非常手段にまで頼るようになった。これは俗にいうところの宝くじであって、国民の射倖心に訴えるというよりも、資金調達方法の賭博化を意味するとでも評するよりほかはないのである。

二　公私の資金需要と銀行預金との対勢

だが、これらの貯蓄増強に関する制規は、戦局がわが国側にとってようやく不利になり、財政的にも経済的にも国運がますます行きづまってきたのにともない、おいおいに追加された改正法によるものであった。臨時資金調整法が施行された当時には、金融界の実情、特に資金の吸収に関する方面では前に付言しておいたように、必ずしも立法の趣旨がそれに即応するほどに窮迫を告げていたわけではない。まずこれを資金の需要と供給との対勢から見よう。

広田内閣以来というよりも、むしろそれに先だつ時局匡救計画の一環として実行しはじめられた軍備拡充政策が、為替相場の暴落にともなって活躍してきた輸出関係の産業とともに、企業の拡張や新設を促したことは想像するにかたくない。ただし、およそ軍需産業にしても輸出貿易にしても、その発展がいきおいいっぽうで輸入貿易の増加をともない、それだけ国際支払勘定の増加をよぎなくさせることは、わが国としての宿命的弱点であるといわなければならない。だが、国際関係による金融事情については、しばらくこれを後述にゆずり、国内関係だけについて見ても、前に述べたように、臨時利得税を新設しなければならないほどに、財界の一部では好景気がうたわれてきたのに、金融界はかえって不安におおわれ、従来の商取引関係に属するものにあっては、金利が不動の持合いをつづけているのに、金融市場の大勢はじりじりと引締りの傾向をたどってきたのであった。いうまでもなくそれは主としては企業の新設や拡張が増進されてきたからにほかならないのであって、こうした傾向は事業計画資本高の異動状況から見ても概況を察し得るものがある。この時代に事業計画が新設および拡張を通じて増進されてきたのは、遡れば時局匡救計画が実行されてきて以来のことに属するといってよい。両者の年間合計額は七年の四億三千九百余万円から年ごとに漸増して十一年〔1936〕には一挙に二十億円余に達し、十二年〔1937〕には上半期中だけで十九億三千二百余万円を算したが、日華事変がはじまった下半期中には、かえって十六億九千四百余万円に減少し、けっきょく年間を通じて三十六億二千七百余万円に増加している。翌十三年〔1938〕には年間を通じて三十九億七千六百余万円に上ったが、翌十四年にはさらに飛躍して、同年中の合計額は五十三億余万円に激増しているのである。

ところがこの期間には民間の資金需要だけでなく、前に述べたように財政資金の少なからぬ部分を公債財源によって補充することになっていた関係上、金融市場は公私の資金需要がふくそうするにともなって、ようやく手づまりの傾向を告げてきた。

公私の需要にかかる資金は主として普通および特殊銀行の仲介により、証券引受けの形で供給されたものであって、資金源としての特に銀行預金の増加が切実に待望されたゆえんである。時局匡救計画が実行されだしたころから、銀行の預金増加に対する貸出し減少の傾向、少なくとも前者の増加歩調に対して後者がおくれがちになるという不つり合いは年ごとに開きが大きくなり、日華事変に入って以来それが特に著しくなってきた。これは、いうまでもなく通常の商取引が減退し、もしくは伸びなやみをよぎなくされたのに対し、公債および事業資金の増加が累進してきたのによるものであって、そのこと自体の是非いかんはとにかく、「資金調整」のききめは日華事変の進展にともない、かように銀行勘定の上に切実に反映されてきたもののように見られる。

日華事変から局面が太平洋戦争へ進展したのは十六年〔1941〕十二月八日であったから、同年末現在の諸勘定は大体いまだ太平洋戦争の関係または影響に依存するところがなかったものとみなしてよかろう。そうした意味で、試みに十一年〔1936〕末と十六年〔1941〕末との現在額を比較すると、預金の増加は二百三十八億余万円を算したのに対し、貸出は百十六億余万円のほかに払込資本は九十五億余万円、両者の合計で二百十一億余万円の増加に止まり、預金の増加のほうが二十六億余万円がたを先ばしっている。このような比較のしかたでは、もちろん資金流動の実際を突きとめ得るものではないが、とにかく預金の増勢が、よく公私の資金需要をまかない得てきた概況だけはほぼ察するに足るものがある。いうまでもなくそれは国民の日常生活に関する強度の消費統制が、いきおい国民貯蓄を推進したからであって、こうした振合いからすると、局面が日華事変に止まっていた間は、事業資金の需要は大体充足されてきたもののように見られるのである。

積極的融資の統制

一　中華維新政府の成立と国家総動員法の施行

臨時資金調整法によって不急不要な方面への融資と認められるものを抑制した関係から、少なくともそれが一つの堰堤《えんてい》となり、いきおい銀行をはじめ、その他の金融機関が、いわゆる時局緊要産業のために巨額の社債や株式への投資に進出するようになったことは、前節に述べたところからしても概況を推察し得られる。しかしこの場合に金融の動向を規制しようとした肝心のねらいは、いうまでもなく軍需産業への融資の潤沢を、この上にも促進し、保全することにほかならなかった。したがって前節中に付言したように、資金調整法による統制のような消極的な方策だけでは、なおこの目的は達成され得ない。そこには当然に軍需産業への融資を積極的に保全し得るような統制政策が緊要な問題とならずにはいなかったのである。

もっとも十二年〔1937〕十一月十四日に大本営が設置され、翌十三年一月十六日に近衛（第一次）内閣の「爾今国民政府（蔣介石政権）を相手とせず」の声明書が発表されたのに次いで、同年三月二十八日には中華民国維新政府が成立したいっぽう、これに先だって同年二月十一日には中国連合準備銀行が設立され、翌三月の十日には同行に対してわが国のシンジケート銀行団から一億円の借款を供与するなどにより、いわゆる日満支一体化の計画は一応その基礎が定められた。その翌四月一日に国家総動員法が公布され、翌五月五日から施行されたのによって、わが国の戦時体制はいよいよ本格的なものになってきたのである。

この国家総動員法は、もちろん金融関係の事項についても強度の規制を適用し得ることになっていた。同法第十一条によって「政府は戦時に際し国家総動員上必要あるときは勅令の定むるところにより会社の設立、資本の増加、合併、目的変更、社債の募集もしくは第二回以後の株金の払込につき制限もしくは禁止をなし」得るだけでなく、「会社の利益金の処分、償却その他経理に関し」また「銀行、信託会社、保険会社その他勅令をもって指定するものに対し資金の運用に関し」それぞれ「必要なる命令をなすことを得」るというのがそれである。この規定に基づいて特に金融機関は、いつ、どのような規制をこうむるかもしれない。そうなったとすれば、おそらく軍需産業への強制融資命令に最も重きをおかれることになろうというので、銀行などは一時痛切な脅威をすら感じたもののようである。

二　公債の続発と興業銀行の活躍

だが、普通銀行その他の金融機関一般に対して融資を命令するということは、殊に銀行にあっては従前の取引関係のうちに中断されない事情のものもあるし、また投・融資の余力にそれぞれの限度もあることとて、とうてい一片の法令で一律的に、これを規制するわけにはゆかない。むしろこれは同業者の協定によるかれらの自発的活動に委ねるべきであり、実際また後に述べるようにいわゆる共同融資の方式が実行されることになったわけであるが、しかも軍需産業の側からすれば資金の需要は日増しに切実になってきたので、政府はさしあたり法令および実情の許す限り興業銀行を利用する方針をとり、その第一着手として、総動員法の公布に先だち、十三年〔1938〕三月十二日から日本銀行をして、政府保証の興業債券を抵当とする貸付およびこれを保証とする割引につき、特別の優遇措置を実行させることになったのである。

だが、軍需産業を主たる対象とする事業金融を他動的に難渋ならしめていた一つの大きな障害は公債の続発であった。日華事変がはじまって以来、「支那事変国庫債券」の第一回分が発行されたのは十三年〔1938〕八月二十二日のことであって、その後十六年〔1941〕までに続発された総額は、割引および特別国庫債券を含めて百七十二億二千三百万円（日本銀行、「日本金融年表」）、すなわち毎年平均約四十三億余万円を算した。この公債発行額のうちには預金部（今日の資金運用部）や日本銀行など、すなわち民間金融機関以外から調達された分も少なくはなかったであろうと推察されるが、とにかく多額の公債続発が事業資金の融通を円滑ならしめる上に相当の妨げとなったであろうことは疑いないといえる。

こうした事情のもとに、十二年〔1937〕九月に前述の臨時資金調整法が公布される前から、興業銀行のいわゆる時局融資は造船業者や輸出貿易関係、特に対中国輸出業者などに対しても実行されていたが、資金調整法が施行されて以来同行の活動はにわかに拡大され、顧みれば明治三十五年〔1902〕四月に開業して以来、時には無用の長物ででもあるかのようにすら不評をこうむってきた同行は、幸か不幸か、ここで戦時金融上の大役を負わされ、普通銀行の営業ぶりを凌いで、さながら金融界の花形になり上ったかの感があった。

興業銀行が軍需産業資金の融通について、かように活躍し得たのは、いうまでもなく政府および日本銀行の特別援助、というよりも、むしろ政府が同行を利用するために、日本銀行をして特別の優遇措置をとらしめたのによるものと見るべきである。資金調整法によって同行が政府の元利払保証による興業債券五億円以内を発行し得ることになった次第は、前に付記しておいたが、なにぶんにも当時の起債市場はなお警戒気分が濃厚で、「政府保証」ですらも、なお応募が楽観されないような状況にあったので、政府は金資金特別会計をして十二年〔1937〕中に三億数千万円の興行債券を引き受けさせたほか、前述のように十三年〔1938〕三月十二日から、日本銀行をして、政府保証の興業債券を抵当とする貸付およびこれを保証とする割引に優遇措置を施させ、すなわち興業債券を国債証券と同様に取り扱わせることになったのである。

これより先、日華事変の勃発した約三ヵ月後の十二年〔1937〕十月九日には、「資金前渡金払、概算払、随意契約」に関する勅令が公布と同時に施行され、政府資金の支払を速行することによって、軍需産業の活動を促進する方策を実施したが、この制度は翌十三年三月三十日「軍の需要充足のための会社法の特例に関する法律が施行されると同時に、「前払概算払」施行令も施行されて、この制度が本格的に活用されるようになったため、時には政府資金の撒布がふくそうして、銀行は手もとが潤沢に過ぎるような場合もあった。殊にその撒布された資金は比較的短期性のものに属していたから、銀行はそうした短期資金の運用に煩されるような場合もあり、それがため十六年〔1941〕の四・五月ごろにはコールの最低は無条件ものでも六厘五毛（東京）から六厘二毛半（大阪）というような安値をすらだしたほどである。

だが、かような事態はむしろ非本格的な現象でしかなかった。軍需工業の助長という最高の使命を遂行するためには、そうした一時的波瀾などは、ほとんど問題ともされないほどであった。政府は最初はひたすら興行銀行を利用して、軍需産業金融の円滑を維持しようとしていたので、十三年〔1938〕末には同行の資金源は同銀行法による興行債券五億円のほかに、前記の政府保証による五億円、合計十億円に上る債券発行限度と、払込資本金および諸準備金合計八千百余万円、総額十億八千百余万円を算していたが、そのうちの債券発行余力は約二億円を残すに過ぎなくなっていた。そこで同行としては増資を行うことになり、翌十四年〔1939〕二月の株主総会を経て、一億五千万円を増加し、資本金を二億円としたのである。

興業銀行法による同行の債券発行限度は払込資本金額の十倍となっていたから、増資の第一回払込み分（十四年〔1939〕五月に徴収）を合せて払込済額は八千七百五十万円となり、したがって同行の債券発行限度は八億七千五百万円に増加されたわけである。しかも同行に関しては前に述べたように、十四年〔1939〕四月以来四回にわたる臨時資金調整法の改正により、最後の二十年〔1945〕二月十四日公布の改正によって、政府の保証による債券の発行限度を百億円まで拡張されたのであるから、その投資力（債券発行済みの分をも合せて）は増資前にくらべると、二十年〔1945〕には十倍余に増加したわけである。こうした経過に照らしても、同行が日華事変から太平洋戦争中を通じて時局緊要産業、特に軍需産業への融資に活躍し得たのは、なんといっても「政府保証」の債券発行といううしろだてに支えられていたというよりも、むしろ政府自身の策動に利用されていたのによるものであったと見なければならない。

三　強制融資制度とその実行

臨時資金調整法の適用と興業銀行の利用とによって、時局緊要産業への融資計画は一応その体制を整えてきたようであるが、なにぶんにも戦局の拡大にともなって軍需産業を助成する必要は日に月にますます切実さを加えてきたので、十四年〔1939〕ごろになると、こうした軍需金融の円滑を保全するため、軍部および政府としてはむしろ焦燥をすら感じてきたもののようであった。すなわち資金調整法は前述のように、主として資金の不急不要な方面への流動を抑制するに止まり、軍需産業その他時局緊要産業への融資を積極的に促進するゆえんではあり得ない。また興行銀行を利用することも、軍需産業の飛躍的発展に対処するには、なおはなはだしく不満足の感を免れない。しかも興行銀行を本位とする軍需産業金融の増進は、一面においてインフレーションを招来するような傾向をもともなわずにいなかったので、政府はついに国家総動員法の発動による総合的な金融統制に乗りだしたのである。

前に述べたように国家総動員法第十一条は、これによって銀行その他の金融機関に対し、「資金の運用に関し必要なる命令をなすことを得」るという規定になっていて、施行当時の軍部および政府当局者としては速やかにその「必要なる命令」を発したかったもののようであるが、さすがに実効を確信し得なかったものか、そのまま約一ヵ年半を経過したのである。しかも戦局の拡大にともなって金融界だけでなく、経済界全般にわたる変調はだんだんと著しくなってきたので、政府はついにこの国家総動員法第十一条を発動して、十四年〔1939〕四月十日「会社利益配当および資金融通令」を施行したのに引きつづき、同年八月十九日には「配当統制令」を発動して会社の経理に関する統制を強化し、さらに翌十五年十月十九日には、これと、さきに十四年〔1939〕十月二十日から施行されていた会社職員給与臨時措置令とを合併して、会社経理統制令（十月二十日施行）および銀行等資金運用令（一部は十月二十日、他は十六年〔1941〕一月一日施行）を公布し、これで金融および産業に対する経理上の統制がいよいよ強権によって強制されることになったわけである。

会社利益配当および資金融通令の眼目とするところは、資本金二十万円以上の会社に対し、「基準配当率を超ゆる率により」利益配当をなすことを得ないように制限すると同時に、「利益配当に関する制限その他の事由により会社の経理上生ずべき余裕はこれを必要なる資産の償却または積立金の積立に充つること」を勧告または命令することとし、また興業銀行に対し「生産力拡充資金その他時局に緊要なる産業資金の供給を円滑ならしむるため（中略）資金の融通または有価証券の応募、引受もしくは買入を命ずることを得」る（したがってこの「命令により日本興業銀行が損失を受けたるときは」政府みずから「通常生ずべき損失を補償す」る）ことになったのである。つまりこれによって、配当制限によるインフレーションの予防と命令による産業資金の供給とを、相まって保全しようとするものであったと認められるのである。

だが、融資を命ずることを得る対象がひとり興業銀行だけに限られていたのでは、とうていその目的を達成し得るゆえんではないし、またその金融が「産業資金」と限定されていたのでは、いわゆる時局緊要の事業一般に適用されないといううらみもあった。というのは、経済界がこうした人為的施策によって統制を強められてくると、いっぽうに過当の恩恵を受け得るものがあるに反し、他方にはそれがために不利益をこうむるものもでてくる。だから、その命令対象を広めるとともに、融通する資金の用途についても「産業」という制限を撤廃する必要があるというので、前述の会社利益配当および資金融通令を廃止するとともに、会社経理統制令と銀行等資金運用令とを、これにかえて同時に施行したのである。

銀行等資金運用令は最初は、主務大臣が「生産力拡充資金その他時局に緊要なる資金の供給を円滑ならしむるため（中略）銀行に対し資金の融通または有価証券の応募、引受もしくは買入を命ずることを得」る旨を規定し、また前述の会社利益配当および資金融通令では「産業資金」とあったのを単に「資金」と改め、また日本興業銀行と限定していたのを一般の「銀行」に適用することになった（損失補償の規定を一般の銀行に適用することはもちろんである）。ところで本来、同令は金融機関、証券引受会社およびビルブローカーを対象として「資金の運用に関する命令（同令第一条）」を趣旨としたものであったが、命令による融資または資金運用の範囲をかように拡張することになると、単に「資金の運用」だけではなお不十分であるというので、その後十六年〔1941〕七月十六日の改正により、「資金の運用」のほかに「銀行に対する債務の引受または債務の保証」をも命じ得ることに改めたのである。

だが、当時の緊迫した金融事情においても、政府当局者がそうした命令を発するということは、必ずしも実情に即応するゆえんではないと認めたものか、同令は一般の金融機関、証券引受会社およびビルブローカーに対しては実際には適用されなかった。また融資命令を受けた興業銀行としても、十四年〔1939〕七月以降十六年〔1941〕末までに、中島飛行機株式会社に対して十五億七千七百万円を貸し付けたに止まり、十六年〔1941〕末現在のその残高は七億一千三百万円、同行の同時期における融資総残高二十七億三千五百万円中の二割六分に達しなかったという状況であった。いずれにしても、かような強制制度は、特に金融のような自然的流動性の強い経済現象を対象として、人為的にこれを規制しようとする試みが、けっきょく無力に終らざるを得ないゆえんのものを実証した失敗の経験であったとでも評するよりほかはないのである。

四　軍需手形のスタンプ制度

軍需産業に対して資金の供給を円滑ならしめるために採用された統制方法は、ついに一般の銀行その他の金融機関を対象として政府が強制的に融資を命令し得るまでに強化されたが、前に述べたように自然的流動を本質としている金融を、法令によって左右しようとする試み自体が、とうていその目的を達し得ないゆえんのものは、銀行業者などからすれば、最初からわかりきっていた一つの無理押しでしかなかった。とはいっても、日増しに切実になってゆく軍需産業の資金需要はとうていこれを放置するわけには行かないし、いっぽうでは前に述べたように、こうして不自然に左右される資金の流れは、民間の一部に購買力の増長を促し、いきおいインフレーションを招来するような矛盾の傾向をともない、市中銀行などは短期預金の増加とその運用難とをかこつものすらでてきたほどであった。

日華事変が勃発した約三ヵ月後の十二年〔1937〕十月九日、政府は前に述べたように「資金前渡金払、概算払、随意契約に関する」勅令を施行したのに引きつづき、翌十三年三月三十日「軍の需要充足のための会社法の特例に関する法律」を施行して、軍需産業への資金の支払いを促進することにつとめた。同法が施行されたのは国家総動員法が施行（十三年〔1938〕五月五日）された前のことであって、その後いくたびもの改正が加えられたが、いずれにしても「前払金」という制度は、必ずしもそれが金融界の実情に即応しないままに行われる関係上、かくて撒布された資金は時にはいたずらにインフレーションを誘致するような傾向をともない、当局者としてはよぎなく前払いの手を引き締めざるを得ないことになったり、かと思うと当業者側の要請をしりぞけるわけにもゆかなくて、再びその引き締めた手を緩めたりしたというふうに、一再ならずつまずきを演じたことがある。

この間日本銀行としては前に述べたように、十三年〔1938〕三月十二日から政府保証の興業債券を抵当とする貸付およびこれを保証とする割引に優遇措置を与えることになり、さらに同年十月十四日からは社債見返りによるスタンプ手形の再割引を開始し、さしあたり興業銀行との間にその実施に関する契約を締結してこれを実行し、翌十五日には、従前政府の保証による興業債券だけに限っていた貸付および割引上の優遇措置の適用を、政府の保証による「社債」一般に及ぼすことにしたなど、軍需産業金融に関する政府の施設を助成するための手段について、さらに尽力するところがあった。

だが、政府の期待するところは民間の一部に遊んでいる短期資金を、いかにして軍需産業の要求する比較的長期の融資に振り向けるかにあった。けっきょくこれは興業銀行を利用するよりほかはないので、それがために採られたのが前述の銀行等資金運用令に対する十六年〔1941〕七月の改正であった。すなわち命令事項として「銀行に対する債務の引受または債務の保証」を追加したことがそれであって、この改正に基づき政府は十六年〔1941〕八月二十六日に軍需手形引受制度を実施し、興業銀行に対して債務引受けの命令を発したのである。これに呼応して日本銀行は翌二十七日、興業銀行の引受けにかかる軍需手形の再割引またはこれを保証とする手形割引に優遇措置を実施することになり、かくて軍需産業金融に関する制度は新たに一段階を進めたのである。

この制度は軍需産業会社が資金調達のために手形を振りだす場合、興業銀行を支払人とし、陸海軍の関係当局者が契約代金の範囲内で規定の割合による限度以内の金額であれば、これに特定のスタンプを押す。すると、このいわゆるスタンプ手形は興業銀行に引受けを依頼することができるので、軍需会社は自己の取引銀行にその割引を依頼することもできるし、さらに銀行は日本銀行に対してその再割引を依頼することもできるのであるから、手形の流通性は著しく大きくなり、かくて軍需産業資金が金融市場から導入され得る限り、それだけ金融の順調さと常態化が保たれることになったのである。

この軍需手形引受制度によって興業銀行が引き受けた軍需手形は十六年〔1941〕末までに累計三千三十二枚、この金額三億九千九百万円に達し、そのうち同年末現在の未決済分は二千二十枚、この金額三億二千六百万円を算したということである。いずれにしても興業銀行としては、こうして政府および日本銀行の特別援助のもとに、軍需産業金融の中枢的役割を受け持つとともに、日華事変期の金融界を比較的無難に経過させるための一つの調整作用を果たし得たものといってよいのである。

五　共同融資体制の発展

共同投・融資方式の一つとしてのシンジケート団による引受制度は、国債については明治時代以来、また大正時代にはそれが大会社の社債や大都市の地方債にも適用されるようになったが、これらは戦費財源はもちろん、いずれも比較的長期の事業資金に充てられたものであり、シンジケート加盟金融機関も東京、大阪および名古屋の一流銀行または大信託会社に限られるような傾向にあった。ところがわが国の財界には、事業資金の需要をシンジケート団の投資に待つほどに有力でもなければ、またそれほど大口の資金を要求もしないという二流以下の会社で、しかも資金の需要については、きわめて切実なものが多数にのぼるのを常とする。かような事情が基調となって日華事変以来にわかに盛行してきたのが、ここにいうところの共同融資方式である。

こうした意味での共同融資方式は日華事変に入る前から実行されたものが多少はあったが、特にこの制度が発展したのは日華事変に入って以来、殊に十四年〔1939〕以降のことに属する。すでに述べたように軍需産業に対しては強制融資や軍需手形に関するスタンプ制度の方式によって資金の供給につとめるところがあったが、軍需産業のうちにも、そのほかになお資金の不足または別口の需要を告げるものもあったし、軍需関係以外の重要産業で、融資の片より、特に軍需産業第一方針にわざわいされて、金融難をよぎなくされたものも少なくなかった。ところがこれを銀行その他金融機関の側からすると、軍需産業第一方針という国策上の要請はよぎない次第であるとしても、日華事変の前途は必ずしも楽観を許さないような情勢にあるし、したがって財界の将来はなお予想の限りではない。預・貯金は大部分が短期性のものであるのに、その預・貯金の増勢もようやく鈍化してくる。しかも事業者の要求する資金の大部分は長期物に属するという不調和の対勢に処して、銀行はもちろん信託会社としても、十四年〔1939〕ごろには全般的にこの大きな矛盾に陥らざるを得なかったのである。

こうした矛盾の現象は時局に対する不安の人気とからみ合って、おのずから銀行その他金融機関側の警戒をますます深刻ならしめずにはおかなかった。しかも金融機関としてはいたずらに遊資を抱いて座視していることはできないし、事業会社側としての資金の需要は日を逐っていよいよ切実になってきたという緊迫した事情が、けっきょく、共同融資という金融機関側の協力体制によって、著しく緩和されることになったのである。十六年〔1941〕八月二十日に興業銀行を中心として有力銀行十一行により結成された時局共同融資団のごときは最も大規模なものであった。

共同融資方式は一つの、主として事業会社――一部は証券会社――に対し、二つ以上の金融機関が融資対象の業態や信用程度を共同して調査した上、融資に関する諸条件が備わっていると認めれば、一つの融資団を結成して共同融資を行うものである。もちろん需要者側としては、なるべく長期の事業資金を欲求するものが多かったから、共同融資の大部分は社債の引受けによったもののようであるが、なかには短期の運転資金として貸しつけたものもあり、さらにそうした短期の融資を後日社債に振りかえたものもあるなど、取引関係としては必ずしも一様ではなかったようであるが、とにかくこうした協力方式によって事業会社側はそれぞれ金融難を緩和されると同時に、金融機関側は相互に危険を分担し合うことができて、いわゆる戦時金融の梗塞を免れ得たことは、わが国の経済界全体にとっての幸いであったといってよい。

共同融資の実行には金融機関側で、一つの銀行または信託会社がいわば取りまとめの任に当る幹事役をつとめ、取引の対象または別口ごとに融資団を組織するもののほかに、シンジケート団を結成するものもあった。そうした幹事役となったものは、大部分は興業銀行がこれに当り、一部は普通銀行または信託会社がこれに当った。融資先のおもなものは製鉄鋼、電力、海運などのほかに、満洲の事業会社に対するものが目だっていたが、共同融資は必ずしも軍需関係だけに止まることなく、たとえば十五年〔1940〕八月六日に第一銀行ほか八銀行が紡績連合会の輸出綿布の滞貨買上げ資金を融通するためシンジケート団を組織したのなどは、その著しいものの一つであった。その他証券会社に対するものが二十数件を数えるなど、軍需関係以外への融資も少なくなかったが、それにしても、軍需関係と軍需関係以外とを明確に分類することは、ほとんど不可能に属するようなものもあったし、なかには全く不急不要と認められるものも必ずしもなくはなかったであろう。

共同融資が盛んに行われるようになったのは十四年〔1939〕以降に属するのであるが、日華事変が勃発した十二年〔1937〕から、それが太平洋戦争へ発展した十六年〔1941〕十二月までの集計をみると、共同融資の総件数は二百余件に達し、十六年〔1941〕六月末現在の融資総額は十七億二千五百万円と注されている。しかし、こうした融資のうちには政府としては必ずしもその期待に適うものとばかりは認められない場合もあったので、十四年〔1939〕二月二十二日には大蔵省から生糸、絹織物その他物資の思惑取引に対する銀行や信託会社の融資を抑制するよう、各地方長官あてに通牒を発したこともあったし、また同年九月四日には日本銀行から市中金融機関に対して、投機思惑資金の融通を抑制するように通告したこともあったが、いっぽうでは、十六年〔1941〕七月二十六日に政府は興業銀行に対して株価の安定を維持するため日本協同証券会社への融資命令を発するなど、軍需産業金融第一方針はしばしば投機思惑に介入するような、または軍需産業関係以外に対する融資と競合するような不始末をも生じ、太平洋戦争に入った十六年〔1941〕には金融界の実勢は、すでにはなはだしく安定性を欠いていたのである。

戦時金融に関する諸対策

一　銀行合同の促進

日華事変期における金融界の大勢に重大な変動をえがいたものは、銀行をはじめ、その他の金融機関を通じて、従前の自由主義的体制から、大規模な強制または自主的協力による統制への移行であったといえる。しかもこうした大規模な統制の実行は、それでなくてさえ、金融恐慌や金解禁以来、時局の影響を受けて資力や信用上の格差をますます引きはなしてきた大小多数の銀行の間に、おのずから合同の機運を高めさせてきたところへ、政府としては金融統制の必要上、銀行の合同をいっそう促進するような政策を力強く推進したという事情から、銀行の合同は戦時の金融界における全国的な著しい傾向をなしたのである。

がんらいわが国における銀行数が過去において過多であった事情、したがって歴代の政府当局者が引きつづいてその合同を促進してきた次第は、明治時代以来であるが、その後、昭和時代に入って以来、客観的事情からそれを促進した二つの大きな動機があった。いうまでもなく一つは二年〔1927〕の金融恐慌であり、いま一つは五年〔1930〕の金解禁であった。こうした意味での客観的関係以外、人為的または政策的に合同をよぎなくさせたのは、三年〔1928〕一月一日に施行された銀行法であって、これは同法によるいわゆる無資格銀行が七年〔1932〕末日限りで存続を許されなくなったからである。銀行法によって政策的に合併をよぎなくされたものはもちろん、金融恐慌や金解禁にともなう自発的な合同は主として普通銀行同士に関するもので、なかには普通銀行の貯蓄銀行を吸収合併したものもあったが、それとは別に特殊銀行であった勧業銀行が同じく各府県農工銀行を合併したいわゆる勧農合併も、また時局の影響と政府の勧奨とによって促進されたものである。殊に一部には政府側の干渉的態度に圧せられて、よぎなく聴従したものがあったことも見のがしてはならない。

まず普通銀行について見ると、銀行法が施行された三年〔1928〕一月一日現在の普通銀行数は一千二百八十三行（うち、いわゆる無資格銀行は六百十七行）を算していたのが、日華事変勃発直前の十二年〔1937〕六月には三百九十一行に減少していた。このような銀行数の減少は前に述べたように同業者相互間の自発的合意による合同のほか、弱小または不良銀行の解散や廃業などによる自然淘汰の結果と見られるものも少なくなかったのであるが、日華事変の勃発前後からその減少が著しくなったのは、十一年〔1936〕三月に成立した広田内閣が特にこれを重要な金融政策の一つとして標榜し、「一経済地域一行」を目標として強力に合同を促進したことにはじまるようである。

銀行の合同は必然に行数の減少を結果するが、行数の減少はそのこと自体が目的ではないはずである。歴代の政府当局者のうちでも、特にこの問題に熱意をもっていた高橋（是清）が在朝在野を通じて主持した銀行合同説は、帰するところは金融系統の整備をねらいとしたものであった。その理由の要点として、かれがしばしば力説したことは、銀行の乱立がおのずから事業家の「不見転《みずてん》」を許し、それがわが国の金融系統を不純ならしめる大きな禍根となっている。一流の事業家をはじめ地方の中小企業者にいたるまで、できるならば「取引一行主義」を守ることが望ましい。それにはまず不堅実な銀行を整理合同させて、それぞれの地方にそれぞれの特色を発揮し得るような地方的中枢銀行とでもいうべき銀行の実現をはかる必要があるというのであった。

だが、なにぶんにもわが国にはあまりにも多数の銀行が乱立しているので、なにはともあれ、そのうちでも不堅実な弱小銀行の整理からはじめることが急務に属するという見地から、その後、銀行の合同といえば、政府としても民間でも、ほとんど吸収合併（アブソープション）という消極的な意味で理解されがちな傾向にあった。しかるに金融恐慌、銀行法の施行、金解禁という大難局や重大問題を経て、銀行界の整理が著しく進んできたところへ、準戦時体制というような非常時的局面に入り、殊に大規模な軍備拡充のために多大の軍需産業資金を必要とするようになった関係上、銀行の資力増大と金融系統の整備とは国策上の要請として認識しなおされることになり、ついに一経済地域一行などという標榜が押し立てられたものであろうと思われる。だから一概に銀行の合同促進といっても、従前のそれは主として吸収合併という消極的な観念に依存していたのに対し、このころから以後の合同は、積極的な意味においての合同（アマルガメーション）に進展してきたものと評してよいと思う。

もちろんこれは、実際には一つの新しい傾向というよりも、むしろ一部にそうした機運が現われてきたとでも認められる程度であって、明治・大正時代からつづいてきた吸収合併、主として大銀行の小銀行併否という優勝劣敗式の現象は、なお容易にそのあとを断たないような情勢にあった。そうした情勢にあったところへ日華事変が勃発し、金融界をして、いやおうなしに戦時体制へ転向させて行った関係上、前述のように吸収合併の意味によるもののほか、積極的な合同のもくろみに成るものもできた。日華事変前の八年〔1933〕十二月九日に大阪の三十四、山口および鴻池三銀行が合同して新たに三和銀行を設立したのも、こうしたアマルガメーションの意味を多分にもっていたが、日華事変中の、十六年〔1941〕六月九日に、名古屋の愛知、名古屋および伊藤の三銀行が合同して新たに東海銀行を設立したのなどは、その比較的著しい一例であったといってよい。

かような意味での合同はその他の地方においても少なくなかったのであって、とにかく日華事変に入って以来、銀行集中の傾向は著しい足跡を示しているのである。試みに日華事変が勃発した年、十二年〔1937〕末現在の普通銀行数三百七十七行にくらべると、それが太平洋戦争へ発展した十六年〔1941〕の年末現在では百八十六行に、すなわち日華事変期の約四年半の間に百九十一行を減少したのに対し、資本金の総計では十六億二千七百余万円から十四億三千四百余万円に減少しているに過ぎない。すなわち一行当り平均資本金額では四百二十余万円から七百七十余万円に増加しているのであって、銀行集中の傾向が比較的急激であったことを察せしめるものがある。

同期間に貯蓄銀行は七十二行から六十九行に、三行を減少したに過ぎないし、また特殊銀行数には増減なく、全体としての銀行集中の傾向は主として普通銀行に関するところであったが、とにかく、かように合同が促進されてくると、一流どころの銀行は別として、二流以下の銀行としては銀行各自としての立場の保全ということが問題になってくる。すなわち東京、大阪および名古屋のシンジケート団に加盟している大銀行を除き、他の中小銀行としては、銀行界の情勢にかような変化が起ってきたがために、いきおい中小銀行全体としての団結的機運を高めてきた。かくて右のシンジケート団加盟銀行および特殊銀行を除く以外の全国の銀行が一団となり、日華事変前の十一年〔1936〕九月二十五日に創立したのが社団法人全国地方銀行協会であって、これは銀行集中傾向にともなってできた単なる一副産物と見るには、あまりに有意義な成果であったといってよい。

銀行集中の傾向に関して、いま一つ注目さるべきことは、本店銀行の減少に反して支店銀行が増加したという相反的現象である。銀行の支店または出張所の新設については、歴代の大蔵省当局者としては、できるだけそれを禁制する方針をとってきたが、日華事変に入ってからは銀行をして投資源としての預金の吸収につとめさせる必要が切実になってきたので、第一次近衛内閣はこの既定方針について重要な特例を許すことになり、東京および大阪両府下の新都市に対する大銀行の支店（ただし地方銀行の進出は認めない）および新興の工業地帯に対する地方銀行の支店などは特例的に新設を許すことになった。されば合同にともなう当然の善後処置にかかるものとを合せて、日華事変中に銀行の支店または出張所の開閉されたものを差し引きすると、けっきょく全国を通じて六十余の支店増加となり、いわゆる支店網現象がさらに一段の進展を告げたのである。

以上は一部少数の貯蓄銀行を除くほか、主として普通銀行に関することであるが、次に問題となったのは各府県農工銀行の勧業銀行への合併、いわゆる勧農合併の促進ということであった。この両種銀行の合併は、大正十年〔1921〕に原内閣の高橋蔵相のもとにその発足を見て以来、それぞれの地方事情により、農行銀行としての営業が比較的不振なものから、だんだんと勧業銀行に合併されて行って、昭和年代に入って以来は農工銀行の数はいよいよ減少してきた。十一年〔1936〕三月に広田内閣が成立したころには、残存していた農工銀行数は全国を通じて十七行に過ぎなかったが、同内閣の馬場蔵相は就任前に勧業銀行総裁として勧農合併を強く支持していた行きがかりもあって、蔵相に就任した後はいっそう熱心にその促進につとめた。

もっとも同内閣としては新たに法令などによることなく、もっぱら大蔵省当局から主として農工銀行側に対し、被合併の勧奨を試みることによって、できるだけ当事者間の合意に基づくもののように仕向け、まず同年六月に東京府農工銀行をしてその方針に追従させたのである。しかし同行のほかに当時なお残存していた十六行の農工銀行としては、そうした政府の強制的とも見られる「勧奨」に反対の方針を堅持し、同年十一月の全国農工銀行同盟大会において合併反対の決議をなした。かくて政府側のもくろみは一時予想外のつまずきを生じたが、なにぶんにも政府の方針は強硬である上に、日華事変に入って以来、時局は急転して金融界の情勢も著しく変化してきたというような事情から、翌十二年〔1937〕の春までに、十行の農工銀行と勧業銀行との間にそれぞれ合併契約が成立したのに引きつづき、翌十三年二月にさらに一行がこれに追随した。かくて明治時代に全国を通じて四十六行を算した農工銀行は、ここで愛知、神奈川、福島、茨城および岡山の五行が残存したまま太平洋戦争期に入ったが、これらの五行もまた戦時中の十九年〔1944〕九月十八日に勧業銀行に合併されたので、農工銀行はここで全部消滅したのである。

農工銀行の一部、特に最後まで残存した比較的有力な五行のごときは、かれら自身としての立場からすれば、必ずしも存続価値が認められないというわけではなかったであろうし、実際またこれらの有力な農工銀行としては独自に営業を持続し得るだけの実力と取引関係とをもっていたように認められたが、すでに述べたように農工銀行と勧業銀行との関係は、最初に期待されたような相互に長短相補って並行することよりは、むしろ営業の範囲や対象について競合するような対立関係を構成しがちであったし、でなくとも特殊の場合を除いては、事実上両者の並立は久しい前から無意味とすら認められていたほどであるから、戦時に際して全農工銀行の合併が遂行され、勧業銀行が不動産銀行として一本的立場をとるようになったことは、銀行集中傾向の一翼として必然の次第であったといわなければならない。

二　庶民、恩給および更生各金庫の創設

以上に述べたところから見ても、ほぼ推察されるように、戦時金融政策の最初の目標は、時局緊要産業というちにも、特に軍需産業への金融の保全、それがためにする融資の統制と貯蓄の増強とにおかれていた。普通および特殊銀行に関する合同促進のごときは、いわばこれがための傍系的助成策とでも見られるのであるが、いずれにしても、こうした軍需産業第一というような重点主義的金融政策を強化して行くとすれば、その反作用的結果として当然に予想されなければならない現象は、軍需関係以外における、特に中小産業の金融難ということであった。

軍需関係以外の中小産業といっても農村や鉱山関係などは、いわゆる時局緊要産業の一部類としての地

歩を占め得たし、殊に農村のごときは新規の融資を求めることが少なくてすんだ。しかるにいわゆる平時的商工業にあっては、自己の金融難と消費統制の拡大強化にともなう営業不振もしくは不可能とにわざわいされて、必然に廃業または転落をよぎなくされたものが少なくなかったのである。すなわちかれらの廃業や転落は、もちろん金融難のためばかりとはいえなかったが、廃業または転落後の身のふり方を勤労生活者となって、細ぼそとでも生計の途を得たものはとにかく、どうしても従来の職業を持続するよりほかに生きるすべをもたないもの、または国民生活を維持するために旧業を継続させなければならないという客観的必要に制約されているものに対しては、なんらかその生業を維持させるに足るだけの施設を、国みずから実行しなければならなかった。かくて戦時経済体制が高度化されるにともない、付随的対策として、まず必要になってきたのは、この種の中小企業に対する金融上の施設であり、これがために設立された新機関が庶民金庫であった。

庶民金庫は十三年〔1938〕三月三十一日に公布された庶民金庫法に基づいて同年八月一日に開業した公益法人の一つであった。「庶民」とは文字の意味からすれば、あまねく大衆を指すもののようであるが、実際には中小商工業者を融資の主たる対象とし、かたわら勤労所得者に対してもその便益を与えようとするものであった。この種の金融にあっては融資対象が担保力に欠けているか、または薄弱であるのを常とする関係上、貸出は小口のものを対人信用によることとした。資本金は最初一千万円として全額を政府の出資としたが、太平洋戦争の末期、二十年〔1945〕六月に三千万円に増資した。増資分の二千万円は全部が日本銀行の出資によるものであった。融資源の調達には、このほかに払込資本金額の十倍を限って庶民債券を発行し得るに対し、その元利払いについては一億円を限って政府みずからこれを保証するという仕組になっていた。

ところで、庶民金融機関というからには、同金庫は系統的には無尽会社や市街地信用組合と一連の関係にあるといえる。実際またこの両種の金融機関との関係を密接に維持する必要を生じてきたので、後に業務規定に改正を施し、同金庫は無尽会社または市街地信用組合の預金を受け入れ、またこの両者に対して貸付や手形の割引をも行うことを得るようになったのである。十九年〔1944〕度末現在の主要勘定を見ると、債券発行残高四千七百余万円、借入金残高三千五百余万円、預金六千八百余万円に対して小口貸付金残高は七千百余万円となっていた。

庶民金庫は前に述べたように、最初は勤労所得者に対しても金融上の便益を与えるという趣旨で発足したもののようであったが、実際にはほとんど中小商工業者の専用機関化して、かれらの間には相当に高度の利用価値が認められたようである。しかるに給与所得者のうちでも、現に勤労所得をもっているものはまだしも、いわゆる恩給生活者のごときは定額の小所得に対する物価の割高の方が先ばしって、生活難に陥るものが少なくなかったが、これらのいわゆる恩給生活者としては、生計難緩和の一策として庶民金庫を利用することは、とうてい適当ではあり得なかった。というのは、かれらのうちの少なからざる部分のものは、時局に入って以来、前述のように物価騰貴による生活難にわざわいされ、いわゆる恩給担保による債務を背負いこんでいたが、それらの債務の多くは小銀行またはそれ以外の小金融機関ないし貸金業者に頼り、しかも高利を常としていた。したがって、かれらとしては新規の金融を受けることにより一時の息をつくよりも、そうした高利債を速やかに低利に借りかえることこそ望ましいわけである。かような事情にかんがみて、こうした要求に応ずるために新設されたのが恩給金庫であった。

恩給金庫法は庶民金庫法と同日の十三年〔1938〕三月三十一日に公布され、庶民金庫に先だって同年七月から開業し、恩給または年金の受給者に対し、かれらが従前他の金融機関から恩給もしくは年金担保で受けていた高利債を、同金庫からの低利債に借りかえさせ、または恩給もしくは年金担保で新規の融通を受けさせたのである。同金庫は資本金三千万円の公益法人とし、うち五百万円を政府の出資にもとめ、これに民間からの公募による分百万円を合せた六百万円のほかは、すべて地方公共団体の出資により、払込資本金額の十五倍を限って恩給債券を発行し得ることになっていた。受恩給者の債務借換整理は十六年〔1941〕末までにほぼ完了し、その額は四千八百余万円に上り、一般受恩給者に対する貸付は三千三百余万円、その他を合せて二十年〔1945〕八月末日現在の総残高は九千二百余万円と注されている。

こうして中小商工業者と恩給生活者とに対する金融の途が開けて、いわゆる庶民金融政策は一応その形態が整えられたようであるが、なにぶんにも戦局の発展にともなう経済統制の強化は、生産消費の両面から平時的企業の存続をますます困難ならしめ、殊に「業界統制」の名において廃業または閉店をよぎなくされるものが、各都市にはんらんするという状態になってきた。こうした関係から続出した失業者に対して庶民金庫を利用させることは、もとよりその常道ではあり得ない。といって、これを放置することはあまりに重大な社会問題である。そこで十五年〔1940〕十二月に全国金融協議会（同年九月二十一日、日本銀行総裁を会長として創立）からの寄付金百万円と、これに対する国の補助金百万円とをもって財団法人国民更生金庫を設立した。だが、このような民営機関では、資本金が不十分であるばかりでなく、転・廃業をよぎなくされる全国商工業者の更生という重要な目的のために、とうてい適切な活動を営むわけには行かないので、翌十六年〔1941〕の三月五日に改めて国民更生金庫法を公布し、同金庫は同年七月二十二日に設立されたのである。

国民更生金庫は「時局の要請に応じ転業または廃業をなす商工業者などの資産および負債の整理を促進しその更生をはかることを目的とす」る公益法人であって、資本金は最初は二千万円とし、うち一千九百万円を政府みずから出資したのであるが、その後、太平洋戦争中二回の改正が施され、十八年〔1943〕六月二十五日に公布（同年七月十五日施行）の改正法に基づいて資本金を一億円まで増加し、この増加分は全部政府の出資とした。また同金庫は払込資本金額の最初は十倍を限って更生債券を発行し得ることになっていたが、これは十七年〔1942〕二月二十三日の改正法によって、その十倍が十五倍に拡張されたのである。転・廃業者に対して貸しつけた金額は十九年〔1944〕三月末日までに総計五万七千余口の五億一千四百余万円を算し、また引き受けた資産の総額は二十年〔1945〕三月末日現在で二十四億三千八百余万円に上り、その全部が処分されたのである。

三　国民貯蓄の増進

以上に述べた諸施設は相ついで金融を拡大するほうの対策に属する。前に述べたように軍需産業の発展がいきおい通貨の膨張をともなうような傾向にあるところへ、庶民金融に関する諸施設がもたらす結果もまた、多分に民間の消費を増長するような情勢に即している。十三年〔1938〕七月九日には物品販売価格取締規則が公布と同日に施行され、同月十四日からは暴利取締令が改正されて、取締りが一段と強化され、翌十四年の四月十二日には米穀配給統制法が公布されて、同月二十日から逐次に施行され、次いで同年十月十八日には価格等統制令が公布されて、翌々二十日から施行されたのに引きつづき、十五年〔1940〕七月六日には奢侈品等製造販売制限規則（いわゆる七・七禁令）が公布（翌七日施行）され、同年十月二十日には地代家賃統制令（即日施行）が、また同月二十四日には米穀管理規則が公布（同年十一月から施行）されて、米穀に対する国の管理制度が実現され、さらに十六年〔1941〕四月一日には生活必需物資統制令が公布と同日に施行され、まず東京および大阪両市に米穀の配給通帳制が実施されるというふうに、消費統制は次々と強化されたが、それはまた、かえってヤミ取引をますます悪らつならしめるとともに、ヤミ値をいよいよ高騰させ、したがっていっそう通貨の膨張を助成するゆえんともならずにはいなかったのである。

こうした消費統制と通貨膨張という反作用的傾向は日華事変に入ったころから明らかに見越されていたので、政府はこれが対策を貯蓄の奨励にもとめ、その企画および実行に当らせるため、十三年〔1938〕四月十九日に国民貯蓄奨励局を、また翌五月の六日には国民貯蓄奨励委員会を設置して、官民相互の協力により全国的に貯蓄促進の対策を進めてきたのである。もっとも貯蓄の増強は必ずしも通貨の膨張ないしインフレーションの予防だけを目的としたものではなかった。すでに述べたように財政上では事変費（戦費）調達のために、将来どれほどの公債発行を必要とするかもはかられないし、軍需産業の発展を支持するためには、できるだけその資金源を充実して行かなければならないというわけで、この場合における国民貯蓄の増強ということは戦争遂行のために最高国策の一つに供されたのである。

さきに臨時資金調整法に規定されている貯蓄、報国の両債券およびこれに関連して、戦時における貯蓄促進策のあらましを述べておいたように、政府の最初の方針は主として勧業銀行を利用することにより、貯蓄債券や報国債券を発行させ、その収入金を両種の債券を通じて五十億円までと規定していたのであるが、戦時経済の拡大にともなう通貨量の増加は躍進的に著しいものがあったし、また債券募集による貯蓄は大衆の零細な小ガネを吸収するには必ずしも適策ではないなどの事由から、政府の貯蓄奨励策はさらに一般金融機関を利用することにより、毎年の目標額を定めて全国的にその増強をはかることになったのである。

貯蓄目標、したがってその実績においても最重大な地位を占めていたものは、いうまでもなく普通および貯蓄銀行の預・貯金であったが、政府は十五年〔1940〕五月一日から長期の金銭信託に対する臨時ボーナス制を実施することを許可したり、国民貯蓄組合法を施行（十六年〔1941〕六月二十日）したり、積立郵便貯金制度（十六年〔1941〕十月一日）や定額郵便貯金制度（十六年〔1941〕十一月一日）を施行するなどによって、いわゆる小ガネの吸収につとめるところがあった。銀行および郵便貯金のほかでは信用組合、保険会社なども相当の成績を挙げ、また直接に有価証券に投資*した分も合せると、十三年〔1938〕から十六年〔1941〕までに増加した額は（括弧内は目標額）十三年〔1938〕七十三億余万円（八十億円）、十四年〔1939〕百二億余万円（百億円）、十五年〔1940〕百二十八億余万円（百二十億円）、十六年〔1941〕百六十一億余万円

（百三十億円改定百七十億円）を算し、太平洋戦争に入るまでの貯蓄増強計画は大体目標額に達したもののようであった。（*十六年〔1941〕十月三十日に野村証券会社に対して投資信託業務が許可され、翌十一月に第一回の受益証券が売り出されたのが、わが国における投資信託制度のはじまりであるが、ここにいう有価証券投資のうちには投資信託は含まれていない。）

もっともこの貯蓄増強は必ずしも円滑に推進されたわけではなかった。関係機関や民間団体の役員を動員したり、あるいは勤労生活者に対して天引式に月掛けさせたり、事実上の半強制的方法によって、末端までいやおうなしに追従させたことも少なくなかった。それが「愛国」の名において民衆を引きつけ、または強いてよぎなくさせたものもあって、決してそのすべてが国民の自発的供出によったものでなかったことは否定されない。ただし、いずれにしても、かくて、はなはだしいインフレーションを防止し得てきたことは予想外の幸いであったといってよい。

四　保証発行限度の拡張と発券に関する臨時特例

融資の統制と貯蓄の増強とに関する大規模な金融政策が相関的に推進され、幸いにして急激なインフレーションを引き起すことなしに日華事変期を経過し得たことは、さながら、わが国民経済の底力の強大さを物語った空前の実地試練のようでもあった。しかしそれは、いわば表面的な事態の推移だけを概観しての独断に過ぎない。まず、なにをおいても、気づかれることは通貨との関係である。およそ、このような金融の大操作が可能であるためには、ぜひとも通貨の大増発を必要とすることはあまりに明らかである。

これを日華事変当初以降の実績に見ても、事変勃発前の十二年〔1937〕六月末に十六億四千余万円を算していた日本銀行の兌換券は、同年末には二十三億五百余万円、十三年〔1938〕末には二十七億五千四百余万円、十四年〔1939〕末には三十六億七千九百余万円、十五年〔1940〕末以降は四十億円台、というふうに年を逐って躍進的に累増している。この間、正貨準備に関しては前に述べたように十二年〔1937〕八月に評価換えが行われて、発行余力は急増したことになってはいるが、しかも通貨の需要が先ばしって増大して行くのに対応するためには、さしあたっては保証準備の発行限度を拡張するよりほかはなかったわけである。

すでに述べたように、十二年〔1937〕八月二十五日の金準備評価法の施行、日本銀行金買入法の廃止にともなう金資金特別会計の設置という一連の新制度によって、わが国の通貨は事実上の管理通貨となったのであるから、通貨の根拠としての正貨準備の比重が軽小になったのに反して、保証準備の重要さは著しく増大したわけであるが、それにしても対外的には、やはり正貨準備制度が維持されていることを装わなければならない関係上、少なくとも名目的には、通貨の管理そのことが一時的対策に過ぎないものとして実施されたのである。かくて、日華事変がはじまった翌十三年〔1938〕の四月一日に、従前の保証準備発行限度十億円（七年〔1932〕七月一日の改正による）を十七億円に拡張したのであるが、それを「臨時拡張に関する法律」として施行したのである。しかも戦局の発展にともなう通貨需要の増大は、この程度の保証準備拡張ではとうてい通貨需要の増勢に即応し得るゆえんではなかったので、一年後の十四年〔1939〕四月一日さらに「臨時拡張」に関する法律を施行して、前述の十七億円を二十二億円に改めたのである。

この再度の改正によって実行された保証準備発行限度の拡張は、もちろんおのおのその当時の金融・通貨事情を基準とし、かつ前途に対する予想と照らし合せ、特に戦費公債の発行と軍需産業への融資、わけても社債の発行情勢に重きをおいて、将来の通貨所要量を推計したものであろうが、とにかく、こうして通貨所要量があてどなく増大して行くのに、正貨準備は評価換えによる増価にかかわらず、あまりに過少で、また名目的なものでしかないとすれば、正貨準備と保証準備との発行額を区分することは、もはや無意味に属するといわなければならない。そこで、十六年〔1941〕三月一日には「兌換銀行券条例の臨時特例に関する法律」を公布して翌四月の一日から施行したのである。

この臨時特例によって正貨準備発行と保証準備発行との区別は廃止されるとともに、「大蔵大臣の定むる金額を限り兌換銀行券を発行することを得」ることになったから、日本銀行としては発券準備としてではなくて、「発行高に対し保証として同額の金銀貨、地金銀、政府発行の公債証書、大蔵省証券その他確実なる証券または商業手形を保有することを要す」ることになったのであるが、この場合に、もし日本銀行が大蔵大臣の定める金額を超えて発行するとすれば、同行はその超過分に対し「大蔵大臣の定むる割合をもって発行税を納」めなければならない。ただし「その割合は年三分を下ることを得」ないというのである。すなわち従前の「準備」制度に代えて「保証」制度が行われることになったわけであるが、「保証」の実体は従前の「準備」と同様であり、また従前のいわゆる制限外発行が超過発行となったわけである。「保証」の内容が従前の正貨も公私の証券または商業手形もまったく無差別に同格と認められるところに、この改正の眼目があったといってよいのである。いずれにしても、この改正はもっぱら対外払いの増加にともなう正貨準備の激減に対処するための非常の便法であって、かく正貨準備の減少した事情については後節で改めて述べることとする。

この法律によって発行限度は最初十六年〔1941〕四月一日に四十七億円と定められたが、太平洋戦争に入って、翌十七年〔1942〕四月一日にその四十七億円が六十億円に改められた。（この間に日本銀行法が施行された次第は後述にゆずることとする。）なおこの法律の施行にともない、同年三月三日には朝鮮銀行法および台湾銀行法の臨時特例に関する法律が公布され、翌四月の一日から施行された。すなわち両銀行ともにその支払準備と保証準備との区別が廃止されたのであって、いうまでもなくこれは日本銀行の発券制度に関する臨時特例にならったものである。かように日本銀行をはじめ朝鮮および台湾両銀行の発券制度に関する特例は、すべて「臨時」ということになっていたが、そうした立法上の予定が実際にどのような結果に終ったかは、ここではあえて付説することを要しない。（*朝鮮および台湾の両銀行に関する発券規定については、この間日本銀行のそれに追随して、十四年〔1939〕五月一日から保証発行限度の臨時拡張に関する法律が施行された。すなわち前者は一億円から一億六千万円に、また後者は五千万円から八千万円に改められたのであって、日本銀行と同様に、いずれも管理通貨制度となっていた事情はすでに述べたような次第である。）

国民経済の孤立と逆転

本章の第一節から前節までに述べたところは、「戦時」のうちでも「北支事件」の勃発から、局面が太平洋戦争へ発展するまでの「日華事変」期における金融事情の推移である。というよりも、金融事情から見た日本史のひとこまとして納得されんことが望ましい。ところがその日華事変期の金融事情として以上に述べたところは、主として国内に関する範囲内に止まっている。金融事情を中心として見ただけでも、わが国としては、それが政治的にも経済的にも社会的にもまったく前例のないこの大異変に際して、その間に国際金融関係はどうなっていたか。殊に問題とされなければならないのは、この間における国際収支の経過いかんということであるが、これは、もはや国内の金融事情だけでなく、むしろ国内の金融事情にかかわらず、内外の政治経済事情一般により多く関連し、貿易ならびに貿易外の諸取引や為替相場のごときも、金融関係以外の事情によって、いっそう切実に止揚されるような傾向をすらたどっていたのであるから、その要項だけでも抽出して、この間の因果関係を明らかにしておくことを要する。

というのは前節で述べたところからしても推察されるように、通貨の大膨張にともなって招来されたかもしれないインフレーションの傾向を、金融や消費の統制によって防止し、でなければ、おそらく破局に陥ったであろう国民経済の混乱を、引きつづき回避し得てきたことは、それ自体としては一応成功であったといえよう。しかしまた戦前の十二年〔1937〕六月末に日本銀行および朝鮮、台湾両銀行を通じての銀行券、小額紙幣および補助貨幣を合せ、二十二億三千五百余万円を数えるに過ぎなかった通貨流通高が、十六年〔1941〕末には七十八億二千六百余万円に、すなわち四ヵ年半の間に三倍以上に膨張したのは、主としておびただしい軍需品の増産にかかり、国民生活のために利用されたところは、ほとんどなかったにもかかわらず、国民経済自体が比較的安定を保ち得てきたことは、なんらかそこに非常軌的な特殊の事由があったからにほかならない。いうまでもなくそれは内外経済関係の常道が阻止され、国内経済が世界経済から遊離していたのによるものであって、いいかえれば当時のわが経済界は国内的関係だけで、膨張した通貨を媒体とすることにより、海外とは絶縁的に空まわりをつづけていたものと見てよいわけである。

されば通貨の膨張も物価の騰貴も、そのこと自体がただちに貿易や為替相場、したがって国際収支の対勢を左右する動機とはならないばかりか、後に述べるようにわが国の軍票が海外でいたずらに投機の目的に供されるというような状態ですらあった。要するにわが国のこの間における国際収支勘定は主として貿易、わけても輸入貿易の増減によって消長したのであるが、その国際収支は前述のように国内の通貨・金融事情とは隔離的に異動していたことを注意しておかなければならないという意味である。

一　日華事変期における内外の政治経済事情

日華事変が勃発した当初の内外における、または内外にわたる政治経済事情については、大体十二・三の両年〔1937-38〕における主要な事件や経過を挙げて、すでに概説しておいた。ところが、このころからわが国では政治上にはもちろん経済的にも社会的にも軍部の支配的勢力が圧倒的に強くなって、内閣の交迭すらも、まったくその理由が明らかにされないままに行われたという事情にあった。だが、いずれにしても政治または政治的支配による経済事情が秘密化されるほど、諸国の対日関係が不円滑になり、または悪化してきたことは争われない。それが必然に貿易および為替相場、したがって、国際決済をますます不利に陥らしめたことは避けられない傾向であった。

まず国家総動員法施行（十三年〔1938〕五月五日）後の政治事情から見ると、第一次近衛内閣は十三年

［1938］十月二十五日に日本軍が漢口を占領したのを機として、翌十一月七日に「北支開発株式会社」および「中支振興株式会社」を設立させたのにつづいて、同年十二月十六日には「興亜院」を設置し、六日後の同月二十二日に「東亜新秩序」に関する声明書を発表して、翌十四年［1939］の一月五日に、当時わが政界における「右翼の中心人物」と呼ばれていた平沼（騏一郎）の内閣と交迭したのである。

平沼内閣は成立直後の一月十日に「輸出特殊リンク制」を実施して、多少でも輸出入貿易の逆調緩和に資しようとつとめたが、わが国の政治が右傾し、わが軍の対華進攻が発展して行くほど、諸国というちにも特にアメリカ合衆国側では、わが国の軍備拡充について警戒をきびしくし、十四年［1939］二月にはアルミニウムの対日輸出を禁止したのに引きつづき、同年七月二十七日には同国政府は六ヶ月の予告期間を条件として日米通商条約の廃棄方を通告してきたのである。

日米通商条約廃棄の通告を受けた翌二十八日平沼内閣は総辞職して、翌八月の三十日に阿部（信行）内閣が成立した。阿部首相は陸軍大将で就任前は朝鮮総督の任にあったが、そのことよりも同内閣の成立はもっぱら陸軍部の支持に基づくものであって、軍部政治の力強い象徴と見られたし、実際またこれを契機として軍部政治がいよいよ本格的に進出してきたかの感じがあった。そうしたおりから十四年（一九三九年）九月一日に第二次ヨーロッパ戦争が勃発し、翌々三日にイギリスはドイツに対して宣戦を布告するとともに為替管理令を施行した。わが国は翌四日ヨーロッパ戦争に不介入の声明を発したいっぽう、アメリカ合衆国はその翌五日に中立法を発動して中立を宣言した。またわが国は従前ポンドを基準として為替相場をたてていたのを、ドル基準に転向することとなり、十月二十五日から建値《たてね》二十三ドル十六分の七で新協定を結んだのである。

阿部内閣は翌十五年〔1940〕の一月十六日に米内（海軍大将光政）内閣と更迭した。このころから陸海両軍部の対立がようやく深刻の度を増してきたようである。いっぽう中国ではその翌々三月の三十日に中華民国維新政府および臨時政府がともに解消して、王精衛の南京政府が樹立されたのに対し、わが政府は即日この新政府を支援する旨の声明を発した。これはいわば予定の筋書を実行しただけのものであって、わが国側というよりも、実際にはわが軍部の日華事変に関するスケジュールがここで一段落をつけたわけである。かくて米内内閣は同年七月二十二日に第二次近衛内閣と交迭し、ここで再び文民内閣の出現を見たのであるが、同内閣はさきの第一次近衛内閣とは著しくその性格を異にし、むしろ軍人内閣以上に軍部政治の色彩を強めてきたようであった。

第二次近衛内閣は就任直後の十五年〔1940〕八月一日「基本国策要綱」を発表したのについで、翌九月の二十二日には日仏軍事協定（インドシナへの進軍に関して）を締結し、五日後の同月二十七日には日独伊三国同盟を締結して、いわゆる枢軸体制をたてたのである。すると、その翌十月の十六日にはアメリカ合衆国は屑鉄鋼の対日輸出を禁止して、わが国の軍備拡充を妨げるような態度をますます強化したのである。このような情勢に際しては、国内的にはぜひとも挙国一致の体制を確保するよりほかはないというので、同内閣はかねての意図に基づき、官民一致の形態をとって同年十月十二日に大政翼賛会なる新結社を結成し、やがて政友会、民政党の旧二大政党をはじめ、すべての既成党派を解消させて翼賛政党という御用党一本に集結させたのである。

かような意味でのいわゆる挙国一致体制を実現した上で、同年十一月五日には「日満華経済建設要綱」を発表したのに引きつづき、翌十一月の三十日には「日満華共同宣言」を発表すると同時に「日華基本条約」を締結し、これで「東亜新秩序」なるものの骨組だけは成立したわけである。こうした政治的工作にともなって、経済的には同年十二月十九日に中央儲備《ちょび》銀行法を公布し、同行は翌十六年[1941]の一月六日に南京で開業したいっぽう、十五年[1940]十二月二十四日には、わが国の正金銀行とジャバ銀行との間に「日蘭印金融協定」が成立したのに引きつづいて、蘭印との間に政治的・経済的交渉を進めてきたが、十六年[1941]六月十八日にいたって彼我の主張が一致しないままに、交渉を打ち切ることに決定したのである。

そうしたおりから十六年（一九四一年）六月二十二日ドイツがソ連と開戦したのを転機として、ヨーロッパの戦局は急に拡大したが、わが国はこれに先立って同年四月十三日に「日ソ中立条約」を締結していたし、さきに十四年[1939]五月に起ったノモンハン事件後における彼我の関係は比較的安静を保ち得ていた関係もあって、わが国としては独ソ開戦を中立的立場で静観していたのである。ところが独ソ開戦によって戦局が飛躍的に発展してきたのにかんがみ、イギリスおよびアメリカ合衆国の両国はおのおのその立場を保全するため、同年七月十四日に共同して大西洋憲章を発表した。その四日後の十八日には第二次近衛内閣は総辞職の形式をとって第三次近衛内閣の成立を見たが、これは政変というよりも、むしろ軍部支配のいっそうの強化を意味するものでしかなかったし、外国側でもそうした印象をより切実に受けたもののようであった。かくて七月四日には正金銀行とインドシナ銀行との間に日・仏印銀行協定が成立したいっぽう、同月二十六日にはアメリカ合衆国、イギリス、カナダおよびオランダの四国は、いっせいに各自国における日本の資産を凍結し、さながら対敵関係に類する態度を明らかにしてきたところへ、翌八月の四日にはわが軍は南部のフランス領インドシナに進駐し、戦局はいよいよ拡大してきたおりから、同年十月十六日第三次近衛内閣は総辞職して翌々十八日に東条（陸軍大将英機）内閣と交迭したのである。

二　国際収支の破綻

日華事変期における内外の政治経済事情がかように目まぐるしいほどの変化をえがき、しかも内外の局面が変転して行くにともない、わが国の対外関係はますます悪化して、第三次近衛内閣の当時からいよいよそれが険悪になってきた経過を見ても、そこに太平洋戦争というわが国空前の危機がはらまれていたことは、あとからではあるが、思いなかばに過ぎるものがある。すでに述べたようにアメリカ合衆国のわが国に対する輸出禁止や、同国のほかイギリス、カナダおよびオランダ三国の日本資産凍結は、わが国自身の世界経済圏からの孤立を意味するものであらねばならない。国内における統制の強圧と日満華一体の体制とによる「東亜新秩序」をもってしても、それだけで、どうして世界の大国群を相手に戦争を遂行することができようか。そうした逆転情勢はすでに日華事変期における国際経済関係の破綻的逆調が、明らかにその行きづまりを物語っていたではないか。

前に述べた金準備の評価換えが行われた翌十三年〔1938〕の七月二十三日に外国為替基金が設定されたのに引きつづき、同月二十九日には日本銀行に市中銀行の余裕外貨を集中して、同行に為替市場統制権を付与することに政府の方針が決定し、翌八月一日に日本銀行と正金銀行および諸為替銀行との間に、外国為替の日本銀行集中ならびに為替基金運用手続に関する契約が成立して、同月十一日からこれを実行したのである。ところが、いっぽうこれを日本銀行の発券事情に見ると、これより先、同年六月末日現在の正貨準備発行高八億百余万円は、翌七月末日には五億百余万円に、すなわち三億円を減額されたまま十六年〔1941〕三月まで同額を持続してきた。この間十五年〔1940〕十月十日には金買上規則を施行して、民間の金を強制的に買上げたこともあったが、正貨準備の充実のためにはほとんど問題とするにも足らなかった。そして、その翌十六年の四月から正貨準備の発行と保証準備の発行との区別が廃止されたという経過にある。

この発券制度の改正についてはすでに述べたが、いずれにしても、この間における正貨準備発行高が金準備の評価換えによって名目的なものとなり、わが国の通貨は明らかに管理通貨となっていたばかりでなく、その名目的な数字の発表すら無意味になり、または発表すべからざるほどに減少していたことは、正貨準備と保証準備との区別を廃止するよりほかはなくなったゆえんであって、こうした事情から見ても、わが国の対外支払が日華事変期中に早くもいかに困難に陥っていたかがうかがえるのである。

日華事変の勃発した十二年〔1937〕以後における受払勘定が大体年ごとに支払超過を増加しているのは、主として輸入貿易と貿易外支払との増加によるものであって、それが毎年国民所得額の最低一分二厘から最高一割を国外へ支払わなければならないという振合いになっている。とすれば国内だけでの銀行勘定などが、いかに順調を示していたとしても、それは金融が実際に潤沢になったゆえんでもなければ、またわが国の経済力が本質的に発展したことを意味するものでもない。否、かえって国民経済がそれだけ逆転しつつあったことを反映した赤信号ですらあったとみなしてよい。金融統制の計画が一見したところ成功のように見えて、実は国力が年ごとに低下していたことは、この事実から見てもあまりに明らかであったといわなければならない。

太平洋戦争と金融界

金融政策の基本的方針と戦時金融金庫

戦時体制が太平洋戦争の開始を転機として第二段階へ進展したことは、いきおい金融情勢や金融政策上にも相当の変化を生ぜしめずにはおかなかった。わけても政府当局者や金融関係業者、特に銀行業者としては、戦争意識の飛躍的高揚にともなって新局面に対処すべき基本的方針に関し、おのずから心がまえの刷新を避けられなかったであろうと察せられる。だが、戦時体制の一環としての金融政策や金融のあり方に関する綱領は、すでに日華事変前から同事変期を通じてだんだんと実現され、前に述べたように、その根幹をなすものは大体日華事変期中に組み立てられていたのであるから、太平洋戦争に入って以来、基本的施設として新たに実現されたものは旧日本銀行条例改め日本銀行法の制定、戦時金融金庫の開設、「大東亜圏」内諸国の政府またはそれらの中枢銀行に対する借款もしくは信用の供与、南方および外資両金庫の設立などに関する数件に止まり、その他の重要事件といえば主として業界の統制に関する動きであった

＊省略節〔史的観察の根拠〕

といってよい。

政府はアメリカ合衆国およびイギリスに対する宣戦布告と同日、すなわち十六年〔1941〕十二月八日に後述の「戦時非常金融対策要綱」を決定し、戦時に対処すべき方針を確認したが、この要綱は太平洋戦争に入る前の同年七月十一日に発表した「財政金融基本方策要綱」中の主として金融政策に関する部分を、いわば再確認したようなものであって、実質的には金融統制の高度化が目標とされていたのである。もっとも、そのいわゆる基本方策はすでに述べたように戦費公債の消化、軍需産業への融資の保全および国民貯蓄の増強という三者を、殊にこの三者が相互に矛盾のおそれを多分にもっているのを、できるだけ調整し、または調和したいという趣旨にほかならないのであるから、それは日華事変期中に引きつづいて実行され、また強化されてきた実践要領を取りまとめたものに過ぎなかったといえる。だが、戦局がかように拡大したにもかかわらず、金融事情は必ずしもこれに即応して行かないし、国際経済関係の逆調にともなう国力の低下は、とうてい安心してはいられないまでに悪化してきた、というような悲観的状態に当面したことと て、政府は情勢の変化に対応し得るように、その「金融対策」の実行を年別計画式によることとし、十七年〔1942〕度以降、毎年度の資金「綜合計画」または「動員計画」を改定して終戦時まで続行したのである。

こうした基本的方針に基づいて同年十二月二十七日には「為替相場公定措置要綱」を決定し、翌十七年〔1942〕一月一日からこれを実施したのに次いで、同月八日には「大東亜戦争国庫債券」の第一回分を発行し（その後終戦の二十年〔1945〕までに、割引および特別国庫債券を含め総額六百二十四億六千万円を発行した)、越えて十七年〔1942〕三月一日には南方開発金庫法および戦時金融金庫法が施行されたのである。

金融に関する基本的対策はこうして次から次へと補足的に実現されてきたが、およそいわゆる総力戦を遂行するためには、なお特殊の方法を講じてでも、緊急の目的を充たすに必要な施設が残されていた。そのうちでも金融上の対策として問題になってきたのは、「戦時に際し生産拡充および産業再編成などのため必要なる資金にして他の金融機関などより供給を受くること困難なるものを供給し併せて有価証券の市価安定を図る」ことであった。すなわち「生産拡充」とか「産業再編成」などと積極的な称呼を並べたてはいるものの、なかには個々の銀行その他の金融機関から資金の供給を受けがたいような事情にあったものも少なくなかったほか、有価証券の市価安定を図るための融資などは、一般の銀行をはじめその他の金融機関単独ではとうていこれに応じ得られるものではない。

そこで政府は十七年〔1942〕二月十九日に戦時金融金庫法を公布して翌三月の一日からこれを施行し、同金庫はその翌四月の十八日に設立されたのである。この金庫は特殊法人であって、資本金三億円のうち政府が二億円を出資し、払込資本金額の十倍(後に二十年〔1945〕二月十五日の改正によって三十倍に拡張)を限って戦時金融債券を発行することができるという大規模なものであった。しかも同金庫の業務目的の一つが「市価安定のためにする有価証券の売買および保有」にあった関係上、さきに十五年〔1940〕十二月三十一日に創立された「日本共同証券株式会社は(中略)戦時金融金庫に吸収せらるることを得」るものとし、最初からその統合を予定していたのである。

同金庫への民間出資の大部分は帝国(後に述べる)、三菱、三和、安田、住友の五大銀行のほか、興業銀行と日本証券取引所とによって分担され、またその貸出は兵器関係のほかでは水力電気、造船、石油その他の燃料、軽金属に関する諸事業や、工場疎開資金、災害復旧資金などを主たる目的とし、融資先は五百数十社に及び、終戦後の二十年〔1945〕九月末現在、貸出残高が三十六億八千三百余万円を算していたところから見ても、同金庫が戦時金融機関として相当に重要な役割を演じたことが察せられるのである。もっとも融資目的または用途のすべてが本当に兵器または軍需に関する必要なものばかりであったか否かは多分に疑いをのこしているのであって、見方によっては「戦時」に名をかりた便乗者をも含めての一般金融を拡大したものという批判もあったが、とにかくこれは戦争のためという掛け声が高調されるいっぽうで、ますます金融が行きづまってきた事実を反映した政策的象徴であったと認められるのである。

日本銀行制度の改革

一　改革の意義と由来

日本銀行法の制定は沿革的には明治十五年〔1882〕六月二十七日に公布された太政官布告第三十二号日本銀行条例の改正法である。実質的に組織の改革そのことを重点として見れば改組といってもよいが、改革の内容は組織に関する事項ばかりでなく、性格、業務、権限などの改正についても幾多の重要なものがあるので、あまねくそれらの改正点を含めていうには、むしろ制度の改革と見るべきであろう。こうした意味での日本銀行法が公布されたのは太平洋戦争がはじまった翌十七年〔1942〕の二月二十四日であって、一部は翌三月の二十日から、他は同年五月一日から施行され、最初は本文四十八条、付則三十条から成っていたが、終戦後本文に一ヵ条の削除と、本文に九条および付則に十五条の追加が行われたので、現在では通計百一ヵ条を数えている。

日本銀行法が太平洋戦争期の間に施行されたという時期の点だけから見ると、当然にそれは戦時施設の一つに属するもののようであるし、実際また戦争が改革実現の一大動機となったことも否定されないところであるが、しかし日本銀行の制度に関する改正ということは、遠くは明治時代以来、特に重要なものだけを数えても、大正時代の末期以来、官民間を通じて数件の有力な意見や主張が提起されていた。すなわちこの改革は「戦時」や「準戦時」に入るに先立ち、むしろ「平時」における国策の一つとして解決しておかなければならなかった問題であることが認められるのである。

いわゆる時局に入る以前から、日本銀行の制度に関し特に民間側で重視されていた主要な点は、同行の業務についての監督権が政府当局者の手中に握られているがために、従前同行の金融政策に関する重要な施設について、同行の自主性を否定するばかりか、金融政策そのものがおうおう政略的に濫用されたり、はなはだしいのは政党または政党関係筋の不当な営利手段に供されるような場合すらないとも限らなかったので、なんとかこれを改善しなくてはならないということ、いま一つは同行の業務が従前は商業手形の割引という商業金融の中枢機関としての役割に限らるべきであったにもかかわらず、法的には否認しなければならないはずの社債、株券や不動産をすら「見返品」の名において担保に徴し、長期の事業資金や整理資金の融通を公然と行っていたのであるから、——その是非いかんは後述に譲ることとする——このあいまいな点を明確にしなければならないという二つの要件にかかっていたと認められる。

銀行券の発行制度に関する改革は、事後観としては、これもまた戦争に関係なく、そのこと自体が客観的情勢にともなって必要になってきたもののように思われるが、直接の動機からすれば明らかに戦時体制または戦争経済の一環として実現されたものであるから、単にこれを「平時」的問題としての部類に一括してしまうわけには行かない。いずれにしても発券制度に関する改革は、わが通貨の性質の変化を法的に確定したということよりも、むしろそれがためにわが国民経済のありかたを改変させた一大シンボルであったという点に、いっそう重要な意味があったことを見のがしてはならない。

日本銀行制度の改革については、これらのほかにもなおいろいろの重要な点があるし、またそれらの重要な問題のうちには戦後の改正によって実現されたものもあるが、ここでは取りあえず戦時中に行われた改革の要点について概説した上、その後における改正についても引きくるめてここに述べることとする。

二　性格および資本構成

旧日本銀行条例（以下単に旧条例と称する）では、同行は商法制定前に設立された関係上、法人としての性格が明示されていなかったが、「株主」の負担する「株金」によって資本金とする「有限責任」者であるというのであったから、後に制定された商法の規定から遡及的に類推すると、株式会社たる特殊法人と認めるよりほかはなかったのである。また旧条例では同行の使命とするところのものが何であるかも明示されていなかったので、わずかにその業務規定によって同行自身の在り方を想定するに止まらざるを得なかったのである。しかるに日本銀行法（以下単に新法と称する）においては、「日本銀行は国家経済総力の適切なる発揮を図るため国家の政策に即し通貨の調節、金融の調整および信用制度の保持育成に任ずるをもって目的とす」る「法人」であることを明らかにし、殊に同行は「専ら国家目的の達成を使命として運営せらる」べきものであることが規定されているところから見ても、同行はたしかに営利法人ではなくて、国家的公共機関に属するものといわなければならない。

かように日本銀行は「国家目的の達成を使命として運営せらる」べきものである以上、当然に「通貨および金融に関する国の事務を取扱うもの」とされる。「通貨および金融に関する国の事務」は公法的関係のものと私的取引関係と認められるものとの二通りに区別して観察される。前に述べた臨時資金調整法、金資金特別会計法に規定されているような事務は前者に属するに対して、国債の発行および償還とか国庫金の取扱いなどに関する事務などは、後者のうちでも特に重要なものである。しかもこれらの国の「事務取扱に要する経費」を同行の負担とすることに明定されたのは、同行の使命に照らして当然の次第であるといわなければならない。

ところで、日本銀行がこのように公的性格を法定されて、さながら国の機関と異ならないまでに非私人化されるとすると、一体その資本金の出資をどうするかが問題とならざるを得ない。旧条例による同行の資本金六千万円は全額が民間出資（新法施行当時の払込済額は四千五百万円）であった代りに、「株主とならんとするものは大蔵卿の許可を受」けなければならなかったが、新法においては資本金を一億円とし、いわゆる政府優越主義に基づいて、このうちの五千五百万円を政府が出資することになり、*資本構成においては官民共出制度をとっているのである。（*この政府による出資分は戦後の二十三年〔1948〕四月二日に全額の払込みが行われた。)

するど、こうして新たに生れ出る日本銀行と旧条例による日本銀行との法的関係いかんが問題となる。ところが、この点については新法はその付則において、旧条例による日本銀行は、そのまま新法による「日本銀行と為る」ものとすることになったから、同行はいわば自身でその性格や資本構成を、自動的に変化したものとみなしてよいわけである。

三　政策委員会の新設

この制度は戦後の二十四年〔1949〕六月三日の改正法によって追加されたものであるから、順序としては次章のうちで述べるべきであるが、この制度は同行に対する主務大臣の監督権に関して、久しい以前から論議されていた案件でもあるし、実際また同行自身の機能に関する重要な問題でもあるから、便宜上ここで説述することとした次第である。

日本銀行の使命とするところのものが、前に述べたように「国家の政策に即し通貨の調節、金融の調整および信用制度の保持育成に任ずる」ことにある以上、主務大臣が同行の業務について監督権を行使するのは、概念的見解としては当然の制約であるように認められる。しかし前に述べたように、こうした国策的使命を達成するためには、同行の役員だけで重要な案件を決定することは、必ずしも完全を期するゆえんとは認められない場合がある。殊に旧条例では同行は「総裁一人副総裁一人理事四人(後に改正して五人)をもって綜理する」ことになっていたから、いわゆる合議制であったのを、新法においては「業務一般を執行す」るものは総裁一人だけで、最初は、いわば独裁制に改められたわけであったから、重要な国策的業務に関する案件が、場合によっては総裁と監督当局者たる主務大臣とだけで決定され、執行されることがないとも限らなかった。それでは同行の機能を適当に発揮させる上に完全を期しがたいといううらみがあるばかりでなく、政府または政党などの利害関係から同行の機能を濫用し得る場合もないとは限らないので、こうした積極的ならびに消極的両方面の意味から、政策委員会という新制度が実現されたものと見てよいと思う。

政策委員会は同行の「業務の運営、中央銀行としての（中略）機能および他の金融機関との契約関係に関する基本的なる通貨信用の調節その他の金融政策を国民経済の要請に適合する如く作成し指示しまたは監督することを任務とす」るものであるから、同委員会は同行自身の最高の議決機関であって、総裁は同委員の一人であると同時に、「政策委員会の定むる方策に従いその業務一般を執行す」る責任者でもある。したがって同行を代表する立場にあることはいうまでもない。

政策委員会がつかさどる事項としては十項目が列挙されていて、割引歩合や貸付利子歩合の決定および変更、すなわち同行の公定歩合または俗にいうところの日銀金利の決定および変更はもちろん、これとならんで通貨の調節や金融の調整に最も切実な一手段に供される手形や証券の売買、すなわち公開市場操作に関する事項の如きも当然にそのうちに含まれている。この項目は「国内金融機関、外国銀行、商社、法人または個人との間において（中略）日本銀行の売買する電信為替、銀行引受手形、為替手形および有価証券につき行う公開市場操作における種類、条件および価額ならびに開始および停止の時期の決定および変更」というのであって、「有価証券」のうちでも最主要なものは公債証書であろうが、とにかく売買の目的物がかく広範囲にわたっていることに注意を要するものがある。

ところで政策委員会は同行の意思決定に関する最高機関であると同時に金融政策の「監督者」でもあるとすると、たとえ同委員会自身は同行内の一機関でしかないとはいえ、その「監督」の任務と主務大臣の監督権とは、どういう関係にあるべきかが問題とならざるを得ない。主務大臣が同行を「監督す」る権限はもとより全般にわたるものと見られるが、その「主務大臣は（中略）特に必要ありと認むるときは」同行に対し「必要なる業務の施行を命じ（中略）その他必要なる事項を命ずることを得」るのであるから、このような規定から見ると、政策委員会のつかさどる業務はすべて主務大臣の監督または命令権のもとにおかれることになるもののようである。とすると、政策委員会を設置した本来の趣旨はまったく失われてしまうことになる。そこでこの矛盾を調和するために、前に述べた金利の「決定および変更」および「公開市場操作」に関する決定や変更に関する主務大臣の認可制度はこれを廃止するとともに、改正制度においては、そうした「金融政策上の権限を日本銀行に委譲した*」ことに改められたのである。（*大蔵省銀行局、「金融関係法」（1）一八頁。）

政策委員たることの資格は、もとより同行の性格および使命に即して規定される。すなわちそれは（一）日本銀行総裁、（二）大蔵省を代表するもの一人、（三）経済審議庁を代表するもの一人、（四）金融業に関し優れたる経験と識見を有するもの二人、うち一人は地方銀行に関し経験と識見を有するものとし他の一人は大都市銀行に関し経験と識見を有するものとす、（五）商業および工業に関し優れたる経験と識見を有するもの一人、(六)農業に関し優れたる経験と識見を有するもの一人で、合計七人で構成される。ただし大蔵省および経済審議庁(二十七年〔1952〕以前は経済安定本部)から任命されるいわゆる官庁代表は他の委員と同格の委員ではあるが、同委員会における議決権はもたない。したがって同委員会としての意思は形式的には日本銀行総裁のほか、金融、商工業および農業それぞれの代表者、合計五人で決定されるわけである。このうちで、いわゆる業界代表は必ずしも現役の当業者であることを要しないが、その任命は、すべて衆議院および参議院の同意を得て内閣がこれを任命することになっている。

こうした改革によって、旧条例では日本銀行は総裁、副総裁および五人の理事によって「綜理」されていたのが、新法によって副総裁および理事は、「政策委員会の定むる方策に従いその業務一般を執行す」るところの総裁に従属する関係に立たざるを得ない。これは議決および執行に関する最高権限が役員会から政策委員会に移されたものと解されるからであるが、とすれば副総裁および理事が最高意思決定権を有しないということが問題とならざるを得ないわけである。しかしまた日本銀行そのものが、純公共機関として「国家経済総力の適切なる発揮を図るため」「専ら国家目的の達成を使命と」するものであるとすれば、こうして「優れたる経験と識見を有する」各界代表をして「国民経済の要請に適合する如く」運営させるほうが、より切実有効でもあり、また公正を期し得るゆえんでもあると思われるし、また同行理事会の意見は総裁によって代表されるものと見られないこともない。

四　銀行券の発行

日本銀行の職能のうち最重要な一つが銀行券の発行であることはいうまでもない。旧制度では、銀行券の発行は日本銀行条例とは別に、兌換銀行券条例という独立法の規定によることになっていた。そして旧条例では「日本銀行は兌換銀行券を発行するの権を有す」とあって、それが一つの権限に属する旨を明示していたが、新法においては単に「日本銀行は銀行券を発行す」と規定しただけで、発券ということが同行の権限に属するという意味は示されていない。これは最初に述べた同行の性格および使命に照らし、同行が「通貨の調節、金融の調整および信用制度の保持育成に任ずるをもって目的とす」るものである以上、銀行券の発行ということは、単にこれを権利として規定するだけでなく、当然に義務として実行しなければならない場合もあろう。だから特に権利とか義務とかいう意味には触れないで、単に「発行」という機能観念だけに即して改正されたものと認められる。

次に「兌換銀行券」を単に「銀行券」と称するだけに改めた事情は、すでに前章中で述べたように「兌換」の意味は、厳密には、日本銀行金買入法の廃止および金資金特別会計の設置以来、それ自体が否定されていたところへ、「兌換銀行券条例の臨時特例に関する法律」によって、わが国の通貨はそれ以来「兌換」という名目にかかわらず、実際には管理通貨に変質していたのであるから、このことは、むしろ既成の事実に即応させるための改正であったといってよい。新制度では、こうした意味で改正された銀行券に関する規定を、すべて日本銀行法中に網羅するとともに、旧兌換銀行券条例は当然に廃止されたのである。

銀行券の発行高を増減する基本的要件は、「兌換」制度のもとでは正貨が基準となり、人為的にこれを伸縮し得る余地は比較的に少なかった。それが管理通貨に化したとすると、まったくまたは主として人為的にこれを決定するよりほかはないわけであるから、銀行券の発行限度は主務大臣（大蔵大臣）が「通貨発行審議会の議決に基づき閣議を経て」これを定め、かつ公示することになったのである。もちろんこれには制限外発行の規定が設けられている。「十五日を超えて発行限度を超ゆる（中略）発行を継続したる場合においては十六日以後の」その分に対して「発行税」を課するというのであるが、もっともこの発行税については、新法施行当初は不課税制度をとっていたのを、戦後の二十二年〔1947〕五月三日施行の改正法により、二十三年〔1948〕一月から最低税率年一分五厘と定められたのである。

銀行券の発行については、兌換銀行券条例の廃止にともなって「発行高に対し同額の金銀貨および全地金を置き引換準備に充」てるという規定は必要でなくなった。これは前章中で述べたように兌換銀行券条例の臨時特例に関する法律によって、それ以来、事実上廃止されたと同様になっていたが、新法において、いっそうこのことを明確ならしめたのである。すなわち「日本銀行は銀行券発行高に対し同額の保証を保有することを要す」るものとし、保証の種類を列挙している。その列挙してある保証は「各号の一に該当するもの」であればよいことになっている。

一　商業手形、銀行引受手形その他の手形

二　第二十条第二号（手形、国債その他の有価証券、地金銀または商品を担保とする貸付金）または第二十二条第一項（担保を徴しないで為した政府に対する貸付）の規定による貸付金

三　国債

四　第二十条第五号（商業手形、銀行引受手形その他の手形、国債その他の債券）のその他の債券
五　外国為替
六　地金銀（金銀貨を含む）
もっともこれらの保証物件については、それぞれに条件がつけられている。まず第一・二・五号の「手形、貸付金および外国為替は三月以内に満期の到来するもの」でなければならないというのであって、これは元来銀行券の保証という性質上、なるべく保証そのものの流動性の高いことが望ましいからである。これらの項目のうち第一号ないし第四号については主務大臣が「各別に保証に充つることを得る金額の限度を定」めることになっているのであるが、第五号および第六号に関してはそうした条件がつけられていない。これは外国為替や地金銀はそれ自体が実質的な正貨準備に相当するものとみなされるから、その額の多いことは問題とされないのに対し、他の保証物件は一種類または一部の種類だけが多過ぎるとか、またはかたよって多いとかいうことになると、発券の保証として不適当であるような場合もないとは限らないからである。

なお銀行券の発行限度は前に述べたように主務大臣が「通貨発行審議会の議決に基き閣議を経て」これを定めるほか、「銀行券の種類および様式は主務大臣これを定む」ることになっているし、また銀行券の発行限度については、それが定められたならば、主務大臣が一定の方式によってこれを公告しなければならないのである。

五　業務の内容に関する改正

日本銀行の営む業務は公私、内外にわたって、旧条例に規定されているところよりも大幅に拡張された。もっとも拡張された条項または事項の大部分は旧条例の下にあっても、法文の解釈を引きのばして規定外に逸脱したり、または規定外の業務を営むことが、なかには常習的にすら行われていたほどであるから、それらの条項や事項の多くは、同行の業務として新規のものを新たに実行させるという意味での業務の拡張に属するのではなくて、むしろ既往の実績を肯定するため、あとからこれを法文化したものと評してもよいのである。

旧条例によると日本銀行の行う業務は、(一) 政府発行の手形、為換手形その他商業手形などの割引をなしまたは買入をなすこと、(二) 地金銀の売買をなすこと、(三) 金銀貨または地金銀を抵当として貸金をなすこと、(四) かねて取引約定ある諸会社銀行または商人のために手形金の取立てをなすこと、(五) 諸預り勘定をなしまたは金銀貨、貴金属ならびに証券類の保護預りをなすこと、(六) 公債証書、政府発行の手形その他政府の保証にかかる各種の証券を抵当として当座勘定または定期貸しをなすことのほか、国庫金の取扱いに従事することや、兌換銀行券を発行すること、公債証書を買い入れまたはこれを売り払うことを得る旨が規定されていただけで、別に禁止事項といわれていた条項が四ヵ条あった。(一) は不動産および銀行または会社の株券を抵当とする貸付け、(二) は日本銀行の株券に対してなす貸金または同行の株券の買戻し、(三) は諸工業会社の株主たるはもちろん直接間接を問わず工業に関係すること、(四) は本支店出張所を開設するため必要なるもののほか、いっさい他の不動産の所有主たることがそれであった。

日本銀行の業務に関する新法の規定は、原則的に同行本来の業務と認められるもの七項目のほかに、いわば特殊的業務とみなされる数ヵ条にわたっている。前述のように項目別だけを見ても、旧条例のそれに比して相当の拡張が行われたようであるが、そうした条項別の数の多少よりも、それぞれの条項に規定されている内容の異動に、より重要な問題が含まれていることを見のがしてはならない。まずその列挙されている項目を見ると次のとおりである。

一　商業手形、銀行引受手形その他の手形の割引
二　手形、国債その他の有価証券、地金銀または商品を担保とする貸付
三　預り金
四　内国為替
五　商業手形、銀行引受手形その他の手形、国債その他の債券の売買
六　地金銀の売買
七　手形の取立、保護預りその他前各号の業務に付随する業務

日本銀行の本来的な業務のうちでも最も主要なものが商業手形の割引であることは、旧条例の場合におけると同様である。旧条約においては特に「政府発行の手形」を割引の目的として筆頭に掲げているのに対し、新法にはそれがない。しかしこれは現在ではおそらくその必要がないからであろう。実際またその必要があるとしても、「その他の手形」のうちに包括されているものとみなしてよかろう。とすると、この項目における手形は商業手形のほかでは、主としていわゆる貿易手形、すなわち輸出前貸と輸入決済とに

関する手形であろうと認められる。

旧条例では、「貸金」は「金銀貨あるいは地金銀を抵当」とするものに限られていたが、新法においては地金銀はいうに及ばず、「手形、国債その他の有価証券」や「商品を担保とする貸付」も公然と行われ得ることになった。というのは旧条例のもとにあっても、国債はもちろん、「その他の有価証券」たとえば社債や株券、また商品を担保とするもの、場合によっては、不動産を担保とするものにでも、すべて「見返品」という名称のもとに貸し付けられていたのであるから、つまり、旧条例では非公式であったものが新法で公定されたと見てよいわけである。いずれにしても、この規定によって禁止条項の一つとなっていた株券抵当の貸金や社債券担保の貸付が公然と行われ得るようになったことは、同行が民間に対し主として、またはもっぱら商業金融の機関であるように規定され、またできるだけ商業金融の中枢機関であらしめようとしてきたその在り方を改め、工・農・漁業の各手形や商品（倉庫証券付）手形をも担保にとることによって、いわゆる産業金融または事業金融の中枢的機関ともなったものと認められる。

通貨の調節、金融の調整という日本銀行の職能を遂行する上に、この貸付に関する規定とならんで重要なものは第五項のいわゆる公開市場操作に関する規定である。旧条例においても「公債証書を買入れまたはこれを売払うこと」は、「大蔵大臣の許可を受」けて実行することができるように規定されていたが、新法においては「国債その他の債券」のほか「商業手形、銀行引受手形その他の手形」をも売買の目的物に供することができるのであるから、公開市場操作による金融調整の機能はそれだけ拡大されるわけであるが、もっとも現在では同行が売り出し得るような証券を保有しているのは、ほとんど国債だけであろうから、実際問題としては旧条例によるのと異ならないようである。しかしそうした公開市場操作の意味における国債証券の売買が、前に述べたように大蔵大臣の許可なしに、日本銀行自身すなわち政策委員会の議決によって行われ得るように改められたことは、重要な問題点の一つであるといわなければならない。

六　対政府および国際金融関係の業務

これらの本来的業務に関する規定のほか、同行が政府との間に結ぶ特殊の関係または両者間に生ずることあるべき債権債務関係を規定したものに重要な二ヵ条がある。その一つは同行は「政府に対し担保を徴せずして貸付をなすことを得」るばかりでなく、「国債の応募または引受をなすことを得」るのであって、これは旧条例のうちには規定されていなかったことであるが、実際には「担保を徴せずして」貸上金をなすことは、政府からすれば借入金なる名称をもって時おり行われていたことであるし、「国債の応募または引受をなすこと」も古くから、殊に七年〔1932〕以来、国債の発行はすべて一応日本銀行に引き受けさせることになっていたのであるから、これも既往の実績を明文化したに過ぎないものといえるのである。ここにいうところの国債は普通の国債のほか、大蔵省証券、食糧証券、外国為替証券のごときも含まれるものと解されるが、但し国債にしてもまた政府の借入金にしても、現在では財政法の規定によって、「すべて日本銀行にこれを引き受けさせ、又（中略）日本銀行からこれを借り入れてはならない」ことになっている。「但し、特別の事由がある場合において、国会の議決を経た金額の範囲内」だけでならば、「この限りでない」というのであるから、政府に対する貸付にしても国債の応募または引受にしても、その金額は財政法の規定によって許される範囲内に止まらざるを得ないわけである。

国庫金の取扱いについては旧条例では「政府の都合により日本銀行をして国庫金の取扱に従事せしむべし」と定められてあったのを、新法では「日本銀行は法令の定むるところにより国庫金の取扱をなすべし」と改められ、国庫金の取扱いが同行の固定的業務の一つとして法定されたのである。

次に外国為替業務および国際金融に関して新法に新たに規定された重要な条項がある。前者に関しては「日本銀行は必要ありと認むるときは外国為替の売買をなすことを得」るというのであるが、この「必要ありと認むる」か否かは、一つに同行が中央銀行としての立場から判断すべきことであって、同行自身がいわゆる為替銀行と同様の立場で為替の売買をなすという意味ではなかろうと思われる。殊にわが国の国際収支の実情からすれば、同行は場合によっては民間側の要望にそむいてでも、政府の財政経済政策に即応し、またはそれを助成するような方策をとらなければならないこともあろうと解される。

国際金融に関する業務としては、「日本銀行は国際金融取引上必要ありと認むるときは主務大臣の認可を受け外国金融機関に対し出資をなしもしくは資金を融通しまたは外国金融機関と為替決済に関する取引をなすことを得」るというのであって、前記の為替に関する条項では単に「必要ありと認むるとき」とだけ規定されているのに対し、この条項では特に「国際金融取引上必要ありと認むるとき」と条件づけられている。また前者の規定は日本銀行自身の独断的実行を許すものであるに対し、後者の場合は「主務大臣の認可」という制約が課されているという点で異なるものがある。これは前者が単なる「外国為替の売買」だけを目的行為とするものであるに対し、後者にあっては外国金融機関に対する出資とか、資金の融通とか、為替決済に関する取引とか、はるかに重大なものである関係上、「主務大臣の認可」を条件とするのは、むしろ当然の次第であると思う。

ところで、同行がこの種の業務を必要とするのは、戦時中の、むしろ非常施設としての必要に属していたもののようであって、平時においては比較的その必要が少なかろうと想像される。平時的または平時における実例としては、たとえば世界銀行のような国際金融機関に対して出資するとか、南方のいわゆる未開発国に対して借款を供与するとかいうような場合がそれであろうと思われるが、いずれにしても同行が国家的使命をもった公共機関としての性格を規定された以上は、これも当然の役割に属するといえよう。

七　特殊業務と民間金融機関に対する協力の命令

以上に説述した諸規定によって中央銀行としての日本銀行の使命、性格、機能、業務などは旧条例におけるとは著しく異なってきたばかりでなく、これらの点に関する在りかたも、はっきりと示されたことが認められる。またこの改正がすべて時勢の推移に即応しようとする趣旨に依存していることも全般的に肯定され得る。しかも同法は同行の使命に関する新規定の趣旨を実現する上に、特に既往の事実に顧みて、将来に支障なからしめることを期すると同時に、業務に関するいわゆる禁止条項と民間金融機関の同行に対する協力の命令規定とを新設して、同行の活動を保全するための保障に供しつつ、同法全体を通じての総括的なまとめをつけている。

同行の使命に関する新規定として特に注目されるのは「信用制度の保持育成」ということである。このいわゆる信用制度は国民経済全体を通じての経済的・社会的秩序の根拠を意味するものと解しなければならない。またそれは消極的には保持であり積極的には育成であると思われるが、従来の実績に顧みると、信用制度に関する同行の活動が切実に発揚されたのは積極的な育成よりも、むしろ消極的な保持を目的とした場合が多かったのであって、特に二年〔1927〕春の金融恐慌の場合などがそれであった。これはさきに述べたように、金融恐慌の拡大はついに信用制度を全般的に破壊するおそれなしとも限らなかったので、同行は「平時においてはなさざることも行いて資金融通の便宜をはか」ったというような異常の対策というよりも違法をあえてしたほどであるが、しかもまた国民一般としては、そうした違法行為をむしろ当然の処置と認めていたほどであるから、このように同行が「主務大臣の認可を受け信用制度の保持育成のため必要なる業務を行うことを得」るという規定は、実際には既往の事実に照らして、それを適法ならしめるように立法したものと見られる節も多分にあるといえる。

業務に関する禁止条項については前に述べたように、旧条例ではそれが条項別に列挙されていたが、新法においては総括的に、同行は「本法に規定せざる業務を行うことを得ず」と規定された。ただし同行の「目的達成上必要ある場合において主務大臣の認可を受けたるときはこの限りにあらず」というのであって、これは前に述べたような非常の場合などには「本法に規定せざる業務を行うこと」もできるという意味に解されるが、しかしまた、たとえ「主務大臣の認可を受け」たからとて、実際にそれが同行の「目的達成上必要」なものとばかりは断定されない場合もないとは限らない。けっきょくこれは同行の使命とするところに照らして判断するよりほかはなかろうと思われる。

最後に「主務大臣は日本銀行の目的達成上必要ありと認むるときは銀行その他の金融機関に対し日本銀行の業務に協力せしむるため必要なる命令をなすことを得」るという規定に注意を要するものがある。この規定の直接の対象とされているものは「銀行その他の金融機関」であるが、眼目とするところは国家的公共機関としての日本銀行制度そのものの保全にあることはいうまでもない。ところで、この協力ということは同行のいわゆる取引銀行その他の金融機関との間に、従来行われてきたところであって、たとえば同行の「銀行検査」のごときは、「取引」を行うについての一条件として契約関係により、すでに久しく実行してきたことであるが、単に「銀行その他の金融機関」とだけでは、「取引」関係をもたないものをも含むのか否か、その点がはっきりとしない。同行と取引関係をもたない銀行その他の金融機関は、あえてこの規定の対象とするを要しないようでもあるが、しかしまた同行がすでに国家的公共機関として公共の目的を有するものである以上、これに対する「協力」は「取引関係」の有無にかかわらないものと解するのが至当であると思う。

(日本銀行法が制定されると同時に、同行に関しまたは同行に関係をもっていた諸法律、すなわち日本銀行条例および兌換銀行券条例はもちろん、日本銀行納付金法、兌換銀行券条例の臨時特例に関する法律——正貨準備の発行と保証準備の発行との区別を廃止し、主務大臣によって最高発行限度を定めるという制度の採用——および金準備評価法はすべて廃止された。)

国際金融に関する諸施設

一　対外借款の供与

日本銀行法の制定はすでに述べたように、同行自身としての、特に主として国内的事情に基づく理由から、同行に関する制度の根本的改革を必要としたからでもあるが、同時にまたそれは戦局の拡大にともなう軍事行動の前進、それに追随して対外的に発展して行く政治的・経済的関係の延長に、その支柱となるべき金融関係の保全が、より急務とされるような情勢にあって、それがため、日本銀行をしてそうした方面への業務に活動させることがますます必要になってきたのにもよるものである。かような業務のうちでも特に切実な必要は対外借款の供与であって、日本銀行法第二十四条として新たに設けられた規定の適用によるものである。

十七年〔1942〕五月一日に日本銀行法による新日本銀行が出現した翌二日に、日泰《タイ》両国間の国際支払を円とバーツと等価で取引する協定が成立したのに引きつづき、翌六月の十八日には同行は泰《タイ》国の大蔵省に対する二億円の借款供与に関する協定に調印したのに次いで、翌七月の二十八日には中央儲備銀行に対する一億円の借款供与に関する契約に調印し、翌十八年〔1943〕の五月八日には蒙疆銀行に対する一億円の信用供与に関する契約に調印、また同年十月二日にはフィリピン政府に対する二億円の信用供与に関する取極《き》めにそれぞれ調印した。越えて十九年〔1944〕八月二十五日には、さらに中央儲備銀行に対する四億円の、また翌九月の十三日には中国連合準備銀行に対する二億円の、いずれも信用供与に関する取極《き》めに調印を了し、その翌十月十一日には再びフィリピン政府に対する二億円の信用供与に関する契約に調印したのである。

これより先、満洲事変後の八年〔1933〕十一月九日に公布と同時に施行された満洲銀行法によって、新たに設立された満洲銀行は、十年〔1935〕十二月六日に朝鮮銀行との間に「国幣統一」に関する業務協定に調印した後、満洲においては、翌十一年の九月二十二日に関東州における同様に鈔票《しょうひょう》（横浜正金銀行券）の発行禁止に関する勅令が公布され、翌十月一日から施行された。そうした特殊事情にあったので、日本銀行（旧条例による）は日華事変期中の十五年〔1940〕八月七日に満洲中央銀行に対して一億円の借款供与に関する契約を締結したが、その後、日本銀行法が制定されたのに引きつづき、十七年〔1942〕十月二十六日に新満洲中央銀行法が公布されて、金融関係においても「日満一体化」の方針が実現されていた関係上、太平洋戦争期に入って以来のわが国と同国との金融関係はさながら一連の関係をたもっていたのである。

太平洋戦争期に入って以来、国際決済に関して特別の関係を結んだものは、前に述べた十七年〔1942〕五月二日にわが国と泰国《タイ》との間に国際支払を円で決済する取極《き》めが成立したのに引きつづき、翌十八年の十一月十八日には正金銀行と蒙疆銀行との間に「特別円」勘定が開設されることによって、これらの地域との金融関係はそれだけ円滑に維持されることになったわけである。

二　南方開発金庫

これより先、日本銀行法による新日本銀行が出現する直前の十七年〔1942〕三月一日に南方開発金庫法が施行され、同金庫は同月三十日に設立された。

南方開発金庫法によると、同金庫は「南方地域における資源の開発および利用に必要なる資金を供給しあわせて通貨および金融の調整を図るを目的とす」る法人であって、資本金一億円は政府の出資とし、「払込出資金額の十倍を限り債券を発行することを得」る。しかも政府は同金庫がその融資または投資によって受けた損失を補償する契約をなすことを得るほか、同金庫に対し臨時軍事費特別会計に属する勘定として貸付をなすことを得るというのであるから、同金庫はいわゆる戦時金融機関のうちでも最前衛の役割をもっていたもののようである。すなわちその業務とするところのものは、「資源の開発および利用のため必要なる融資または投資をなすの外」、預り金、地金銀の売買、通貨の交換、為替の売買ならびにこれらの「業務に付帯する業務を行う」だけでなく、主務大臣の認可を受けて同金庫の「目的達成上必要なる業務を行うことを得」ることになっていたのである。けだし戦局の拡大にともなう軍事行動の発展が、外地における投・融資に必要な国際金融上の操作を、このような金融機関の活動に待つこと切実なものがあったであろう事情は想像するにかたくないのである。

ところで、一体その「南方地域」とは地理的に、または国別にどこを指しているのか、同法にはそれが示されていないし、また「資源の開発および利用」とは具体的にはなにを意味するのかも明らかにされていない。軍事行動に追随してそれらの外地における「資源の開発および利用」に関する事業などを営もうとするものは、内地人のうちにはおそらく少なかろうから、けっきょくこれらの事業は軍事行動の一環としてか、または軍事行動の付帯的もしくは補助的手段としてか、いずれにしても資金供給の主たる対象は軍の関する事業であろうと認められていた。

試みに十六年〔1941〕十一月二十日の大本営・政府連絡会議で定められた「南方占領地行政実施要領」によると、将来攻略すべき「南方地域」の総面積は約三百万平方キロメートル、在住人口一億二千万を算し、そのいわゆる軍政実施の担任区分は次のように決定されたということである。ただしフランス領インドシナおよび泰国《タイ》には軍政を施行しないことになっていたのである。

陸軍側を主とする担当地域　香港、フィリピン、イギリス領マライ、スマトラ、ジャワ、イギリス領ボルネオ。

海軍側を主とする担当地域　オランダ領ボルネオ、セレベス、モルッカ群島、小スンダ列島、ニューギニア、ビスマルク諸島、グァム島。

この軍政実施の予定地域と南方開発金庫法にいうところの「南方地域」とは、どのように共通するところがあるのか、また同法の「南方地域」のうちにはフランス領インドシナや泰国《タイ》は含まれていないのか否かも明らかにされていなかったが、同金庫が貸出しまたは供給した資金は主としてわが国の政府を対象としたもののようであった。殊にその資金源の大部分はそれぞれの現地で発行した南方開発金庫券の収入金であって、最初の十八年〔1943〕から終戦の二十年〔1945〕までに、政府が同金庫から借り入れた総額は百十一億円と注されている。要するに南方開発金庫が軍費の調達支弁に相当重要な役割を演じたことは推察するにかたくないし、国際間における「通貨および金融の調整」に役立ったこともわかるが、しかしまたこのような戦費財政のやりくりが、いかに戦局の窮迫を反映したものであったかも注意しておかなければならない。

三　外資金庫

戦時の対外金融機関として記録にのこさなければならないいま一つの、むしろより重要なものは外資金庫である。外資金庫は二十年〔1945〕二月十一日に施行された外資金庫法により、同月十四日に設立され、翌三月の一日から開業した戦費の調達および支弁のための特殊金融機関であった。この金庫は前に述べた南方開発金庫と目的上共通するところがあったし、また南方開発金庫をして業務の一部を取り扱わせたという関係にもあったが、外資金庫法の制定および同金庫の設立時期からして推察されるように、同金庫の設立は金融関係においても、わが国側の戦争態勢がいよいよ行きづまって、資力が欠乏してきた窮状に対処するため、しゃにむに施設された最後的非常手段に属していたかの感があった。

外資金庫は「大東亜戦争に際し国家の政策に即し在外資金の調達運用をなすことを目的とす」る資本金五千万円の法人であって、この五千万円は全額を政府が出資することになっていたが、もっとも設立当初に資本金額の五分の一に相当する一千万円の出資があっただけで、同金庫は終戦後まもなく解散された。

業務としては、(一) 主務大臣の定むる貸付および預り金、(二) 主務大臣の定むる価格調整に関する業務、(三) これらの業務に付帯する業務の外に、主務大臣の認可を受けて同金庫の目的達成上必要なる業務を行うことを得るのであって、政府は同金庫に対しその業務によって受けた損失を補償することになっていた。南方開発金庫法ではその「融資または投資によりて受けたる損失」だけを政府が補償するの「契約をなすことを得」るものと規定されていたのに対し、外資金庫に対しては最初からいっさいの業務によって受けた損失を政府が「補償す」ることに法定されていた。しかしまた南方開発金庫は「払込出資金額の十倍を限り債券を発行することを得」たのに対して、外資金庫はそうした債券発行の権を与えられていなかったなど、両金庫の業務や特権には相当に重要な相違点があった。

両金庫の業務や特権に関するこうした相違点の一つは、外資金庫の貸付または「価格調整に関する業務」が、すべて政府のための、特に臨時軍事費を調達支弁することを目的としていたからであるといえる。「貸付」はいうまでもなく臨時軍事費特別会計に対してなされたものであるが、「価格調整」とは「価格調整」なる名目のもとに、同会計の所要資金の不足分を同金庫みずから肩代りしたことを指すものであって、どちらもその損失は政府自身が背負ったのであるから、政府は「契約」によることなく、最初からこれを「補償す」ることを決定していたわけであろう。

この価格調整ということは、戦局の拡大にともなって外地で支払いを要する軍事費が年ごとに増加して行くところへ、外地における物価は激騰して、戦前の数十・数百倍から千倍以上にも達するという状態であって、臨時軍事費特別会計は予想外の大膨張を避けられなくなったのに対処するため、非常手段として実行された特別の経理方式であった。というのは、出先の諸国または諸地方との間に国際通貨協定を結んで、強いて円価を維持することはできても、物価騰貴のために、よぎなくされる軍事費の膨張をおさえることはできないからである。すなわち国内では十八年〔1943〕三月四日に「大東亜戦争に関する臨時軍事費支弁のための公債発行および借入金に関する法律」が公布と同時に施行され、以来、その公債発行または借入金の最高限度を特定せず、臨時軍事費特別会計の歳出予算額から同会計の普通歳入額を控除した金額をもってその最高限度とすることになってはいたが、国内における公債の発行または借入金（日本銀行の引受または同行からの）にもおのずから限度があるし、また政府としては臨時軍事費会計の膨張という好ましからぬ傾向を、内外に対してできるだけ内輪に見せかけておきたかったのであろう。そこで外地における軍事費の支払いは一定の交換率による外貨をもってし、軍事費会計としてはそのうちの一小部分だけを支出したことによそおい、不足分は同会計とは無関係の形式で外資金庫自身の計算により、それを肩代りするという仕組にこしらえ上げたのである。

ところが前に述べたように、この金庫は債券発行の特権をもたない。南方開発金庫は債券を発行するにも、もっぱらいわゆる現地募債方針をとり、それぞれの外国または地域で財源を調達することにより、臨時軍事費特別会計の要求する資金の一部を供給したのであるが、外資金庫が設立されたころには、もはや現地募債に頼り得るほどの応募余力が残されていなかったし、戦略上の見地からしても、この上の現地募債はなるべくこれを避けたく思われたなどの事情から、政府としては同金庫に関する限り、最初から非募債方針をとり、所要の運用資金はもっぱら借入金によってこれを調達するもくろみでいたもののようである。しかし実際には当てもなく増加して行く軍事費の資金を、その上その上と貸し付けてくれるような融資機関は普通には存在しない。そこで外資金庫は正金銀行、朝鮮銀行および南方開発金庫のほか、間接的には中国連合準備銀行、中央儲備銀行、満洲中央銀行その他インドシナや泰国《タイ》の銀行との間にいわゆる預合い勘定を開き、これらの諸銀行および南方開発金庫から借り入れた資金を、一部は臨時軍事費特別会計に貸し付け、他の大部分は現地で軍または政府機関の需要する主として物件的経費の不足分に充てることにしていた。それが業務規定にいうところの「価格調整」であった。

このように臨時軍事費特別会計に貸し付けた分以外の、主として物件費の不足を補うために外資金庫が肩代りした資金は臨時軍事費特別会計には計上されないで、同金庫自身でその損失を背負いこむことになっていたのである。政府としては終戦後おそらく国庫でこれを補償するつもりでいたからこそ、前述のようにその「損失を補償す」と法定したのであろうが、実際には戦後にいたって戦時補償打切りの処分を断行することになったので、同金庫の損失も補償されないことになったのである。終戦直後の二十年〔1945〕九月末に閉鎖機関整理委員会でまとめた同金庫の損益概算によると、このいわゆる価格調整のためだけに国庫に納めた金額は総計五千二百二十八億三百万円に上り、これに対して外地で受け入れた寄付金または納付金は、軍需物資納入組合から提供した煙草専売差益の寄付金、日・中両国間の貿易差益の徴収、内地で政府が買い入れた金製品の外地における売却益金などであって、終戦直後におけるその総額は五千二十六億三千五百万円を算し、同金庫の損失金の大部分はこれによって補塡された勘定になっているのである。

預け合い勘定がどのようになっていたかはわからないが、いずれにしてもこれらの金融機関相互間における貸付、借入または預け入は、いわばからくりの形式勘定に過ぎなかったのであって、要するに外資金庫の効能は臨時軍事費特別会計の膨張を、見せかけだけ内輪に取りつくろうこと以外には、これぞというほどのものはなく、その意味で同金庫もまた戦時財政機関の一つとして意義づけられるべきものであったといわなければならない。

戦時の非常対策

一　金融界の大勢と金利の異動

十六年〔1941〕十二月八日に太平洋戦争がはじまって第二年目の十七年〔1942〕は、従来の日華事変が一応安定期にはいっていたその惰性の関係からか、戦局の急激な拡大に当面して深刻な不安をいだきながらも、春季中は官民ともに比較的冷静のうちに推移していた。四月十七日にアメリカ軍の偵察機数機がはじめて本土上空に侵入し、東京市および周辺を脅やかしたのが動機となって、国民一般の戦争意識もようやく覚醒されてきたような感があった。しかし日華事変以来、年を逐って強化されてきた消費統制と、軍需関係以外のいわゆる平和的産業に対する整理廃合の促進とは、相まって民間一般の生産活動をますます拘束してきたがために、金融界としても、銀行をはじめ、その他の金融機関は一般に預金の累増歩調とともに貸出の増勢も著しいものがあったが、投・融資の大部分は軍需産業を対象とするものであって、平和産業への金融は一般に低調をつづけていたのである。

試みに全国銀行の預金および貸出高の年別勘定を対照すると、太平洋戦争開始の十六年〔1941〕末と終戦の二十年〔1945〕八月末とでは、預金は三百七十八億百余万円から一千百十九億四千三百余万円に、すなわち三倍弱に増加しているに対し、貸出は二百十六億五千余万円から七百五十一億六千六百余万円に、すなわち三倍七分弱と先ばしっているのである。しかも貸出以外の、または貸出の形式によらない多額の事業資金が軍需関係のために放出されていることは、さきに述べたような次第であって、太平洋戦争中を通じての金融界が収支の両面にわたり、一般に規則的な動きを示していたのは、要するに預・貯金の吸収と軍需資金の供給との持合い関係を、いやおうなしに持続するよりほかはなかったからであった。

かような傾向は日華事変期を通じてだんだんと常習化してきた戦時金融としての当然の在りかたであったと認められるし、したがって太平洋戦争期に入ってからでも、特に大体十七年〔1942〕の上半期ごろまでは、そのような自然的情勢がさながら規則的に持続されていたもののようであった。日華事変期から太平洋戦争の初期にいたる金利の推移を見ても、東京では普通商業手形の最高が十三年〔1938〕の春以来一銭五厘、大阪では紡績手形の最高が十二年〔1937〕の秋以来一銭二厘のいずれも釘づけとなっていたのに対し、コールは日華事変期に入って以来、東京で最高が八厘から一銭一厘、大阪では七厘五毛から一銭一厘の間を往来していたという状態であった。もちろん全国的に融資の内容を目的別に見れば、金利の異動は相当まちまちになっていたであろうが、いずれにしても金融の主流における金利がほとんど一本調子を持続していたのは、いうまでもなく軍需産業を重点とする基本方針のもとに資金の調整を強制されていたからであって、殊に東京、大阪の市中銀行などは、好むと好まざるとにかかわらず、かような軌道を辿るよりほかはなかったのである。

そうした情勢にあったところへ、十七年〔1942〕四月十七日、後に述べる金融統制団体令が公布と同時に施行され、同年七月二日同令に基づいて施行された全国金融統制会統制規程（大蔵省告示）により、同「会長（日本銀行総裁）必要ありと認むるときは会員たる金融業を営むものに対し預金利率」および「貸出利率（中略）などに関し必要なる事項を指示することあるべし」という規定が実施されることになり、預金および貸出の利率に関する統制に法的保障が設けられたので、その後における金利水準は戦時中を通じてほとんど一貫的に推移したのである。ただし預金について全国金融統制会が十八年〔1943〕十二月十一日に加盟各銀行における当座預金の利息を廃止することに決定し、翌十九年の四月一日から六大都市の銀行だけで実行したほかには、その四月一日から郵便貯金利子が一厘二毛方引下げられて年二分六厘四毛と改定されたなど、多少の波瀾があった。こうした低金利施策はもちろん投・融資または金融業者としての採算を多少でも有利化するほうに役立つわけであったが、金融の大勢にはほとんど影響を及ぼすところはなかったもののようである。

二　金融統制の強化

金融界はかように日華事変期において、すでにますます統制への方向に進み、太平洋戦争期に入ったころには金融そのものが客観的にも戦時的軌道に乗らざるを得ないような大勢に向っていたのであるから、政府や軍部の期待する「金融の調整」は、このような統制方式が持続されれば、ほぼその目的を達し得るもののようであるが、なにぶんにも戦局はますます重大になってゆくとともに、国債の続発と軍需産業の拡張とは当てどなく資金の需要を増して行くにもかかわらず、銀行その他の金融機関は必ずしも政府や軍部の要求通りに金融上の注文に応じてくれるとは限らない。だから政府や軍部としては銀行をはじめ一般の金融機関を対象として、さらに高度の統制を強行し、公私の資金供給源を保全することが望ましかったのである。

ところが、およそ金融に関する統制はそのこと自体が産業に対するように実行が容易ではない上に、伝統的な自由主義理念に執着している有力な銀行業者などは、できるだけはサウンド・バンキングの方式を堅持して行こうとするから、政府や軍部と民間の金融業者との間におのずから呼吸の合わない場合ができてきたことはよぎない次第であった。そうした情勢を見越してか、すでに前章のうちに付説しておいたように、金融界では日華事変期中の十五年〔1940〕九月二十一日に日本銀行総裁を会長として全国金融協議会を創立し、金融機関というよりも金融業者の全国的な連絡機関を組織していたのであるが、この機関は名称の通り一つの協議体、それもまったく民間業者だけでの自主的協議体にほかならなかったのであって、日本銀行総裁（当時は結城）を会長に立てていたとはいえ、主導権は東西のうちでも、特に東京側の一流銀行業者ににぎられていたかの感があった。だから民間業者側としては政府および軍の要望するところを察して、いわゆる先手を打つために、こうした協調連絡機関を設立し、全国の金融機関が一体的に行動方針を協調するもののように見せかけながら、実際には政府や軍の要求に対抗するための防壁に供していたのではないかとすら怪しまれていたほどであった。

全国金融協議会が設立された翌十六年〔1941〕三月二十四日には、この協議会への加入を目的として産業組合中央金庫および産業組合を一団とする全国組合金融協議会が組織されたほか、同月三十一日には日本協同証券会社が設立された。この会社は前に述べたように、政府が株式市価の安定をはかるため、同年七月二十六日に興業銀行をして同社に対し強制融資を行わしめたものである。かように協調または共同の機運はようやく高まってきたけれども、政府や軍部としては、そうした自主的連合または特定の目的についての強制などでは、とうてい満足してはいられなかった。むしろ全国の金融機関をひとまとめにした「統制」を法的に確保するよりほかはないというので、太平洋戦争のはじまった翌十七年［1942］四月十七日に金融統制団体令を公布と同時に施行したのである。

金融統制団体は「国家総動員法第十八条の規定に基く金融事業（有価証券に関する事業を含む）の統制を目的とする団体」であって、団体員は「全国金融統制会、業態別統制会、統制組合および地方金融協議会とす」ることになっていた。これらの四種の団体は、いずれも「国民経済の総力を最も有効に発揮せしむるため」それぞれの種別に従い、「金融事業の機能の綜合的発揮を図るに必要な」（全国金融統制会）、あるいは「当該金融事業の機能の一体的発揮を図るに必要な」（業態別統制会）、あるいは「一定地区内における当該金融事業の機能の一体的発揮を図るに必要な」（統制組合）、あるいは「一定地区内における金融事業相互間の連絡調整を図るに必要な」（地方金融協議会）「指導統制を行い且つ金融に関する国策の立案および遂行に協力す」ることをもって目的とするものであった。かくて同月二十三日この統制団体令に基づく九種類の業態別統制会の設立命令が発せられ、翌五月十一日ないし三十日までにそれぞれの設立を見たのと並行して、同月二十三日にこれらの統制会を総括する全国金融統制会の成立を告げたのである。

この統制団体令に基づいて設立を命令された業態別統制会は、（一）普通銀行（大都市の十三行）（二）地方銀行（地方の普通銀行百五十九行）（三）貯蓄銀行（六十九行）（四）証券引受会社（八社）、（五）信託（信託会社二十一社）、（六）無尽（無尽会社百七十三社）、（七）勧農金融（勧業および農工銀行五行）、（八）市街地信用組合（二百九十組合）、および（九）生命保険*（二十六社）の各統制会であったが、全国金融統制会が成立した後の同月三十日に、産業組合中央金庫（後の農林中央金庫）**および道府県、市町村農業会を一団とする組合金融統制会が設立されたほか、正金、興業、北海道拓殖、朝鮮、台湾および朝鮮殖産の各特殊銀行、商工組合中央、恩給、庶民、戦時金融の各金庫ならびに同月二十二日に成立したビルブローカーを一団とする短資業統制組合をも含み、それらの各種金融機関に対して中枢的立場をとっていた日本銀行は、当然これに加入しなければならなかったので、けっきょく全国金融統制会は文字通りに全国のあらゆる金融機関を網羅した大統制団体を成したのである。（*全国金融統制会が成立した後の十七年［1942］十月十五日に損害保険統制会が設立され、業態別統制会の一つとして金融統制会に参加した。**農林中央金庫は十八年［1943］九月十五日農業団体法の施行にともなって、産業組合中央金庫がかく改称されたものである。）

その後、二十年［1945］五月十七日には政府の行政機構簡素化のための改革を行う旨が発表されたのにともなって、この金融統制団体にも統合簡素化のための改正が実行され、その結果、同会は日本銀行と「表裏一体」の関係において運営されることになり、同会に参与をおいて各業態別統制会の理事長をこれに当てると同時に、各業態別統制会を通じて次のような統合を行ったのである。

一　特別銀行、普通銀行、地方銀行、貯蓄銀行および信託の各統制会を統合して銀行信託統制会を新設する。

二　庶民金庫、市街地信用組合統制会および無尽統制会を統合して庶民金融統制会を新設する。

三　日本証券取引所を中心として取引員および証券引受会社の各統制会を統合し証券統制会を新設する。

四　全国金融統制会の指定会員は資金統合銀行、*商工組合中央金庫、恩給金庫、国民更生金庫、戦時金融金庫および南方開発金庫の六とする。（*資金統合銀行はこの全国金融統制団体の簡素化に関する要綱が発表された前々日に開業したものであって、同行に関しては次項のうちで述べることとする。）

かくて終戦直前の二十年〔1945〕五月以降、全国金融統制会のメンバーは業態別が六、指定が六、合せて十二に減少し、終戦直後の二十年〔1945〕十月に金融団体統制令が廃止されたのによって、この統制会は当然に解散されたのである。

金融統制会については民間銀行業者の一部あるいは多くが不満の意向をいだいていたであろうことが想像される。しかし顧みれば日華事変がはじまってからだけでも、すでに五年間にわたって戦時政策がますます高度化されてきたところへ、局面が太平洋戦争へ飛躍的に発展したのであるから、殊に戦時経済の軸心をなすべき金融がこうした法的規制の対象とされたのは、客観的情勢に照らしても、むしろよぎない次第であったと認められる。もちろんそれには政府や軍部の強圧が相当に重苦しくのしかかっていたであろうことも察するにかたくないが、それかとて金融業者側の自主的な協議体制にまかせておくだけでは、「国民経済の総力を最も有効に発揮せしむるため」の「指導統制」を保全するには、金融業者側の一部に、なおあまりに自由主義的な態度の否定されないものがあった。そうした事情からすれば金融統制団体令は必ずしも不必要な制度であったとばかりは断ぜられないし、またこのことの是非いかんはとにかくとして、こうした強度の統制が戦時金融政策の一環、否、最後的保障として一応その役割を果し得たことは、それなりに肯定しなければならない。

ところで、ここに最後的保障と評したのは、必ずしも政府や軍部が最初から、これを最終的保障として、あらかじめ準備しておくという趣旨に依存していたという意味ではない。政府や軍部としては、あるいは同令の運用を強制的干渉によって実行するつもりであったかもしれないが、なんといっても金融の統制は産業、特に製造、運輸などに対するそれのように簡単であることはできない。しょせんは業者側の自発的協力に待つよりほかはないことを、当局者側としても最初から認識していたからこそ、その統制に関する規定は明らかに法的強制力をもってはいたが、統制の実行は主として業者側の自治的行動にまかされていたし、実際またその統制が大体順調に維持されたことは立令の期待にかなったものといってよい。そんなわけでこの統制団体令は、結果から見れば、統制の在り方や方法を指示する要綱をなしていたと同時に、その実行の確実を期するための最後の保障をなしていたものでもあったといってよいのである。

すでに述べたように戦時金融に関する綱領の眼目とするところは、戦争目的のために資金の吸収と運用とに最善を期することにほかならない。こうした綱領は日華事変期以来続行されてきた金融政策の基本となっていたばかりでなく、この方針のもとに統制への傾向がだんだんと促進されてきたのであるから、金融統制団体令としても、戦時金融政策として特に新規の方針を打ちだしたものではない。全国金融統制会の行う事業としては金融事業の整備の促進とか、金融事業の機能の増進とか、金融事業と産業との関係緊密化の促進とかいうような諸項目も列挙されているが、肝心の問題は「金融事業を営むものの行う資金の吸収および運用に関する指導統制」であって、それを「金融に関する政府の計画に対する参画」によって保全するということに帰着するのである。つまり、この「資金の吸収および運用」の項目を主目的として見れば前記の諸項目は副目的にあたり、「資金の吸収および運用」に関する事項が眼目であるとすれば、他の項目はその手段または条件に相当するものと見てもよいわけである。

この主目的たる資金の吸収は、具体的には国民貯蓄の増強、特に毎年度の貯蓄目標の達成を意味するに対し、資金の運用はいうまでもなく投・融資の公私にわたる適当な配分が眼目とされなければならない。すなわちいっぽうで予定の資金を吸収するとともに、他方でその資金を公債と軍需産業関係の社債または株式との応募、引受または買入に振り向けることが、計画的に実行されなければならないというわけである。とすれば、それには金利の調整を維持することが必要であるから、これらの事項がすべて会長の指示または命令の形式で保障されるという仕組になっていたのである。

こうした計画的な金融政策が法的制約の下に、公私を通じて一体的に実行されたことは、もちろん金融業者側の国策への協力によるものではあったが、それはまた金融業者の立場からすれば、かれら自身が多少ともその自主性を否定するゆえんに外ならないのであるから、時には銀行業者などのうちから「銀行の郵便局化」などという不満の声が漏れることすらあった。つまり銀行は預・貯金の吸収に全力を尽して、しかも投・融資のほうはもっぱら当局者の指向するところにまかされるという意味にほかならない。いずれにしてもこの制度は金融統制が最高段階に達したことを象徴する「決戦体制」の一つであって、金融界はさながら公定の枠にはめられたまま、国策の名のもとに行動を左右されたのであるが、しかもまた当時のわが国情がいよいよ窮迫してきたその難局に顧みれば、まったくよぎない次第であったというほかはないのである。

資金の吸収および運用に関する統制が高度に進められるほど、日本銀行の銀行その他金融機関に対する支配力が強くなって行くのは必然のいきおいであった。前に述べたように二十年〔1945〕五月十七日に発表された金融統制団体統合簡素化の綱要に明示されている通り「全国金融統制会は日本銀行と表裏一体の運営を行」わざるを得ないような関係が、たとえ政府や日本銀行の積極的意図にでたものではなかったとしても、客観的情勢がそうした関係を招来せずにはおかなかったことも見のがしてはならない。そうした意味での日本銀行と金融統制会との一体化の傾向が産みだした一つの新制度に、内国為替の日本銀行への集中決済制度というのがあった。これは前述の統合簡素化に関する施設に先だち、十八年〔1943〕八月二日から実施されたもので、いわゆる簡素化のための一制度であるが、同時にまたそれは全国的に資金の効率を高め、金融の疏通を助成する点において戦時金融政策の目的に寄与するところが少なくなかったもののようである。

内国為替の集中決済制度というのは主として銀行の為替上の貸借を日本銀行の本店および一部の支店に集中して決済をつける制度であって、全国にわたる広範複雑な操作がこれによって簡素化され、多数の人手を省き得るばかりでなく、全国的に貸借勘定の正確な見通しを立てる上に切実な効果があった。したがって、それだけ資金利用の効率を高め、かつ金融統制の一助に資し得るわけであって、統制制度がもたらした有効な副産物の一つであったといってよいと思う。

三　銀行の合同と新設

太平洋戦争期に入って以来の銀行の合同および新設は主として、またはすべてが国家総動員法に基づき、もしくは金融統制団体令により、または同令の指導方針に即し、あるものは政府の干渉を受けて実現されたという点でも、また大正時代以来ほとんど認可または免許を与えなかった新設を許したという点でも、従来とはまったく異なるものがある。この合同促進は普通銀行のほかに貯蓄銀行、信託会社、保険会社、無尽会社、信用組合および証券会社など、あまねく金融事業を営むものすべてにわたっていたが、大部分は普通および貯蓄銀行に関するところであって、その根拠規定となっていたものは金融事業整備令にほかならなかったのである。

金融事業整備令は国家総動員法第十六条の三の規定に基づき、金融統制団体令の施行に引きつづき、十七年〔1942〕五月十五日に施行された勅令であって、金融統制団体令とは相互に姉妹的関係にあったといってよい。同令の眼目とするところは「主務大臣金融事業の整備をはかるため必要ありと認むるときは金融事業を営むものに対し金融事業の委託、譲渡もしくは譲受または法人の合併を命ずることを得」るというのであって、この「場合における委託、受託、譲渡または合併の条件は当事者間の協議による」ことを原則とするものであった。すなわち銀行の合同に関しても政府は必要ありと認めたならば、その命令を発し、それでも「協議調わずまたは協議をなすこと能わざるとき」は主務大臣の「裁定」にまかされるというのであるから、合同の条件はできるだけ、または主としてこれを当業者間の協議によって決定するというたてまえになっていたと認められるのである。

ところが、合同の条件を当事者間の協議によって決定するとしても、実際にこれを促進するには第三者または第三者的立場にあるものの仲介や助成にまつところが決して少なくはなかろう。そこで全国金融統制会は「金融事業の整備の促進」を重要目的の一つに掲げ、銀行の合同に関しても公式または非公式にその促進の任務を果した業績は相当に認むべきものがあったようである。すなわちこの勅令は実際には、合同促進のために主務大臣の命令として発動されたことは一度もなく、いわば同令自体は当局者の期待を支持する最後の保障としての役割をもっていたのに対し、金融統制会がその実現を促進する働き手となって目的を達成したという関係にあったと見なしてよいわけである。

試みに本令の施行された十七年〔1942〕から終戦の年、すなわち二十年〔1945〕の末にいたる約三ヵ年半の間に、合同によって異動した全銀行数を通計すると、合同に参加した総行数は三百五十三行を数え、その結果、新設および存続行数合計百五十三行に対する消滅行数二百十四行、差引き二百行の減少となり、それがため全体では十六年〔1941〕末に二百六十六行を算した全国銀行数は二十年〔1945〕末には七十一行に、そのうち普通銀行は百八十六行から六十一行に、貯蓄銀行は六十九行から四行に、それぞれ激減しているのである。こうした銀行数の減少は、さきに述べたいわゆる勧農合併政策により、十九年〔1944〕九月十八日に、当時残存していた農工銀行五行が勧業銀行へ合併をなしたのは別として、十八年〔1943〕五月二十日に「普通銀行などの貯蓄銀行業務または信託業務の兼営などに関する法律」が施行されてからは、貯蓄銀行や信託会社の普通銀行に吸収合併されたものが少なくなかったし、また貯蓄銀行同士、たとえば二十年〔1945〕五月十五日に九大貯蓄銀行が打って一丸となり、新たに日本貯蓄銀行を設立したというようなのもあるが、そうした吸収または集中合併のほかに最大銀行同士の対等合同が実現したことも特筆さるべき異例の現象であった。殊にそれが純株式組織に成っている第一銀行と、いわゆる財閥銀行の典型とも見なされていた三井銀行との合同という組合せの点で、当時金融界ばかりでなく、財界ないし世間一般からもいろいろの批評が投げられたのである。

第一および三井両銀行の合同は十七年〔1942〕十二月二十八日に発表されたが、たまたま同日三菱銀行が第百銀行を、また三日後の同月三十一日には安田銀行が日本昼夜銀行をそれぞれ合併することに決定し、いずれも十八年〔1943〕四月一日から発足した。このうち後の二者にあってはいずれも被合併銀行が合併銀行に吸収されて消滅したのであるが、前者すなわち第一および三井両銀行の合同は、まったく対等の関係における合体であって、新たに帝国銀行なる超大銀行を設立したものである。だから一概に銀行の合同といっても、本質は前に述べたようにおのおのその意義を異にしていたし、また各関係銀行それぞれの主観的事情もまちまちであったろうが、いずれにしても当局者側からすれば、有力な銀行をして、できるだけ預・貯金の吸収をより増進させたいからこそ、前に述べたように「普通銀行などの貯蓄銀行業務または信託業務の兼営などに関する法律」を施行したのであって、少なくとも、そこに一つのねらいがあったことは察するにかたくない。ところがまた当業者としての立場からすれば、大銀行は大銀行なりに公私の投・融資を大口に受けもたなければならないにもかかわらず、預・貯金の吸収は必ずしもこれに対応し得るほどには増加しない。というよりも、従前、大銀行であったがために、かえって預・貯金の吸収などに苦労しないでいられたその安易さが、かような空前の難局に処すると、さすがに情勢の変化に即応しきれなくなって、けっきょく合同による資力の増大、人手の拡充、信用の強化などに急場しのぎをはかるよりほかはなかったのであろう。だからそれは客観的にも、むしろよぎない次第であったと認められるのである。

こうした事情は単に銀行ばかりでなく、信託、無尽などの金融機関にあっても同様に、一般的には比較的小資力なものほど経営難を免れないわけであるから、金融情勢が行きづまるにともなって、銀行その他金融機関の合併は戦時中を通じてしきりに続行されたのである。その後における合同の主なものとしては、十九年〔1944〕四月十三日に帝国銀行の十五銀行合併と同日に、安田銀行の昭和銀行および第三銀行合併に関する認可が発表されたのに引きつづき、翌五月の十五日には北海道拓殖銀行の北海道銀行合併、また同月二十九日には野村証券会社の野村信託会社合併に関するいずれも内認可が発表されたのなどが挙げられる。いっぽう無尽会社にあっても同業間の集中傾向はやはり著しい記録をのこしているのであって、十六年〔1941〕末には全国で二百七十九社を数えたものが、終戦の二十年〔1945〕末には六十一社に激減しているのである。

次に銀行の新設についてはすでに述べたように、遡れば大正時代以来不許可方針が持続され、特に昭和三年〔1928〕から施行された新銀行法により、原則として銀行の新設は免許されないことになっていたが、戦時中に二つの新銀行が設立された。一つは二十年〔1945〕四月一日から開業した共同融資銀行であり、他は翌五月の十五日に開業した資金統合銀行であった。もっとも前者は後者が設立された後、後者に吸収合併されて解消したから、実際の活動はほとんど資金統合銀行に属していたといってよい。

共同融資銀行が設立された最初の動機は市中銀行よりも、むしろ地方銀行の側にあった。というのは太平洋戦争が十九年〔1944〕十一月から、わが国への空襲の激化にともなって、戦局がますますわが方に不利になってきたころには、軍需産業を助成する必要は日一日と切実の度を増し、これがためにする資金の需要はいよいよ増大してきたにもかかわらず、預・貯金の増勢はようやく鈍化の傾向をたどってきた。しかも、このような資金需要の増加にともなわない預・貯金の伸び悩み情勢は、一般には市中銀行において比較的に著しいものがあったのに反し、地方銀行においては投・融資の途が比較的狭いにもかかわらず、預・貯金の増勢はかえって足どりを進めてゆくような対勢にあった。だから地方銀行としては特に軍需産業への投・融資を希望したものすら少なくなかったが、しかも、かれらとしては単独でそうした投・融資を実行するには、その資力がなお不十分であるし、また軍需産業側からそうした商談を受ける機会も少なかった。そこでこれらの地方銀行としては各自の余裕資金を集合して一元的にこれを運用するため、そうした余裕資金を受け入れ、これを合同的に大口のまとまった投・融資に振り向けるための共同機関を設置することになったのであって、それが共同融資銀行であった。

そうした趣旨のもとに、共同融資銀行は最初は地方銀行七十七行の共同出資により、資本金一千万円（半額払込み）の株式会社として設立され、他の金融機関との間に貸借関係をもち、また社債その他の有価証券の応募、引受または買入もしくは売出を主たる業務とするものであった。ところが同行のこうした活動は市中銀行側からすれば、それだけ営業の縄張りを侵されるゆえんであるし、また政府や日本銀行としての立場からすれば、かような地方銀行だけの共同機関では、なおあまりに物足らないし、それならば、むしろ市中銀行はもちろん、特殊銀行や有力な信託会社や農林中央金庫をも参加させ、日本銀行みずからがその中枢的立場を占めるべきであるという趣旨のもとに、別に一つの共同融資機関を設立した。それが資金統合銀行である。これを共同融資銀行の側から見れば、屋上に屋を架するというよりも、自己の建物と対立する大建物が後から出現して、同業並行というような関係に立たされたわけであるから、けっきょく弱小が強大に呑まれたような形で、同行は終戦直後の二十年〔1945〕八月二十一日に資金統合銀行へ買収合併をよぎなくされたのである。

資金統合銀行は資本金五千万円の普通銀行であったが、日本銀行が総株数の八割を所有し、同行の副総裁を会長として、本店を日本銀行の本店内に、また支店を日本銀行の二十六支店におき、役・職員の主なものは日本銀行の役・職員が無報酬で兼務するという制度になっていたから、同行は日本銀行と、したがって、また全国金融統制会とも、いわば一体両面のような関係にあったと見てよい。同行の業務は軍需金融を司る金融機関その他の金融機関に対する資金の融通、指定軍需産業者に対する資金の融通およびそれらの軍需産業者からの預金の受入、株主たる金融機関またはその他の金融機関からの預金の受入または資金の借入、社債その他有価証券の応募、引受および売買などであって、開業後三ヵ月で終戦となったのであるが、その間に投・融資した金額は軍需関係の指定金融機関に対する資金援助五十七億三千二百余万円、軍需関係の指定金融機関としての同行自身の直接融資二十億五百余万円ならびに社債の引受および買入八十五億五千三百余万円、合計八十五億五千三百余万円を算し、また同行が他の金融機関から借入れた額は合計八十四億六千二百万円に上っていたが、そのうちの三割五分強は日本銀行からの借入であって、他は信託会社六社のほか、生命保険会社十社から一小部分を借り入れたものであった。

四　戦時金融に関する非常措置

以上に述べたところは、一概に金融といううちでも、主として金融機関または資金融通の方面に重点をおいての経過の大要である。戦局が著しく拡大した上に、しかもそれがわが国側にとってますます不利になり、ついに最終段階に入ってきた二十年〔1945〕春ごろには、開戦以来、というよりも日華事変以来続行されてきたかずかずの戦時非常対策は、非常対策それ自体の運用が確保されなくなってきた。殊にわが本土に対する空襲がひんぱんに続行され、その惨害が著しくなってきた十九年〔1944〕冬季から二十年〔1945〕夏ごろには、軍需関係の融資とならんで、一般市民の生活維持に必要な金融上の便宜のためにも、いわゆる非常措置を避けられなくなってきたのである。

もっとも、こうしたいわゆる非常措置は前に述べたように、日華事変期以来国家総動員法に基づき、つぎつぎと続行された整備とか調整とか統制とかの名における非常対策によって、すでにそれぞれの基礎工作はできていたのであるから、いわゆる非常措置はおおむねそれらの非常対策について、さらに非常特別の便宜をはかるという趣旨になっていたものとみなしてよい。すでに述べたように政府は太平洋戦争の開始と同時に、空襲その他による人心の動揺をおもんばかり、特に金融上の不安を防止する目的をもって、開戦と同日の十六年〔1941〕十二月八日に「戦時非常金融対策要綱」を発表した。その要綱のうちでも特に主要なものは「金融機関の預金など支払資金融通に関する融資および債務保証命令」、「戦災手形などの割引に関する融資命令」、「預金など便宜代払《だいばらい》に関する引受命令」などであって、わけても庶民一般に直接関係を有するものは預金などの支払に関する便法がそれであった。

戦局が悪化して殊に空襲をこうむり金融機関が預金などの支払いに差しつかえを生じたような場合に、預金者その他の債権者を保護することは、開戦と同時に当局者のまっさきに痛感したところであった。さきの金融恐慌またはこれに類するような騒動は、いやしくも戦時下においてはぜひともこれを防止しなければならないというのが、おそらく当局者としての直感であったろうと思われる。そこで政府は銀行その他「金融機関の預金など支払資金融通」のため、日本銀行および朝鮮、台湾の両植民地銀行を受命銀行として指定し、銀行、貯蓄銀行、信託会社、産業組合中央金庫（――後に農林中央金庫と改称された次第についてはすでに述べた――）、信用組合連合会、市街地信用組合、商工組合中央金庫、金融組合連合会、無尽会社、証券引受会社およびビルブローカーが預金などの支払資金の融通を要求したならば、受命銀行をして必要な融資を行わせ、またはこれらの金融機関のためにその債務を保証させるように命令することを得るというのである。

かように支払の保障を立てたことによって、金融機関への預金者その他の債権者は一応安心を得られたようではあるが、戦局の発展にともなって任意にまたは強制的に疎開するものや、戦災にかかって住居を転ぜざるを得なくなったものなどのうちには、従来取引していた金融機関との連絡が至難または不可能に陥るものもあろう。そこで、こうした連絡困難に陥ったものを救済するため、「生活費確保資金のため」預金などを簡易払いするため、受命銀行を一定することなく、一般銀行をして一定限度までの預金の引出し請求に対し、その代払いをさせることにもなっていたのである。こうして債務の支払に関する便法や特別の保証制度が設定されたことは、銀行その他金融機関の預金者やそれらの金融機関に対する債権者などにとっては、一応安心の根拠となり得たものか、または戦局がそれほど緊迫していなかったためか、その後三ヵ年ほどの間はこうした非常対策は実行されないままに経過してきたもののようであった。

ところが、十九年［1944］六月に入ると、西では、六日に連合国軍が北部フランスに上陸したとの報がはいったのにつづいて、東では、同月十五日にサイパン島が連合国軍に陥れられたとの公報が発表されたのを転機とし、わが国民の不安はにわかに濃厚になって、いわゆる物情騒然を告げ、人心はようやく動揺のきざしを示してきた。こうした不安動揺を速やかにできるだけ防止しなければならないというので、政府はサイパン島陥落直後の同月二十日に、「戦時非常金融対策整備要領」および「戦時非常金融予備措置要綱」を発表して、特に本土空襲された場合の「非常措置」を公定したのである。

もっとも、これらの「非常措置」は、新たな対策を規定したものではなく、具体的には前述の「非常金融対策」の主要な項目について、その内容に応急の改正を施し、施設の範囲や程度を拡張するなどによって、庶民生活の保全にいっそうの便宜を与えることに眼目をおいていたものと認められる。たとえば定期預金、金銭信託その他のいわゆる期限つき預・貯金についても、被戦災者に対してならば期限前の支払をするとか、前述のいわゆる代払制度についても、一定限度までの金額ならば、定期の預・貯金、据置貯金および定期積金に関しても同様の取扱いをするとか、生活資金に充てらるべきものであることが、所属の隣組長とか市区町村長とか警察署長とかの罹災証明書によって明らかにされれば、庶民金庫もしくはその代理店たる無尽会社および信用組合から、一世帯当り五百円までの限度内で融資を受けることができるというような項目がそれであった。このほかに「緊要産業」のうちで戦災にあい、債務の弁済が至難になったものには、これに融資していた金融機関がその回収を緩和し、またはこれに関連して罹災産業者が払出しのために発行した手形は、日本銀行が再割引に応ずるとか、あるいは戦災を受けた緊要産業の罹災者が設備の復旧をはかるに必要な資金は、その取引銀行が「迅速適正」にこれを供給するほか、同様の場合に労賃の支払のために資金を必要とするときも、また同じ措置をとり得るとかいうような条項が規定されていた。

これらの庶民生活および比較的小規模の緊要産業に対する非常措置のほかに、なお問題となったのは株価の暴落に対して、どのようにこれを措置するかという点であった。戦局が行きづまって、殊に本土空襲がはげしくなってくれば、株価は一般に低落歩調をたどるのが当然であるが、特に戦災をこうむった事業会社などの株価は一挙に暴落が予想される。しかも戦災にかかった事業が「緊要産業」に属し、またはそれに関係をもっている事業の株などであると、金融政策上からしても放置するわけにはゆかない。そこで、株価の急激な変動といっても、実は暴落に備えるため、日本証券取引所に随時証拠金の操作および現品提供などの措置をとらせるとともに、戦時金融金庫または日本証券取引所の機能を随時強力に発揮させ、さらに必要があれば、取引員に対し有価証券市場の取引価格または数量について指示を与え、さらに場合によっては株式の最低価格を設定するいっぽう、上場株の会社に対しては戦争保険に加入させるために必要な措置をとることにしたのであった。

五　終戦まぎわの窮状

太平洋戦争中における金融関係の主要な事項に関しては、大体日華事変以来の経過について説述したところを総合しても察せられるように、戦時金融政策としての予定計画が、あえて粗雑とはいわないまでも、最初から比較的安易に見積もられて、それがために不十分または不確実のそしりを免れないものがあったことは否定されない。しかもこれは金融関係だけについての観察であって、物資の需給関係には触れていない。しかも日常必需生活品と軍需産業の必要とする原・材・燃料その他軍・民需にわたる動力源などが、どのようにして供給をつづけていたかは、けっきょく明らかにされないままになっている。それはわずかに統制の強化によって、間に合う限り間に合わせてきたというだけであるから、金融の調整とか非常金融対策とか、さらにその非常措置とかといっても、かくて流動した公私の資金は戦局が行きづまるほど物資の需給関係から遊離し、債権債務の関係いかんを問わず、金融は空まわりを拡大するに過ぎないという状態であった。

もっとも、こうした意味での国難の傾向は日華事変だけでも四ヵ年あまりを戦時状態のうちに推移してきた上、さらに連合国を敵としての大戦に発展したという大難局としては、もとよりよぎない次第であったといえよう。否、それなればこそ最初から作戦計画の基本が不確実であり不十分であったと評されても、いたし方はないわけであるが、とにかく終戦まぎわには官民ともに、いわゆる騎虎のいきおいで、おうおう無意識的に戦争に突進するというような傾向すら見えていた。金融関係の方面でも十八年〔1943〕冬ごろから、おいおいそうした気分が現われてきたことは前に述べたが、十八年〔1943〕十一月二十五日にタラワ、マキン島における日本軍全滅という敗報に接して以来、決戦体制の名において、いよいよ最後の、否、最悪の事態に当面しなければならないような情勢が見えてきたのである。軍需産業の多くは開戦後相次いで日曜休日制の廃止を実施してきたが、十九年〔1944〕に入ると軍関係の機関はもちろん、官・公庁のうちにも無休日制のものがだんだんと増加してきたのにつれて、銀行その他の金融機関も当然これに追随せざるを得なくなり、全国金融統制会に加入している金融機関すべてが、十九年〔1944〕三月五日から日曜休日制を廃止したのである。もっとも、無休日制が業務上かえって能率の低下をともなうような不結果を招来したので、後に同年八月三十日からは第一および第三日曜を休日廃止制から除くことに改められたのである。

この金融機関の休日廃止制が実施されることになった約半月後の三月十八日には、結城日本銀行総裁の辞任に次いで、第十六代総裁に渋沢敬三の就任を見たが、日本銀行としての業務上の基本方針には変更はなかった。もっとも翌四月の四日から一定基準を超過した貸出について、その利率を調整する制度を実施した。これは大銀行のみを対象とし、高率適用の手続を廃止するかわりに、そのいわゆる調整率を適用するものであって、同月七日にその適用を受けるべき大銀行七行が指定されたのである。また同行は同日公定歩合に関する新方式を発表した。これは日華事変前の十一年〔1936〕四月七日以来九厘（国債担保貸付利子歩合は翌十二年七月十五日から同率の九厘）を持続してきた公定歩合を、引きつづいて基準とはするが、軍需関係手形について既往に実施している特別措置をも照合することにより、いっそうこれを優遇することを目的としたものであって、ともに軍需関係産業を助成するというよりも、むしろ促進するための対策にほかならなかったのである。

かくて金融界としても深刻な不安のうちに終戦の二十年〔1945〕を迎えたが、金融事情はいよいよ緊迫の一途をたどるのみで、同年六月十九日には全国の手形交換所は解散され、日本銀行の本・支店でその業務を継承実施することになったのに引きつづき、同月二十八日には全国各銀行共通の預・貯金支払制度を決定して翌七月の一日から実施することになった。その七月一日には東京および大阪両株式市場の清算取引は停止されたのに次いで、翌八月の十日からは日本証券取引所の各市場は「当分休会」することになり、ひとり金融界ばかりでなく、わが国の財界はさながら再起の余力を失ったような窮状にあえぎながら、同月十五日に敗戦という最悪の局面に陥ったのである。

終戦後の金融界

＊省略節〔占領行政下の国情〕

戦争インフレーションと金融非常措置

一　インフレーションの実情とその対策

終戦後の経済事情に関して官民一般の特に注意をひいた問題は、なによりもまずインフレーションの激成をどうして防止するかという点であった。戦時経済からの切りかわりにともなう平和産業への資金の融通ということも、もちろん重大な国家的関心事であったに相違ないが、日増しに激化して行くインフレーションを防止する必要は、文字通りに眉を焦すほどの急務に属していた。終戦直後の二十年〔1945〕十月九日に東久邇宮内閣の後を承けた幣原内閣の第一の最重大な任務はこの問題にかかっていたといってよい。

この戦争のために誘致されたインフレーションは、遡れば日華事変期に入って以来一般から避けがたい勢いと見られていた。日華事変の勃発した十二年〔1937〕の年末に二十三億五百万円を算していた日本銀行券の発行高は、太平洋戦争に突入した十六年〔1941〕の年末には五十九億七千八百余万円に膨張し、物価は日本銀行発表の小売指数で見ても一八二・四から二六七・六に、すなわち増昇率は銀行券発行高で二倍六割弱、小売物価指数で一倍四割強というの割合であったが、実際の物価はヤミ取引によるヤミ値において、はるかに著しいものがあったと想像される。とにかくこうした増昇率を見ただけでも、インフレーションの傾向がすでに日華事変期中から進展しつつあったことを認め得るのである。しかるに局面が太平洋戦争に発展して以来、こうした傾向は躍進的にははなはだしくなり、終戦の二十年〔1945〕八月末には銀行券発行高は四百二十三億余円、物価（同前）は四三一・三に、すなわち日華事変の勃発した十二年〔1937〕の年末に比して前者は十八倍強、後者は二倍余に達していた。しかも太平洋戦争期に入って以来、ヤミ取引がさらに著しくなった事実に顧みると、この期間における物価指数の対照はむしろ無意味に属するようであるが、とにかく戦時中の概況を推察する上に、多少の参考にはなり得るであろうと思う。

ところが、こうした情勢は終戦後いっそう急激に躍進してきた。しかも戦時中には通貨の膨張、物価の高騰という両者の対勢がヤミ取引の値上りを相当大掛けに見積っても、なお銀行券の膨張率のほうが物価の上げ足より先ばしるような対勢にあったと認められるに反し、終戦後においては物価の上昇率のほうが銀行券の膨張率よりも、比較的に速度を早めてきたように見られる。終戦の二十年〔1945〕八月末に四百二十三億余円を算した銀行券は、翌二十一年春、金融緊急措置が実施された直前の一月末には五百八十五億六千五百万円、すなわち一倍三割強に止まっているのに対し、同期間に物価（同前）のほうは四三一・三から八七七・八に、すなわち二倍強に上っている。しかもヤミ取引が戦時中よりも終戦直後において、さらに盛行したところから察すると、実際の物価の上げ足は、あるいは想像の外であったかもしれない。では、かような経済現象がどうして起生したか。

終戦直後における通貨膨張の動機として特に切実であったと見られるものは、八月十五日すなわち終戦の日に大蔵省から預金の無制限支払に関する蔵相の声明書が発表されたのにつづいて、同月二十五日に預・貯金の金融機関各支店における支払制の拡張および預金小切手最高制限額（五千円）の拡張が行われたことと、ヤミ取引の黙認とであった。もっとも戦時中から終戦直後にわたるこの当時の通貨膨張は、原因としての重大さからすれば、民間における取引関係よりも、主として臨時軍事費の累増によるものであるのに、終戦後においてもなお、その臨時軍事費（二十一年〔1946〕二月二十八日同会計終結）の支出を続けながら、民間の預・貯金引出しを制限するのは、むしろ見当違いに属すると認められるし、また終戦にともなう経済的、社会的混乱を回避するためには、できるだけ早急に民心の不安を緩和する必要があった。それには金融機関の預・貯金を自由に引きださせるように仕向けなければならなかったからであろうと思われるが、しかも民間では同月二十八日の閣議において戦後通貨対策委員会を設置することに決したのにかんがみて、近く通貨に関するなんらかの制限的措置が採られるであろうことを予想し、日常生活用品ばかりでなく、なるべく「かね」よりも物件で保有したほうがよいとする「換物運動」が都市、地方を通じてにわかに盛んになってきたなどにより、終戦の翌二十一年〔1946〕の春ごろには、通貨の膨張、物価の高騰は一日も放置されないまでに著しくなってきたのである。

この情勢に処して幣原内閣は、なによりもまず通貨流通の制限を断行しようともくろみたが、それには一応銀行券の回収を必要とするので、現在流通している銀行券を回収して、それに代わる新銀行券（いわゆる新券または俗に新円）を発行することになった。しかも終戦直後における財政難の救治に資するためにも、また通貨の流通を抑制する一方策としても、臨時財産税の創設はもっとも有効であるという趣旨に基づき、政府はこうした意味での金融非常措置を断行するに決し、二十一年〔1946〕二月十七日金融緊急措置令、日本銀行券預入令および臨時財産調査令のほか、インフレーションの防止に必要な物価統制令その他の緊急諸勅令ならびにこれに関連する諸命令を公布して即日施行（物価統制令は三月三日）したのである。

二　インフレーション防止策の内容

金融緊急措置令と日本銀行券預入令とは不可分的関係において、また物価統制令はその不可避的条件として運用されなければならないような仕組になっていたし、臨時財産（預金、貯金、積金または寄託金を課税目的とする）調査令はこれらの諸勅令に基づき、または関連してその目的を達し得るような関係になっていた。

金融緊急措置令は金融機関（郵便官署、銀行、信託会社、保険会社、無尽会社、農林中央金庫、商工組合中央金庫、国民更生金庫、地方農業会、漁業会および市街地信用組合その他の貯金の受入をなす組合）が「本令施行の際現に存する預金その他金融業務上の債務にして命令をもって定むるもの（封鎖預金等と称す）については」「封鎖支払」の規定によるほか、支払をなすことを得ないという趣旨になっていたが、国または都道府県その他地方公共団体、金融機関が金融機関に対して有する預金その他の債権については、これを適用しないというのであるから、本令の主たる対象は民間の個人および金融機関以外の法人であったといえる。

もっとも日常生活費およびこれに直結する給与、非常時的不可避の支払には、もちろん現金か、でなければ封鎖支払を必要とするので、本令の施行規則において十数項目にわたる除外例が認められていた。たとえば生活費については毎月世帯主に対して三百円、世帯員一人に対して百円とか、給与については毎月五百円までを現金とするとか、医療費、結婚費および葬祭費は一人当り一千円とか、その他使途が明らかで必要欠くことのできないものを現金払いとするとかがそれであった。

ところが、こうして支払手段を封鎖するためには、現に通用している日本銀行券、すなわちいわゆる旧券の通用期間を限って、一応これを金融機関に預け入れさせ、所定の預け入れ日限を経過したならば通貨としての効力を失うものとし、これに引きかえて新券を交付するという方法を採るよりほかはない。そこで日本銀行券預入令では、旧券は「命令をもって定むる日(二十一年〔1946〕三月二日)限り強制通用の効力を失う」ものとし、「旧券を所持するものは命令をもって定むる日(二十一年〔1946〕三月七日)までにこれを「金融機関に対する預金、貯金または金銭信託となすべし」というのであって、こうした強制的規定のもとに、旧券はいっさい新券(俗にいわれる新円)と切りかえられることになったのである。実際には新券の製造が引きかえ発行に間に合わなかったために、一部は旧券に証紙をはりつけて、これを新券に代用したとか、その他実行上に多少の手ちがいなどもあったため、民間では一部に不便をうったえる声も聞かれたが、とにかく封鎖制度そのものは大体順調に実行されたようで、その後はいわゆる新円または代用券に切りかわったのである。

だが、一概に預金といっても、資金としての性質によって所有者の必要とする程度にはおのずから異なるものがある。そこで同年八月十一日に同令およびその施行規則を改正して、封鎖預金に第一、第二の区分を実施することになり、後に第一封鎖預金だけは二十三年〔1948〕七月二十一日に解除された。いずれにしても、こうした預・貯金その他の支払手段を封鎖することは、封鎖制度そのものの有効な限りにおいては、それだけ購買力の統制を期待し得るようであったが、支払または反対給付は他のいろいろの条件や方法によっても行われ得るし、それでなくとも、通貨の偏在による購買力分布の異動は、封鎖制度下にあっても、なおいわゆる高いところへ土もりの傾向を避けられないから、主として現金支払によらざるを得ない勤労生活者などは、いっそう生活難を免れ得ないのに反して、購買力の強大なものほど買いあふりによる物価の上げ足を助長するのが必定である。従って封鎖制度の実行にはなんらか物価の高騰を阻止するに必要な補完的対策を施さなければならない。と同時に、これによって戦後における物価体系確立の根拠とすることができれば、いっそう都合がよいわけである。こうした事情にかんがみて、政府は旧券の強制通用力が失効する三月三日に物価統制令を公布して即日施行したのである。

物価統制令は「終戦後の事態に対処し物価の安定を確保し、もって社会経済秩序を維持し国民生活の安定を図るを目的とす」る緊急勅令であって、統制の目的たる「価格等とは価格、運送賃、保管料、保険料、賃貸料、加工賃、修繕料その他給付の対価たる財産的給付をい」い、その価格等は所定の「統制額を超えてこれを契約し、支払いまたは受領することを得ず」という原則のもとに、主務大臣の許可による多少の例外を認めていたのである。本令の施行と同時に、日華事変中の十四年〔1939〕十月二十日から施行されていた価格等統制令は廃止されたが、これは単に戦時と戦後という客観的状態の異なるのによるだけでなく、物価統制令のほうは終戦にともなうインフレーションを防止することにより、「社会経済秩序を維持し国民生活の安定を図る」ために、物価体系を確立するという根本的なねらいをもっていたのであって、金融緊急措置と表裏一体の関係を維持しつつ、戦後経済政策の基調をなしていたといってよいのである。

なおこの金融非常措置の一環として以上の諸勅令と同日に施行された隠匿物資等緊急措置令および食糧緊急措置令は、いずれも主として物価統制令の補足的役割を目的としたものであって、戦後における物価体系の確立という基本的政策の法的根拠は一応これで整備されたもののようであった。だが、そうした統制施設の増進されるいっぽうで、ヤミ取引はますます繁昌し、後に二十三年〔1948〕七月二十一日金融緊急措置令および同施行規則の改正により、前に述べたように第一封鎖預金が解除され、いわゆる新円一本の体制が完全に実行されるに及んで、かえって物資の出まわりが潤沢になったというような実情であった。

三　金融緊急措置令と銀行の立場

金融緊急措置令を中軸とする一連のインフレーション防止策は、わが国としては前例のない非常政策であっただけに、その成否いかんについては官民一般から多分の懸念をもって見られていた。なによりもその反応が最も切実に現われるのは金融界であろうと予想されていたし、特に市中銀行業者などは、かねて政府または日本銀行当局者からその内意を受けていたとはいえ、営業の実際は必ずしも予想通りにゆくものとは限らないであろうというような警戒的見地から、むしろ憂慮の念をすらいだいていたもののようであった。金融業者としてのこうした意味での不安は地方銀行業者にあっても、多かれ少なかれ同様であったろうと察せられる。

およそ戦時中における銀行預金の増加は前に述べたように画史的な目ざましさを告げたとはいえ、その運用はもっぱら公債の買入と軍需産業への投・融資に向けられていたといってもよいほどである。ところが終戦によってその軍需産業がいっせいに没落したため、投・融資者たる銀行としては、かりに将来なんらかの補償または救済にあずかり得る見込みがあるとしても、とにかく当面の営業方針としては、こうした戦時中の投・融資の大部分を焦げつき債権または穴と見て、内容の悪化した資産状態のもとに新規の活動計画を立てなおすよりほかはなかったわけである。かような情勢に処して金融緊急措置令が施行されたのであるから、政府および日本銀行としてはもちろん、GHQとしても、できるだけ銀行その他金融機関の資金運用を制約することにより、一つは、かれらの手許の逼迫を緩和させ、むしろそれだけでも手許の繰回し難を免れさせようと意図したもののようであった。

金融緊急措置令が施行された直後の三月十一日、大蔵省はまず事業資金の融通抑制に関する準則細目なるものを発表したのにつづいて、同措置令の施行規則に基づき、日本銀行を除くほかの金融機関は、同年三月二十日現在における資金融通の総額を超えて融資することを得ない旨の告示を発したのである。いっぽうGHQはまた別の立場から、翌四月の六日に政府がいっさいの団体機関などに対し債務を保証するなどの行為を禁止する旨を指令したのにつづいて、同月八日には、前に述べた指定銀行制度の撤廃、強制貸付制度の停止を、さらに翌々六月の八日には戦争保険特殊預金の引出制限を、同月二十一日には株式の封鎖預金による買入を原則的に禁止する旨、それぞれに指令を発したのである。かくて銀行は金融緊急措置令の施行によって、その後は融資に関する法的または行政的制約の手が拡げられるほど、かえって営業上の安定度を高めてきたような感があった。

だが、こうして銀行その他の金融機関が営業状態の悪化を免れ得る上に「てこ」の役割をなしたものは、なんといっても金融緊急措置令そのものにほかならなかった。すでに述べたように銀行をはじめ戦時中に増加した預・貯金の大部分は、近くまたはとうてい回収の見込みが立たないような投・融資に運用されていたところへ、終戦直後には預・貯金の引出しは止めどなくつづいて、一時は東西の一流銀行すら支払準備の逼迫を告げたほどであると伝えられる。試みに終戦直後における全国銀行の主要勘定を見ると、二十年〔1945〕九月末と金融緊急措置令施行直前の二十一年〔1946〕一月末とでは、預金は一千二百十億余万円から一千百八十五億余万円に、二十五億余万円を減少しているに反し、借入金は百五十五億余万円から四百十三億余万円に、二百五十七億余万円を、また貸出は八百三十三億余万円から一千三十七億余万円に、二百四億余万円をそれぞれに増加しているし、所有の有価証券も公社債および株式を通計して五百三十六億余万円から五百五十二億余万円に、十五億余万円を増加しているのであるから、こうした資金勘定から見ると、金融機関のうちでも特に銀行は貸出と証券投資とを増加しているにもかかわらず、預金の減少を避けられなかったので、いきおい日本銀行からの借入金を増加せざるを得なかったものとみなしてよいのである。

しかるに金融緊急措置令の施行はこのような情勢を一変させた。

この期間の前後で合計五百億余万円の預・貯金が増加したうちでも、銀行預金だけの増加は二百九十二億余万円、すなわち増加総額の五割八分を占めている。そこで銀行は従来日本銀行から借り入れていた借入金の相当多額を返還したもののようで、これを日本銀行券発行高の異動状況に照し合わせると、二月十六日の六百十四億五千百余万円から三月六日には三百十九億六百余万円に、二百九十五億四千五百余万円すなわち四割弱を減少しているのであるが、こうした収縮の傾向は旧円預入の日限後さらに著しいものがあって、底入れに当る三月十二日には百五十二億四百余万円に減少し、その後再び漸増傾向に転じたが、三月三十日においてすら、なお二百三十三億二千二百余万円を記録したに止まっているのである。

四　金融非常措置と物価の高騰

上述の金融事情から見ても推察されるように、金融非常措置令が実施された前後の——厳密には戦時中、物価および配給の統制が行われるようになって以来の——公表物価指数は、殊にそれが公定価格を標準としている点で、実際の物価の異動、したがって国民生活の実際を反映しているものとは認められない。当時の物価事情を最も切実に物語る資料としては、むしろヤミ取引のヤミ値を根拠とするよりほかないのであるが、それこそ限られた一部の社会においてだけでも、いわんや全国的にはとうてい不可能のもくろみに属するのであって、わずかに各自の体験から類推するくらいの主観的想像に止まらざるを得ないであろう。

そうした情勢のうちにあって、実際の需給関係による比較的自然のままの相場を形成したと認められるものは露店市場、といっても、実は大部分が黙認された「ヤミ市」における非公認相場であったといってよい。だからそれは東京、大阪その他二・三の大都市における少数の主要な露店市場に限られざるを得なかったわけであるし、殊にその調査の困難さと不確実さとはいうまでもないが、試みに最も信憑さるべき一表（新橋、浅草、神田、新宿、渋谷および銀座の六市場につき、各月一定の品目につき量目を検査して算出したもの――日本銀行調査）によると、金融非常措置令が実施される前の二十一年〔1946〕一月と、旧円が強制通用力を失い、または金融機関への預入期日の満了した三月とでは、総平均指数が一〇八・三から一三九・五に、すなわち二割八分強を高騰したに過ぎないのであるが、これを細目別に見ると騰貴率の最大は食料品の一六七・二で、衣料品の一四九・二がこれに次いでいる。しかも食料品のうちでも蔬菜および果実の二二七・七、肉類の二二五・〇など、いずれも二倍以上に達しているところから見ると、当時の都民がいかに日常食料品を切実に需要していたかが察せられる。しかも「ヤミ市」を利用するもののおそらく大部分は無産大衆に属し、比較的富裕階級に属するものの裏門をくぐるヤミ商人のヤミ値のうちには、どれほど高価に上るものがあったかは、あるいは想像のほかであったかもしれない。いずれにしても金融非常措置が特に物価統制の枠をもって補強されても、物価の高騰を抑制するという大目的を達し得なかったことは否定されないところであったといわなければならない。

金融緊急措置令および物価統制令など、一連のインフレーション防止策が実施された当時の物価の暴騰は、まったく空前の現象であったには相違ないが、とにかくそうした物価の騰勢を対象としてのインフレーション防止策は決して順調に奏功したわけではなかった。それらの非常対策が施行された後から、緊急措置令施行規則にいくたびかの改正が施されたなかにも、まず三月三十一日には預金払出制限が強化されたかと思うと、翌四月の九日には同じく金融機関から生活必需品の生産者への支払を一部現金化することを得るように改められたのに次いで、翌五月の十六日には繭代金の自由払い、同月二十二日には罹災者の生活必需品購入資金払戻しの拡張、同月三十日には肥料代金の自由払いに関する改正、さらに翌二十二年〔1947〕の一月二十四日には、いわゆる新円による給与の現金払最高制限額五百円を七百円まで拡張し、同月三十一日には無所得者の生計費のためにする預金引出制限額を緩和するなど、こうした補修的改正が続行されたいっぽうで、翌々三月の一日には金融機関資金融通準則が公布され、金融機関の融資規制が開始されたのである。

こうした金融関係の制限がおいおいと緩和されてきたことは、それだけ物価に影響を及ぼすべかりしはずであったが、その反応とみられる直接の影響は比較的軽小でもあり、またまちまちでもあって、その後数ヵ月間の大勢は卸売指数の上昇と、小売指数の反落とが相逆行するという不調和の現象を呈したのである。

こうした物価の不安定は二十一年〔1946〕三月に旧円の預入期限が経過した後において、かえって著しくなってきた。試みにこの非常措置が実施された二十一年〔1946〕中の東京における物価指数の月別異動状況を見ると、卸は同年三月分を百として翌四月の一二七・六から、逐月一途に高騰し、同年十二月には一八八・一に上昇しているに反し、消費財のヤミおよび自由物価指数は、終戦の翌月二十年〔1945〕九月分を一〇〇として、翌二十一年二月の二〇〇から非常措置の行われた後の二十一年〔1946〕四月には一八七まで低落し、翌五月から反騰して六月には二〇一に上り、再び反落して九月の一七二に底を入れた後、さらに漸騰して十二月には二二二に達したという経過をたどったのである。（日本銀行調べ）

五　恒常化された物価の暴騰

こうした空前の物価暴騰はそのこと自体が通貨価値の破格的な転落を意味するものであるが、物価の暴騰・通貨価値の転落は当然に国民所得水準、わけても賃金ベースとの均衡を問題とさせずにはおかなかったし、したがってまた賃金政策は物価および通貨価値と不可分的にからみ合って大問題とならずにはいなかったのである。

されば二十二年〔1947〕六月に成立した片山内閣は、就任早々、なにをおいても、この重大問題の解決をはからなければならなかった。同内閣は就任した翌七月の五日に新物価体系を発表し、基礎物資の価格を現実に即して戦前（九年〔1934〕ないし十一年〔1936〕）平均の六十ないし六十五倍という安定帯の間に安定させること、工業総平均賃金を一千八百円とし、官公吏に対する給与もこれと水準を同じくすること、ただしこの価格水準をどうしても超えざるを得ないものについては補給金を与えて、前記の安定帯まで引下げさせることになったのである。だが、基準物資の価格が実際に平均六十ないし六十五倍という暴騰を告げているのに、賃金ベースの一千八百円は二十七倍八割の上昇に過ぎなかった。政府としては公価による物資の配給量を増加することによって、賃金生活者の生活内容を充実させ、物価水準に対する賃金の下開きを調節させる方針であったが、もとよりそれは一片の空想的楽観でしかなかった。かくて賃金生活者をはじめ、あまねく勤労階級を通じ、物価と所得との不均衡は死活に関する深刻な問題となってきたのである。

片山内閣の新物価体系なるものは、さきに幣原内閣が金融非常措置というよりも、インフレーション対策の一環として標榜した物価政策、すなわちいわゆる戦後物価体系を根本から改変したものであった。殊に物価の高騰と賃金の上昇とを相関的に調和させることによって、インフレーションの防止そのことよりも、大衆生活の安定確保を眼目とした点では、たしかに前内閣のそれよりも、いっそう適切であったといえる。しかし物価水準と賃金ベースとの不均衡を適当に調節することなしに、またはこれを不均衡のままにして、この難問題を解決しようと試みたのは明らかに失策であったし、しかもそれは政治的致命傷ですらあったと評せざるを得ないであろう。

そこで二十三年〔1948〕三月に片山内閣の後を継いだ芦田内閣は、その基本方針においては前内閣のいわゆる新物価体系を踏襲することに決したけれども、それには物価と賃金とを数値的合理関係において、または物価と実質賃金とを相対的に調和さすべきであるという見地から、二十三年〔1948〕度追加予算の編成に際し、その基本的条件として、前内閣のいわゆる新物価体系の修正とでも称すべき次の綱領を決定したのである。

一　重要物資十四品目については価格差補給金（総額五百十五億円、二十三年〔1948〕度追加予算の計上額は百十億円）を支出して、需要者に対する値上りを避けしめるように抑制すること。

二　全国工業平均賃金を三千七百円とし、物価水準の安定帯を戦前基準年（九―十一年〔1934-36〕）の百十倍とすること。
三　鉱工業品については原価主義、農産物についてはパリティーの計算方式によること。
四　こうした施策により終戦直後におけるよりも以上の値上りを、基礎物資については七割、消費財については八割程度に止めること。

この、いわば修正新物価体系に基づいて、二十三年〔1948〕六月十五日に経済安定本部（後の経済企画庁）から「中間経済安定計画第一次案」が発表されたのに引きつづき、政府は同月二十二日から翌七月の十一日までの間に、石炭、鉄鋼、電力、木材、非鉄金属、化学肥料、主食の消費者価格、同年産の麦類、ジャガイモなどの生産者価格を引上げまたは決定する旨を発表したのである。

だが、これらの補正価格は必ずしもその実行を確保するに足るだけの具体的根拠をもったものではないのに、いっぽうで三千七百円という賃金ベースは同年五月現在を対象としての推測的算定に過ぎないのであって、政府は独自の立場から同年三月十三日に公務員の賃金ベースを二千九百二十円（同年一月分から）と決定したにもかかわらず、中央労働調停委員会の調停による電気産業労働の基準賃金五千三百五十三円をそのまま肯定したため、同内閣はみずから立てた物価政策を根底から立てなおさざるを得なくなったのである。こうして物価と賃金とが相互に追い抜き追い抜きして上昇を繰り返して行くうちにも、大勢は常に賃金よりも物価の先ばしり高を告げ、大衆の生活難はやはり緩和されないままに推移してきたが、しかし物価政策の前進にともなってだんだん公価が引上げられてきたことは、おのずから諸商品の出回りを促すと同時に、食糧事情もおいおいに好転してきたなどの事情により、二十三年〔1948〕の下半期ごろにはヤミ物価の騰勢がようやく鈍化してきたのである。

日本銀行の調査によると、二十三年〔1948〕十二月のヤミ物価指数は終戦直後に比して八倍、戦前(九一十一年〔1934-36〕平均)に比して実に七百五十倍ということであるが、公価の引上げにともなってヤミ物価への鞘よせが進むほど、ヤミ取引はおのずから減退するわけであって、大体二十三年〔1948〕下半期ごろから、こうした意味での経済基盤の安定が期待されるようになってきたのである。かくて芦田内閣は同年十月八日に食料品、日用品、機械、器具類を通じて百十一種、一万三千品目の公定価格を廃止した上、同月十九日に第二次吉田内閣と交迭したのであるが、もっともこれは決して物価の上げ足がこの辺で停止したことを意味するものではない。否、第二次吉田内閣以降にあっても、物価は引きつづいて高騰するとともに、賃金ベースも後追い式にこれに追随して今日に及んだという次第である。

なお、かような物価の暴騰すなわち通貨価値の転落は、当然に円の外国貨幣に対する交換比率を変動せしめずにはおかなかった。当時被占領下にあったわが国は占領軍側から終戦の翌月、すなわち二十年〔1945〕九月に軍票交換レートを一ドル・十五円と定められたのを基準とし、同月二十四日に連合国軍票を法貨として通用する旨の勅令を施行したが、二十二年〔1947〕の三月十二日からこの交換率が一ドル・五十円と改定されたのに引きつづき、二十四年〔1949〕の四月二十五日には、さらに一ドル・三百六十円と改定されて今日までそれが継続しているのである。もちろんこの交換比率は必ずしも物価の騰貴率と均衡を保って改定されてきたわけではないが、その後わが国では物価水準のほうが、かえってこの交換レートと持ち合うような傾向も認められたし、また戦前に比して今日の物価水準は二百倍ないし三百倍程度と合点するのが常識のようにすらなってきたのである。

この一ドル・三百六十円という交換比率は必ずしも自然経済における自然の産物とはいわれない。政府の金買上げ価格は二十四年〔1949〕七月二十二日の改定によって一グラム三百八十五円すなわち一匁当り一千四百四十三円七十五銭（旧平価に比して二百八十八倍七割五分）まで引上げられたが、とにかくこの交換比率には多分の政治的裁量が加えられていたことはよぎない次第であった。もっともこれは単に通貨価値とか物価とかに関するだけでなく、およそわが国側をして、その経済力水準、具体的には諸生産における原価採算の決定的な目標とさせたものであったが、とにかく物価をしてこの辺に一応の安定帯を得させたところから見ると、必ずしも、それは人為的な無理押しであったとのみは断ぜられないのである。

こうして物価水準がこの辺で一応の安定を保ち得るものと認めたものか、GHQは同年八月八日に七千五百種の公定価格撤廃を発表したのに引きつづき、さらに同月十五日には食料品など四百三十品目、二十日には薬品など五百品目、二十五日には桑皮など百五十品目、二十九日には自転車など千品目をそれに追加したいっぽう、わが物価庁は同年九月二日に百四十七品目の統制を撤廃したのにつづいて、翌二十五年〔1950〕八月一日には肥料、二十六年〔1951〕二月二十八日には雑穀、二十七年〔1952〕六月一日には麦類のいずれも統制を撤廃したので、かくて主食の米を除くほかは、ほとんど自由取引による自然価格に復元することになったのである。しかしそれらの自由価格は戦前基準からすれば、いずれも二百倍・三百倍から数百倍という台がわりを告げ、その新しい物価水準が基調となって、わが戦後経済が再発足したということは、いわゆる戦争インフレーションによる経済変動の総決算であったと評してよいのである。

終戦直後の金利と通貨

日華事変の勃発以来、太平洋戦争の終止まで八年余という長期にわたり、また戦争の局面が致命的に重大であったことは、わが国民経済の動向に空前の異変を生ぜしめたゆえんであって、その金融界に及ぼした影響も前例のないものであった。だから戦後における金融界としては戦争目的のために歪曲されていた制度や方法や機構を常態に復元するというだけでなく、戦後における内外の経済情勢に即応し得るような新体制を実現することも、当然の要請とされなければならなかった。概念的に区別すると、一つは金融そのものの方法に関する改廃と、他は金融機関に関する内容および制度の変更とであったが、そうした事項を引きくるめた意味での金融界の刷新は、一部は占領行政上の施策に属していたのに対し、他は終戦後わが国側の自主的立場において実現された改革であったといえる。

一　戦時体制の戦前への復元

金融界の戦前復帰を目的とする施設の第一歩は、終戦直後の二十年〔1945〕九月二十日、政府の金融統制団体解散命令からふみだされた。この命令によって全国金融統制会は同月三十日に解散したのに引きつづき、翌十月一日に六大都市その他全国の主要都市に銀行協会を、同時に全国銀行協会連合会を設立した。これらはすべて当業者の自主的組織による純民間団体であって、翌二十一年〔1946〕一月四日、かねて終戦まぎわの二十年〔1945〕六月に手形交換所が解散し、日本銀行にその業務を継承させていたのを、再び銀行協会で継承したのである。この金融統制会の解散と同日にＧＨＱから植民地銀行、外国銀行および特別戦時金融機関の閉鎖命令が発せられたのに基づき、わが国側では即日大蔵、内務および司法の各省令を公布して、戦時金融金庫、資金統合銀行、朝鮮銀行、台湾銀行、南方開発金庫および外資金庫をこの閉鎖機関に指定したのである。いっぽう、日本銀行では翌十月の九日に渋沢総裁が辞任（蔵相に就任のため）して、新木栄吉が第十七代総裁に就任し、同月二十四日この新総裁のもとに、右の閉鎖金融機関への債務支払を同行へ集中して引受け処理することになった。

終戦直後の金融施設として最も急を要した一つは、戦災によって焼失した住宅や店舗の再建を助成するために必要な融資であった。特にそれは大衆層を対象とするものについて切実に要望されたので、政府は二十年〔1945〕十月九日から庶民金庫をして簡易住宅建設資金の融通を行わしめることになったが、なにぶんにも戦災が広大であったところへ、被災者側の財的信用が貧弱であったなどのために、この融資計画は容易に目的を達せられそうにもなかった。いっぽうで、日本銀行は同年十一月一日から、戦時中、継続してきた軍需手形の優遇措置を廃止し、東京銀行協会は翌二十一年の一月から土曜半休制を復旧し、かくて戦時金融体制改廃の第一段階を実現したので、二十一年〔1946〕二月から前節に述べた金融非常措置を実行することになり、金融界はその後の数年間にわたり、このインフレーション防止策を枢軸として推移することになったのである。

こうして金融界の平時体制がだんだんと回復されるにともない、日本銀行は日華事変勃発早々（十二年

〔1937〕七月十五日）から据えおきとなっていた公定歩合の一部を戦後はじめて改定することになり、二十一年〔1946〕四月九日から国債担保の貸付利子を一厘方引き上げて一銭と改定した（商業手形割引歩合は据えおき）が、この改定はがんらい国債担保貸付の利子歩合が、商業手形の割引歩合よりも一厘高を常とすることになっていたのを、日華事変に入ったときから、これを商業手形の割引歩合と同率まで引き下げていたのであるから、ここでそれを一厘方上鞘《うわざや》に引き上げたことは、改定というよりもむしろ公定歩合の平時的常則への復帰とみなしてよいのである。されば日本銀行は同年十月十四日さらに公定歩合を改め、商業手形割引歩合を一厘上げの一銭、国債担保貸付利子を同じく一銭一厘に引上げ、これをもって戦後の金利基準の拠点としたのである。すなわち日華事変勃発前の十一年〔1936〕四月七日以来商業手形割引歩合九厘の据えおきとなっていた公定歩合が、これで本来の在り方に即して改定されたわけである。

二　金利水準の修正的反騰

日本銀行の公定歩合引上げ改定は、単に公定歩合制度を常則に引きもどしたというだけでなく、同時にまたそれは戦後における産業金融の再発足を促す青信号ともなったようである。翌々六月二十八日に五大銀行を中枢とするシンジケート団は、綿業再開復興資金として十一億円、同じく運転資金として六十億円の引受けを決定したいっぽう、政府は翌々八月一日には、おって設立さるべき復興金融金庫の開業まで、その過渡的対策として興業銀行に「復興融資部」を設置させ、また日本銀行は同月三十日新規のスタンプ手形制度を開設して、戦時補償を行わなくなったために、あらたに生産資金を必要とする石炭、肥料製造、繊維加工その他地方特殊工業への融資を積極的に行うことになったのに引きつづき、同年十月十八日に金融機関再建整備法が公布され、同月二十九日から施行されたのである。

この当時には都市および地方を通じて金利は一般にまちまちで、高低常なしというような場面の現われたこともあるが、大勢はおもむろに引きしまりの傾向をたどり、日本銀行公定歩合の引上げに同調するような機運もうかがわれた。日本銀行は二十一年〔1946〕の利上げ後、翌二十二年の三月一日に高率適用制度を復活し、戦時中から馴致されてきた市中銀行の日本銀行依存を抑制する趣旨をもって、まず第一次高率を適用することになり、次いで同年八月十一日から第二次高率を実施することになった。いっぽう東京預金利子協定加盟銀行は二十二年〔1947〕六月一日から三厘方を引き上げて、定期を年三分六厘と改定した。これは日華事変前の十一年〔1936〕四月十日以来十一年間余にわたり、年三分三厘の据えおきとなっていたのを引き上げたものであった。それにならって翌々八月一日から郵便貯金利子も一厘二毛の引上げにより、年二分七厘六毛と改定されたのである。

こうした金利の上げ足は民間金融の関する範囲内だけでなく、公債の発行利子もまたこれに追随して、二十二年〔1947〕九月二十五日に発行された復興四分利国庫証券第一回分は、その名称の通り四分利付とされた。これは日華事変前の十一年〔1936〕五月一日に三分半利国庫債券第一回分が発行されて以来、戦時中を通じて三分半利が継続されていたのを、戦後これも戦前の水準に復する意味で五厘上げに改められ、八年〔1933〕九月四日発行の四分利国庫債券と同水準まで復元したものである。

もっともかように金利水準が上昇してきたことは、決して恒常的に本来の地位を取りもどしたものではなかった。前章中で述べたように戦前から戦時中を通じて、わが国としては前例のない低位にまで引き下げられていた金利水準は、まったく政策的に強行された人為的所産でしかなかったのであるから、終戦直後におけるその反騰傾向は、わずかに常態復元の初歩を踏みだしたに過ぎなかったものであることを注意しておかなければならない。

三　臨時金利調整法

金融機関の金利は預・貯金として受け入れる債務についても、また貸出として融通する債権についても、わが国では同業間の協定によってその最高限度を維持することが、明治時代以来の慣行として継続されてきた。しかるに二十二年〔1947〕七月一日に施行された「私的独占の禁止および公正取引の確保に関する法律」に基づいて、即日公正取引委員会が設立され、その公正取引委員会は同年十月二十二日に右の金融機関における各種の金利協定をもって私的独占禁止法に違反するものと判定したので、翌二十三日各種の金利協定はいっさい廃止された。ところが当時は前節中で述べたように、戦後インフレーションのピークに際していた関係上、金利協定を廃止したままに放置したならば、その結果はいきおいのおもむくところ、金利の混乱をすらひき起さないとも限らないという憂うべき傾向が多分に予想されたので、政府は同年十二月十三日に臨時金利調整法を公布して翌々十五日から施行したのである。

（わが国では明治時代から利息制限法が行われてはいるが、この立法は当時の経済事情よりも、むしろ社会情勢に照らし、不当の高利が公序良俗にもとる恐れがあるを防止するという趣旨に基づくもので、この終戦後における金利問題とは、もとより同日に見るわけにはいかないものである。殊に同法には罰則が設けられていないので、実効は保障されないという欠点もある。)

臨時金利調整法の「臨時」は終戦直後の過渡期に処するための「とりあえず」という意味か、または金利ばかりでなく、金融機関に関する制度の根本的改正を行うからとでもいう底意があってのことか、立法の意図は明らかでないが、いずれにしても、終戦直後におけるインフレーションのピークに際しては、なんらかこの種の法的保障を必要としたことはぜひもない次第であったと思われる。

この法律においては金融機関とは銀行、信託会社、保険会社、無尽会社、農林中央金庫、商工組合中央金庫、恩給金庫、庶民金庫、地方農業会、漁業会、信用金庫、信用金庫連合会、信用協同組合、中小企業等の協同組合連合会その他貯金の受入または資金の融通を業とするもののすべてを含み、金利とは全国各地における金融機関の実際に付する預金または貯金の利率、定期積金の利回、無尽掛金の利回、指定金銭信託の予定配当率、貸金の利率、手形の割引率、当座貸越の利率、コールローンまたはコールマネーの利率ならびに有価証券の引受料、戻料《もどしりょう》その他これらに準ずるものを指すのであるから、預・貯金を受け入れまたは資金を融通することを業とするものは、すべてこの「金融機関」であり、またその「金利」は貸借の双方にわたるのであるから、全体的には日本銀行をはじめ、質屋も証券業者もこのうちに含まれるわけであるが、主たる対象が銀行をはじめ、貯蓄銀行、信託会社におかれ、わけても重点を銀行においていたことはいうまでもない。

同法によると、「大蔵大臣は当分の間、経済一般の情況に照らし必要があると認めるときは、日本銀行政策委員会をして、金融機関の金利の最高限度を定めさせることができる」し、また「日本銀行政策委員会が決定した金利の最高限度を変更または廃止させること」もできるし、「変更させたものについても、また同様とする」のであるが、ただし「政策委員会が金利の最高限度を定め、変更し、または廃止しようとする場合には、金利調整審議会に諮問しなければならない」というのであるから、大蔵大臣はその決定の最高責任者ではあるが、実際の決定には日本銀行政策委員会がこれに当るのである。ところで政策委員会は必ず金利調整審議会にこれを諮問しなければならないが、それが「諮問」である限り、政策委員会は必ずしも審議会の決定を採用し、または決定に同調しなければならないとは限らないのである。だからこの制度は大蔵大臣と日本銀行政策委員会と金利調整審議会との三本立てで決定されるもののようであるが、実際には日本銀行政策委員会が主導権をにぎっているものと見てよいわけである。

金利調整審議会は十五人の委員で組織される。(一)大蔵省銀行局長、(二)経済審議庁調整部長、(三)日本銀行副総裁、(四)金融界を代表するもの七人、(五)産業界を代表するもの三人、(六)学識経験のあるもの二人がそれであって、審議会は「大蔵大臣の所轄に属し」審議会の議事は「すべて秘密とする」ことになっている。

次に「金融機関の金利の最高限度を定める場合においては、金融機関別に、または地域別にこれを定めることができる」のであって、その決定を受けた「金融機関は当該金利については、その最高限度を超えてこれを契約し、支払い、または受領してはならない」が、「その最高限度以下で、第三者との間においてこれを契約し、支払い、または受領することは全く自由である」というのであるから、「調整」の目標は一つに「金利の最高限度」の当否いかんにかかっているのである。

わが国で金利が問題となるのは、最低のほうよりも、ほとんど「最高限度」だけに限られているといってよいほどであるから、立法の趣旨は当然に肯定されてよいが、これについて想像されるのは金融機関のうちでも特に銀行側と決定者との見解や意見が、時には合致しない場合もないとは限らないであろう。もちろんこうした制度が法定されている以上は、金融業者側はぜひともその決定に服さざるを得ないわけであるが、とすると、それがために、かえって「経済一般の情況」に適合しないような場合もないとは限らないであろう。しかしまた業者側の協定が「私的独占」に属するような場合もあり得るのであるから、要するにわが国における金融界の実情に照らせば、こうした法的保障の必要も、あえて否定されない制度の一つであると認めなければならない。かくて翌二十三年〔1948〕一月六日に同法に基づく最初の最高金利が決定実施された。それによると、銀行の定期預金利率は一ヵ年もの年四分二厘、同じく貸出利率は日本銀行再割引適格商業手形二銭二厘、日本銀行スタンプ手形、輸出前貸手形、農業手形および漁業手形二銭四厘、その他の手形二銭五厘（いずれも一件の金額三百万円以下のもの）となっていた。その後同法に基づく最高金利は情勢の変化に対応して、しばしば改定されたというよりも、多くの場合は預金および貸出ともに利率の引上げが行われて今日に及んでいるのであるが、とにかく施行以来今日まで、この制度については特に紛議や問題を起さないで経過してきたのである。

四　通貨の膨張と金利の反騰

臨時金利調整法が施行された翌二十三年〔1948〕の四月七日に、かねて戦時中から施行されていた臨時資金調整法は廃止され、翌五月の一日には大蔵省から金融機関の再建整備に関する最終処理を認可した旨が発表された。かくてわが国の金融界はこの辺から戦後の立ちなおり時代に入ったわけであるが、金融の実勢もまたこのころから、ようやく本然の在り方を取りもどしてきたかの感がある。そこに招来された時代的特徴は通貨の躍進的膨張と金利の復旧的高騰とであったといってよい。

日本銀行券の発行高は日本銀行法が施行された直後の十七年〔1942〕四月一日に、十七年度の最高限度を六十億円と定められたが、十八年〔1943〕度分以降は公表されないままに戦後まで続けられたから、公式には戦時中から戦後にわたって、最高限度が六十億円を持続してきたことになっている。しかるに戦後の二十二年〔1947〕四月一日に公布された日本銀行法の改正によって、既述のように銀行券の最高発行限度を定めるには通貨発行審議会の議決に基づくことを必要な一条件とすることになったので、同年十二月十七日に通貨発行審議会法が公布され翌々十九日から施行された。かくてこの改正された新制度に基づき、二十三年〔1948〕二月十二日に戦後はじめての最高発行限度が公表され、その額は二千七百億円で、同年一月二十日から同年九月三十日まで適用されることになっていた。次いで同年十月九日の改定により、その十月一日以降同年十二月三十一日まで三千三百億円と増額改定され、翌二十四年一月十一日の改定により、同年一月一日から二十五年〔1950〕十一月二十七日まで三千五百億円、翌二十八日から二十六年十二月十五日まで三千九百億円、その翌十六日から二十七年十二月九日まで四千七百億円、その翌十日からは五千百億円と、改定されるごとに累増してきた。戦時中の六十億円から戦後に独立を回復したときには四千七百億円、すなわち七百倍以上に膨張していたというわけである。

もっともこの驚くべき膨張は、ひるがえってこれを前節に述べた当時の空前の物価暴騰と対照すれば、あえて怪しむには足らないようであるが、しかも、かく通貨が加速度的に膨張して行くにもかかわらず、金利はかえってますます高まり、または戦前よりもはるかに水準を高めてきたという背反的傾向が続いている。すなわち前に述べたように日本銀行は二十一年〔1946〕十月十四日に公定歩合を一厘方引き上げ、商業手形割引歩合を一銭と改正して以来、二十三年〔1948〕四月二十六日には一挙に二厘方を引上げて一銭二厘と改定したのに引きつづき、同年七月五日にはさらに二厘上げの一銭四厘と改定した。その後三年余を釘づけのままに推移したが、金融はやはり繁忙を告げ、金利は引きしまりの傾向を続けていくので、二十六年〔1951〕十月一日にはまたまた二厘方を引き上げて一銭六厘と改定した。かくてこの一銭六厘が、独立後数年間にわたって金融界の一応の小康を象徴していたかの感があったが、それとてもいまだわが国における通貨・金融が本然の安定期に入ったことを意味するものではなかったのである。

この間、日本銀行は公定歩合の引上げによる金融界の情勢の異動に照らしながら、いろいろの対策を実施してきた。主要なものを挙げると、戦後はじめて日本銀行券発行最高限度が発表された翌三月中に、商工組合中央金庫、興業銀行および勧業銀行に対して、中小企業金融関係の別枠融資を実行したのを手はじめとし、翌四月の三十日には農業手形を貸出担保として優遇する措置を施すことになり、翌二十四年〔1949〕の一月十五日には貿易手形制度を改正して、適用範囲を輸出業者の直接発注先に拡張することになった。

次いで同年六月二日には緊要産業に対する資金供給の円滑をはかる目的をもって生命保険会社から国債を買い入れ、さらに七月十三日には中小企業金融の疏通をはかるため、市街地信用組合および無尽会社から国債を買い入れ、また七・八月とつづいて、同じく緊要産業に対する資金（一部は設備資金に）の供給の円滑をはかるため、信託銀行、銀行および保険会社からそれぞれに国債を買い入れ、翌二十五年〔1950〕の四月十三日には商品（倉庫証券で）の見返りによる貸付制度の実施を決定し、同年九月二十五日からは外国為替貸付制度（貸付利率年四分）を実施するなど、その他にも資金融通のために幾多の方策を続行したが、これらの諸方策のうちには終戦後におけるわが国の産業または貿易の再建を促進するためばかりでなく、二十五年〔1950〕六月二十五日に勃発した朝鮮事変（翌二十六年の七月十日休戦会談開始）に関するいわゆる特需産業のために寄与したところも少なくなかったのである。

ところが、その朝鮮事変がようやく鎮静の機運に向い、特需産業が閑散を告げてきた二十六年〔1951〕上半期のなかごろから、日本銀行は従前の金融緩和方針を変更して引締め方針に転向し、いわゆる一万田（総裁）デフレーションの段階にはいってきたのである。殊に前述の二十六年〔1951〕十月に改定した公定歩合二厘上げなどは、こうした引締めの趣旨を多分に含んでいたようであるが、終戦後の復興機運といわゆる特需景気に楽観気分を盛り上げていた産業界は容易に冷静を回復しないままに、銀行もつづいて寛大な態度をとっていたなどの関係から、独立後の金融界は、かねて過度に馴致されてきたいわゆるオーヴァー・ローンの不健全状態に陥り、官民間を通じての大問題となってきたという次第である。

だが、がんらい資本の貧弱なわが国において、戦時中、政府が政策的に強行し、持続してきた低金利は、早晩、本然の水準まで引き戻されなければならなかった。だから戦後における金利反騰の実勢は、一部はむしろそれ自体が必然の傾向であったとも見られるのであるが、いずれにしても日本銀行としては金融の堅実を維持しようとする限り、金利の引上げによる貸出の規制はよぎない方針であったと思われる。それは一律な利上げだけでなく、高率適用制度においても、しばしば改定を繰りかえしたのである。

終戦の翌二十一年〔1946〕一月十六日に、日本銀行は新規の貸出を抑制する趣旨をもって、戦時中の十九年〔1944〕四月四日から停止していた高率適用の制度を、戦後の二十一年〔1946〕一月十六日から復活し、第一次および第二次の高率を適用することに決定したが、その年六月一日に新木総裁の辞任にともなって第十八代の総裁に一万田尚登が就任したので、その実行は一万田総裁の時代に譲られた。かくてこの制度は二十二年〔1947〕三月一日から第一次高率だけを適用することになり、次いで同年八月十一日から第二次高率をも適用することになった。その後二十五年〔1950〕二月一日から第一・二次とも、高率適用の利子歩合を引き下げたが、さらに同年十二月一日から再び第二次高率適用を引き上げたのに引きつづき、翌二十六年の三月二日から第一次高率適用の限度額を縮減し、かつ第二次高率適用の利子歩合を引き上げ、また同年十月十五日には高率適用限度額を算定する条件として、従前実行してきた預金残高のほかに、自己資本および日本銀行借入金を追加することになった。このような引締め方針は二十七年〔1952〕四月に独立を回復した後も持続され、二十八年〔1953〕十月一日には第一次高率適用限度額を、従前の算式による額の四割方に縮減し、翌二十九年一月四日からは、さらにこれを三割方に縮減するなどにより、いわゆる一万田引締めの方針をますます強化してきたのである。

こうして日本銀行の金利がおいおいに引き上げられて行くのと対応するもののように、民間の金利も年を逐って上昇の傾向をたどってきた。前述のように二十三年〔1948〕一月六日臨時金利調整法に基づく最初の最高限度（定期預金年四分、貸出日歩二銭五厘）が実施されて以来、同年七月一日定期預金二厘上げの年四分四厘、貸出利率三厘上げの二銭八厘、翌二十四年八月一日預金だけ三厘上げの定期年四分七厘と改定した後、こえて同年九月十五日には貸出利率だけ一厘下げの日歩二銭七厘、さらに二十五年〔1950〕二月一日には同様に貸出利率だけ二厘下げの二銭五厘（ただし一件の金額五百万円以下のものは一厘下げの二銭六厘）と改められたが、翌二十六年〔1951〕一月四日には預金について三厘上げの定期年五分、さらに同年五月二十一日預金について四厘上げの定期年五分四厘、同年九月一日またまた預金について六厘上げの定期年六分と改定されて独立期に入った。その後は預金については変更なく、二十七年〔1952〕十月六日に貸出利率だけ二厘下げの日歩二銭四厘（ただし一件の金額三百万円以下のものは一厘下げの二銭五厘）と引き戻して、この辺に戦後金利の平常水準を安定したもののようであった。

このように銀行預金利率が引きつづき引き上げられて行くのにともない、郵便貯金利子もまた戦時中の十九年〔1944〕四月一日から年二分六厘四毛という低率に釘づけされたままであったのを、戦後の二十二年〔1947〕八月一日に一厘二毛を引き上げて二分七厘六毛に、さらに二十七年〔1952〕四月一日には一分二厘という大幅の引上げによって、年三分九厘六毛と改定され、かくて戦争のため政策的に引き下げられていた金利は、公私を通じて大体戦前の平常水準まで引き戻されたものとみなしてよいわけである。

金融制度の改革

戦時中必要に応じて、というよりも、むしろその場その場の情勢に対処するために、金融制度を政策的に変更したり、不当にゆがめたりした事実は決して少なくはなかった。このことはすでに述べたように金融そのものの方法や在り方に関してだけでなく、金融機関についても幾多の問題を残したまま戦後へ推移したのであるから、終戦後には官民を通じてその回復が当然に企図されなければならなかった。もっとも、こうした意味での回復は、必ずしも既往における行過ぎや、戦争目的のための非常措置を是正するというだけでなく、戦前見のがされ、または軽視されていた固有の欠陥を戦争という非常事態のために暴露したものもあり、それを平時の問題として改善することも一つの眼目とされていたのであって、こうした趣旨のもとに終戦直後の二十年〔1945〕十二月五日、大蔵省に金融制度調査会が設置されたのである。

金融制度の調査については、政府当局者としては金融制度全般を対象としての改革を期待していたようであるが、それは相当広い範囲にわたらざるを得ないことであるし、殊に普通銀行に関しては戦前の三年〔1928〕から、また日本銀行については戦時中の十七年〔1942〕から、いずれも新法が施行されているので、調査会はまず戦後に急施を要するものとして、二十一年〔1946〕一月三十日に特別銀行関係制度、翌二月の四日に貿易金融機関制度、同年四月二十三日には保険制度の改革に関するそれぞれの答申を提出したのに引きつづき、二十二年〔1947〕二月八日に興業銀行改革草案および同月十八日に金融機関整備暫定要領を発表した後、二十二年〔1947〕十一月十八日に解散されたのである。このうちで最後の整備暫定要領は、これに先だって二十一年〔1946〕八月十五日に金融機関経理応急措置法が、また翌々十月の二十九日には金融機関再建整備法が施行されたので、興業銀行改革草案やいわゆる暫定要領は当然にこの両法律の立法趣旨にそって定められたものであることはいうまでもない。

金融制度調査会の調査が進行中の二十一年〔1946〕四月八日にGHQから、既述の指定銀行制度および強制貸付制度の停止に関する指令が発せられたが、これらの戦時制度の廃止はもとより当然の措置であるから、調査会としては特にこれにかかわることなく、主として銀行関係の改革に関する調査を進めた。この金融制度の改革は最初は前述のように、わが国側自身として企図されたものであるが、後に二十三年〔1948〕八月十七日GHQから日本政府に対し「新立法による金融制度の全面的改正」に関する勧告書が発せられたのを動機として、改革方針が相当に変更されたもののようであった。殊に特別銀行制度の廃止などに関しては多分にアメリカ合衆国の在り方にならったところがあったように認められる。

一　金融機関の再建整備

終戦直後における国民的窒息状態は金融界としても、もとより例外ではあり得なかったが、国民経済立ちなおりの先駆はなんといっても金融の再建、それも生産資金の融通に、もっとも期待をかけざるを得なかった。ところが戦争目的のために打ちつづいて拡張された軍需産業と、これに対して軌道はずれの投・融資をあえてしていた金融機関とは、それぞれに多大のいわゆる擬制資産を抱えこんだまま、すべての戦時補償は打ち切られ、または受けられなくなったという死活の窮状に陥ったのである。戦後における金融の再建整備はこのような窮状から出発しなければならなかった。したがって金融制度調査会の調査立案が必ずしも所期の目的に適ったものとばかりはいわれなかったし、またその成果を早急に挙げるわけにもゆかなかったのは、むしろよぎない次第であったと思われる。

しかるに政府としては前節で述べたように、なにをおいても、まずインフレーションを防止することをもって終戦後における第一の最重大な任務としなければならなかったこととて、金融緊急措置およびこれに関連する諸施設を急いで実行することになったが、そのインフレーション防止策は、終戦後金融難のドン底に陥った諸企業の再起を促す上には、おのずから、かれらをして不自由を免れしめないという背反的関係に当面せざるを得なかった。そこで政府はまず戦時補償を打ち切ることとし、新勘定によって銀行その他の金融機関を立ちなおらせ、その上で比較的緊要な平和産業への金融をできるだけ円滑ならしめ、いわゆる傾斜生産の在り方をよぎなしとして、そこに活路を打開させようとしたのである。かくて二十一年〔1946〕八月一日には取りあえず興業銀行内に復興金融部を設置させ、この金融部をして、やがて設立されるであろう復興金融金庫の業務に当らしめることとし、次いで既述のように封鎖預金の第一、第二区分を実施した上、前記の金融機関経理応急措置法および金融機関再建整備法を相次いで施行したのである。

この二法律によって、金融機関は各個に確定損失を算出し、これを切り落して、いわゆる最終処理を行うことになり、既述の通り二十三年〔1948〕五月十五日に大蔵省からこの最終処理に対する認可が発せられたのである。こうして再建整備を実行した金融機関は全国を通じて七十二（ただし後述の東京銀行および興業銀行を除く）、その切り捨てた第二封鎖預金百一億円、公称資本金二十一億九千九百万円のうち十七億六千四百万円、これに対しあらたに百二十八億三千八百万円を増資して、差引き公称資本金は百三十二億七千三百万円となった。かくて二十三年〔1948〕七月二十一日には第一および日本、翌八月の二日には三井、三菱、安田および住友の各信託銀行が開業し、かくて専業の信託会社は存在しなくなったいっぽう、同年九月二十九日には、かねて戦時中の十七年〔1942〕十二月二十八日に第一銀行と三井銀行との合同によって成立した帝国銀行から、旧第一銀行が二十三年〔1948〕九月二十九日に分離し、あらたに第一銀行として独立したのに引きつづき、翌十月の一日には三菱は「千代田」に、住友は「大阪」に、安田は「富士」に、野村は「大和」にそれぞれ改称した上（地方銀行は同年七月二十日、また右の大銀行は八月二十四日におのおのその再建増資計画の認可を受けていた）、その十月一日からいっせいにいわゆる再建銀行として発足したのである。もっとも二十七年〔1952〕四月にわが国が独立した後、大阪銀行は同年十二月一日「住友」に、千代田銀行は翌二十八年七月一日「三菱」に、帝国銀行は翌二十九年一月一日「三井」にそれぞれ旧称号に再改称したので、戦前の五大銀行は旧安田銀行が再建整備とともに「富士」と改名したままとなっているのを除くほかは、すべてそれぞれの旧称号に復帰したわけである。ただしこれらの大銀行は再建整備によって資本構成の分野に大きな変動を生じたばかりでなく、追放によって人的要素にも重大な変化を生じ、それがため特に戦前の財閥銀行などは、はなはだしく変質するとともに、かくてその後資本と経営との分離傾向がますます進んできたことは、注目すべき画期的現象であったといわなければならない。

二　復興金融金庫

普通銀行が戦時中に受けもった軍需金融上の役割は、主として短期資金の融通であった関係上、再建整備によって新発足したとはいっても、普通銀行としての本来の在り方は再建整備後においても、おおむね従前と同様に持続されたというよりも、むしろ普通銀行としての本来の在り方を、それだけ取り戻したと評してよい。ところが戦時中いわゆる事業金融としての社債や株式などに手広く長期資金を供給していた特別銀行にあっては、そのうちでも、特に興業銀行や戦時金融金庫などは終戦にともなって、多大の損失を整理しなければならなかったし、またそのままでは、とうてい新規の活動をはじめるわけにはいかなかった。もっともこの二大長期金融機関のうちでも戦時金融金庫は、前記のように終戦直後の二十年〔1945〕九月三十日にGHQから閉鎖機関の一つとして指定されたから、問題はもっぱら興業銀行にかかっていたのであるが、それはまた同時に、わが国における戦後の長期事業金融制度を、どのように立てなおすかという問題と、必然的に関連して解決されなければならなかったのである。

このことは、政府としても終戦後つとに関心を持ち、金融制度調査会をして、なんらかこれが対策を立てさせるつもりでいたようであるし、調査会としても特別銀行関係制度の改革案を最初に答申したゆえんであったと認められるが、なにぶんにも興業銀行の再建整備は相当の時日を要することであるから、なにはともあれ、あらたに政府みずから復興金融金庫とでも称すべき特別の金融機関を設立する方針に決したのである。ところが、こうした新機関を設立するにしても、その設立を待つには、産業界の戦後復興があまりに急を要したので、政府はそれまでの過渡的対策と興業銀行内に別勘定の復興金融部を設置させ、二十一年［1946］八月から業務を開始させたことは前に付記しておいたような次第である。そして翌々十月の二十九日に復興金融金庫法が施行され、同金庫は翌二十二年の一月二十五日に、復興金融部の諸勘定を継承し、資本金百億円をもって開業したのである。

復興金融金庫の最初の資本金は百億円、同年中二回の増資による五百五十億円は全部政府の出資により、同金庫は「経済の復興を促進するため必要な資金で、他の金融機関から供給を受けることが困難なものを供給する」ことをもって任務とし、本所（本店）を東京におき、支所八、出張所十のほか、代理店八十三をそれぞれ全国主要都市に配置して、特に緊要な生産事業の復興を促進する上に寄与したところは少なくなかった。というよりも、当時はこうした比較的長期にわたる事業資金、特に設備資金などの融通に当り得る金融機関が他にほとんど存在しないといってもよいような状態にあったので、かような広い意味での産業金融が、さながら同金庫の独占的活動にまかされたような関係にあったものと見てよかろう。融資対象として特に重きをおかれたものは石炭、鉄鋼および肥料製造の三業種であったが、同時にまた終戦後に続設された諸公団への融資（貿易公団を除く）も巨額に上り、最盛期における融資残高は九百億円以上に達し、そのうちで公団への融資は百数十億円を算したということである。

復興金融金庫の融資源は資本金のほかに、復興金融債券の収入金をもってこれに当てていたが、同債券の発行はほとんど日本銀行の引受にたよるよりほかはなかったのである。殊に同金庫によって戦後における産業資金の融通が比較的円滑に行われ得たといっても、そのうちの少なからざる部分は大企業のためのいわゆる赤字融資であったから、一面には、むしろそれが円滑であればあるほど、他の一面にインフレーションを助長するという痛切な弊害をともなわずにはいなかった。殊に当時融資対象とされた十一を数える公団（貿易関係の四公団は別として）がそれぞれの公団法によって、必要な運営資金を復興金融金庫から借り入れ得るという制度になっていたことは、事実上財政資金の一部を公債によって調達すると異ならないわけであるから、同金庫の産業金融機関としての機能は十分にこれを認めながらも、いっぽうではこの「復金インフレ」を非難する声がようやく高まってきたのである。

そうしたおりから二十三年〔1948〕十二月八日ＧＨＱから日本の経済安定に関する九原則の指令が発せられ、さらに翌二十四年の四月十五日には合衆国のドッジ公使から二十四年〔1949〕度予算の実行に関する声明が発せられて、わが国の財政はぜひとも完全な均衡（公債金を歳入に組み入れないという意味での）を確保しなければならないことになった。この指令に基づいて復興金融金庫は同年十月以降新規の貸出をいっさい停止した後、二十七年〔1952〕一月十六日にその権利義務のすべてを、後に述べる日本開発銀行に継承させて解散した。なお同金庫の既発行の債券総額は一千九十一億円を算したが、これは二十四年〔1949〕度中に全部償還されたのである。

三　特別銀行の改廃

終戦後のわが国における特別銀行は日本銀行をはじめ、正しくは横浜正金、日本勧業（各府県農工銀行は戦時中の十九年〔1944〕九月に当時残存していた五行が勧業銀行へ合併されたのを最後として全部消滅した）、北海道拓殖、日本興業、朝鮮、台湾および朝鮮殖産の八行であったが、朝鮮および台湾の両植民地における三行は、既述のように終戦直後の二十年〔1945〕九月三十日にＧＨＱから他の一部金融機関とともに閉鎖機関として指定されたので、実際には戦後に残存していたものは日本銀行を含めての五行であったといってよい。そのうちの日本銀行は戦時中の十七年〔1942〕に、日本銀行法による新しい日本銀行として再生していたのであるから、戦後の再建整備を要するものは正金銀行および他の三行を合せて四行に過ぎなかった。ところがＧＨＱの勧告に基づき、二十一年〔1946〕十二月十七日に資本金五千万円の普通銀行としてあらたに設立された東京銀行は、既存の正金銀行の新勘定を継承し、正金銀行は翌二十二年の六月三十日に閉鎖機関として指定されたので、つまり正金銀行は旧勘定を振り落した上、東京銀行という普通銀行となって更生したものとみなしてよいわけである。

かくて戦後における再建整備計画の対象とされた特別銀行は、勧業、北海道拓殖および興業の三銀行であったが、ＧＨＱの指示に基づいて、二十五年〔1950〕三月三十一日に「日本勧業銀行法等を廃止する法律」が公布され、翌四月一日から施行された。この「等」とあるのは、ほかに北海道拓殖銀行法および興業銀行法の二法律を指すもので、この三銀行法の廃止により、これらの三銀行は「この法律施行後においては、それぞれ銀行法（昭和二年〔1927〕法律第二十一号）に基き営業の免許を受けた銀行とみな」されたのであるから、これらの三銀行は二十五年〔1950〕四月一日から普通銀行に振りかわることになったのである。すなわち興業銀行は同月二十五日、勧業銀行は翌五月の十日、北海道拓殖銀行は同月三十日それぞれに株主総会を経た上、いずれも普通銀行として更生したので、かくてわが国の銀行は、中央銀行たる日本銀行は別として、特別銀行は全部消滅したわけである。

ところで、かように旧興業銀行法に基づく興業銀行が存在しなくなったとすると、同行の債券発行はもちろん、戦時中に施行されていた「興業債券の発行限度の特例に関する法律」も当然に廃止されざるを得ない。しかるに、こうして債券の発行を許されていた三銀行が銀行法による銀行に振りかわったとすると、債券発行によらざるを得ない長期資金の融通を業務とする銀行は存在し得なくなるわけであるから、この特別銀行法を廃止する法律と同日に「銀行等の債券発行等に関する法律」を公布して即日施行し、すべての普通銀行に対して債券の発行を許すことになったのである。

四　銀行および金庫の債券発行

この法律は「銀行等に対し、債券の発行とあわせて米国対日援助見返《みかえり》資金の引受による優先株式の発行をさせることにより、経済復興のため最も緊要とされる長期資金の円滑な供給を図ることを目的とする」ものである。「銀行」とは「銀行法（昭和二年〔1927〕法律第二十一号）に基き営業の免許を受けている銀行をいい」い、「自己資本とは、資本及び準備金（利益準備金、資本準備金その他株主勘定に属する準備金）をいう」のであって、こうした定義のもとに「銀行は自己資本の金額の二十倍に相当する金額から預金の総額とその発行している債券（通常、金融債と称されるものをいう）の総計との合計金額を控除した残額に相当する金額を限り、債券を発行することができる」というのである。そして銀行は債券を発行するについては、これに担保を付することはできないが、その発行は売出または割引のどちらの方法によってもよい旨が規定されていた。

次に対日援助見返資金というのは、さきにアメリカ合衆国が終戦後における日本の経済復興を援助するため、同国政府が二十三年（一九四八年）六月三十日、予算上の措置によって設定した一億五千万ドルの対日回転基金を見返とし、わが国側では翌二十四年四月二十日に米国対日援助見返資金特別会計法を施行し、翌五月の二十六日にその出資要領を決定していたものである。これは一概に経済援助といううちにも設備資金の融通を眼目とし、株式資本を主たる対象とするものであったから、もし銀行がこの援助資金をもって所要の債券を引き受けようとするならば、優先株式を発行することができるというのであって、それがためには「国は、援助資金をもって優先株式を引き受けることができる」のである。こういう特殊問題をも一括して規定するため、「債券発行等」に関する法律とされたのであるが、同時にまたこの法律は銀行のほかに、農林中央金庫および商工組合中央金庫にも準用されることになっていたので、「銀行等」という法律名になっているのである。

五　日本輸出入銀行

この法律が二十五年〔1950〕十二月十五日に施行されて以来、二十七年〔1952〕四月十一日に改正されるまで、銀行の名称は「日本輸出銀行」となっていたが、この改正によって「日本輸出入銀行」と改称されたものである。ただし名称の変更は本法の内容に関するところではない。

すでに述べたように明治年代以来、為替銀行として輸出入貿易金融を主たる業務としてきた正金銀行が、普通銀行としての東京銀行に転身したため、輸入よりも輸出を促進するに必要な金融機関が存在しなくなったことは、わが国の、特に戦後の貿易政策上多大の不利不便を免れしめないゆえんであった。しかも戦後の輸出貿易は仕向先や輸出品の種目においても、また貿易金融の在り方においても、戦前とはよほど趣を異にするものがあった。したがって、かりに旧正金銀行がそのまま存続していたとしても、銀行自身の使命や業務内容は当然に根底から改変されなければならなかったであろう。とすれば、こうした客観的情勢の変化に即応するためには、さしあたり政府自身が適当な新金融機関を設立するよりほかはないという趣旨のもとに、東京銀行が設立されて以来四年後に出現したのがこの日本輸出入銀行であった。かくて同行は二十六年〔1951〕二月一日から業務を開始したのである。

日本輸出入銀行は「金融上の援助を与えることにより本邦の輸出貿易を促進するため、一般の金融機関が行う輸出金融を補完し、又は奨励することを目的とする」「公法上の法人」であって、「資本金は、百五十億円とし、政府が一般会計及び米国対日援助見返資金特別会計からその金額を出資」して成立した。役員としては総裁一人、専務理事一人、理事三人以内および監事二人以内をおき、「総裁及び監事は内閣総理大臣が任命し、」「専務理事及び理事は総裁が任命する」ことになっている。だからこの銀行は法制上からしても実質においても、旧特別諸銀行とはまったく立場を異にし、いわゆる政府機関の一つに属するのである。

日本輸出入銀行の主たる業務は、

「一、設備（船舶及び車りょうを含む。）並びにその部分品及び附属品で本邦で生産されたものの本邦からの輸出及びこれに伴ってなされる本邦人又は本邦人からの技術の提供を促進するため、本邦輸出業者又は本邦輸出品製造業者に対して資金を貸し付けること」が第一の目的とされているが、ただし、それは「銀行（銀行法に規定する銀行をいう。）が日本輸出入銀行とともにその資金の貸付を受けようとする者に対して資金を融通する場合であって、その者が銀行を通じて当該貸付の申込をするときに限る」ものとする。

「二、設備等の本邦からの輸出及びこれに伴ってなされる本邦法人又は本邦人からの技術の提供を促進するため、銀行に対して本邦輸出業者又は本邦輸出品製造業者のためにする手形の割引をすること」

「三、設備等の本邦からの輸入およびこれに伴ってなされる本邦法人又は本邦人からの技術の受入を促進するため、外国政府、外国の政府機関、外国の地方公共団体、外国銀行又は外国商社に対して、外国為替の管理に関する法令の規定に従い資金を貸し付けること。但し、その貸付を受ける者が、当該貸付を受けることにより当該外国の法令の規定に違背することとなる場合を除く」

というのであるから、つまりこの銀行は事業と輸出とを一括した対外経済活動を促進するための特別な金融機関であるといってよい。

もっともそれには多少の制限がある。まず「日本輸出入銀行は、設立の日から五年を経過した後は、新たに資金の貸付または手形の割引をすることができない」し、次に同行自身の任務とする前述の「目的にかんがみ、輸出金融について、銀行その他の金融機関と競争してはならない」というのがそれである。あらたな資金の貸付または手形の割引を設立の日から五年と限ったのは、実際にはかような変則的方法による金融が、戦後の過渡期に対処するよぎないものと認められていたからであろう。すなわち本来この銀行はみずから主動的立場において存在理由を主張すべきものではなく、「一般金融機関が行う輸出金融を補完し、又は奨励する」という副次的地位に当てられているのであるから、資金源としては、もっぱら資本金をもってこれに充て、「資金の借入をしてはならない」し、また業務上の余裕金の運用は国債の保有、大蔵省預金部（後の資金運用部）への預金および日本銀行への預金だけに限られているのである。

六　日本開発銀行

復興金融金庫が二十四年〔1949〕十月に新規の貸出その他いっさいの積極的活動を停止して以来、事業資金の供給を業務とする金融機関は一時廃絶したような状態にあった。がんらいわが国の経済事情として、比較的長期にわたる事業資金の需要は特に後進産業国たる立場からして、設備投資を目的とする要望に比較的切実なものがあるのを常とした。しかも、そうした設備投資は戦争の結果、復旧復興のためにいっそう緊急の要務となった。されば復興金融金庫に対して、一部からは「復金インフレ」などという非難が投ぜられたにもかかわらず、世間一般はむしろこれをよぎない弊害というくらいに見すごし、殊に事業界からは、かえってその活動に期待するような傾向をすら呈していた。しかしいずれにしてもその復興金融金庫が新規の貸出を停止したとすると、その後における事業資金の供給をいかにして保全するかが当然に問題とならざるを得なかったのである。

長期事業資金の融通はそうした積極的意味からだけでなく、同時にまた市中金融機関、特に普通銀行の融資を是正するという消極的反射作用においても重要な関係をもっていた。というのは、事業資金の需要が切実であるにもかかわらず、その供給が必ずしも十分でないとするとヽ普通銀行は商業銀行でありながら、なかには手形の切換えによる継続の方式をもって、長期資金の供給をあえてするものがでてくる。現に復興金融金庫の新規貸出が停止されて以来、市中銀行をはじめ有力な金融機関におけるオーヴァー・ローンの傾向が、官民間を通じての大問題となったのは、一つはこのような関係に由来しているといってよい。

いったい政府当局者としては復興金融金庫を単なる一時的施設として、当座の利用に供するだけでよいというつもりであったのか、または恒常的機関として永続的に活動させる心組であったのかは明らかでない。だが、かりに九原則にわたるGHQの指令が発せられなかったとしても、復興金融金庫が設立された二十一年〔1946〕の新春当時と、その新貸出を停止した二十四年〔1949〕の秋季とでは経済界の状況が客観的に一変していたことは見のがし得ない。だから、かりに復興金融金庫をその後引きつづいて営業させるとしても、おそらくその任務や、したがって融資の対象や方法には相当の変更を避けられなかったであろうし、少なくとも半恒久的機関として再生させる必要があったであろうと思われる。二十六年〔1951〕三月三十一日に公布、即日施行された日本開発銀行法はおそらくそうした意味での必然の要求に基づくものであったと認められる。

かくて二十六年〔1951〕四月二十日に設立され、翌五月の十五日に開業した「日本開発銀行は、長期資金の供給を行うことにより経済の再建及び産業の開発を促進するため、一般の金融機関が行う金融を補完し、又は奨励することを目的とする」「公法上の法人」であって、その「資本金は、政府の一般会計及び米国対日援助見返資金特別会計からの出資金三百億円と」、これらのほかに両会計から「出資があったものとされた金額の合計額とする」ことになっていた。その「公法上の法人」であるために、「総裁、副総裁及び監事は、内閣総理大臣が任命」し、「理事及び参与は、総裁が任命する」という制度になっているのである。

日本開発銀行の業務は、

「一、経済の再建及び産業の開発に寄与する設備（船舶及び車りょうを含む）の取得、改良又は補修に必要な資金で銀行その他の金融機関から供給を受けることが困難なものを貸し付けること」

「二、開発資金の調達のために発行される社債で証券業者等が応募又は引受をすることが困難なものに応募すること」

「三、銀行その他の金融機関の貸付に係る開発資金の返済に必要な資金を貸し付け、若《も》しくは返済資金を調達するために発行される社債で証券業者等が応募若《も》しくは引受をすることが困難なものに応募し、又は銀行その他の金融機関の開発資金の貸付に係る債券の全部若《も》しくは一部を譲り受けること」

「四、開発資金に係る債務を保証すること」

などであるが、ただしその貸付金や社債や債務の保証に関する期限は、いずれも「一年未満のものであってはならない」というのである。つまり積極的な投資のほかに返済資金の肩代りや債務の保証をも引き受けるのであるが、もっともそれについて日本開発銀行は「その業務の運営により、銀行その他の金融機関と競争してはならない」という規制を課せられているのである。

日本開発銀行は政府機関であるという関係から、「業務を行うため必要な資金の財源に充てるため、政府から資金の借入をし、又は外国の銀行その他の金融機関から外貨資金の借入をすることができる」し、また「政府は、日本開発銀行に対して資本の貸付をする」ことも公然と許されているが、それ以外からは「資金の借入をしてはならない」ことになっている。これについて注意すべきは外国の銀行などから「外貨資金」を借り入れ得るという点である。いうまでもなくこれは外資導入を意味するものであって、「経済の再建及び産業の開発を促進するため」には、外資の導入を必要とする場合のあることを予想し、むしろこの銀行をして、わが産業界のために外資導入の中枢的役割を果させようとする下心にいでたものとも見られる。このことは従前、旧興業銀行に課せられていた一つの使命でもあったし、また同行がその方面で活動したことは、すでに述べたところでもある。

日本開発銀行が国内資金を政府から、また外資を外国銀行やその他の外国金融機関から借り入れることができるという規定は、輸出入銀行におけるとはまったく異なっているところである。また開発銀行が債券の発行権をもたない点では、興業銀行が最初から興業債券の発行を許されていたのとも異なっているが、このことは次に述べる長期信用銀行に譲られているからでもあるし、一つは開発銀行をして輸出入銀行と同様に「銀行その他の金融機関と競争」させるようになっては、同銀行としての本然の在り方にそむくという理由からでもあろうと思われる。もっとも業務上の余裕金の運用方法を国債の保有、資金運用部への預託金および日本銀行への預金に限られていることは、これまた輸出入銀行におけると同様であって、政府機関たる同銀行に対する当然の制限であると認められる。

ところで、こうした新しい金融機関が、殊に政府機関として設立されたとすると、その使命や性質において、いわば同系統に属する復興金融金庫との関係をどのように処理するかが問題とならざるを得なかったことはいうまでもない。

復興金融金庫は前に述べたように、二十四年〔1949〕十月から新規の貸出はいっさいこれを停止していたが、同金庫自身はその後も引きつづいて存在していたのであるから、日本開発銀行法はその「補則」において「復興金融金庫は、昭和二十七年〔1952〕三月三十一日までの間において政令で定める日に解散し、その権利義務（政府の出資に係るものを除く）は、日本開発銀行がその日において承継する」旨を規定し、同金庫は同年一月十六日に解散したのである。

だが、このことは必ずしも日本開発銀行が復興金融金庫の後身または更生を意味するものではない。両者の設立された場合の客観的情勢がはなはだしく異なっていたことは前に述べたが、とにかく日本開発銀行がそれ自体としての新しい使命を帯びて設立された特殊の金融機関であることは上述したところによって明らかであると思う。

七　長期信用銀行

日本輸出入銀行および日本開発銀行は、名称は「銀行」であっても、実質は政府機関であるのに対し、長期信用銀行は長期信用銀行法に基づく私法人としての特別銀行である。前に二十五年〔1950〕四月一日に施行された「勧業銀行法等を廃止する法律」によって、わが国の特別銀行は、日本銀行を除くほか、すべて消滅したのであるが、長期信用銀行法によって再び特別銀行が存在することになった。その長期信用銀行は現在では日本興業銀行と日本長期信用銀行との二行である。

すでに述べたように、比較的長期の事業金融業務を営む機関としては、二十六年〔1951〕に日本開発銀行が設立されたが、これは過渡期の施設としての政府機関に属する。本来、資本主義体制を基盤として金融系統を整備しようとするならば、長期の事業金融や貿易金融だけを政府機関として、普通銀行と対立させるような在り方は、もちろん変則であるといわなければならない。しかしまた少なくとも現在までのところ、わが国の経済事情として、長期事業金融が純民間銀行によって運営されるには幾多の支障や弊害の予想されるものがあるので、たとえ好ましくない制度ではあるとしても、やはり戦前におけるような一種の特別銀行の存在を必要と認め、二十七年〔1952〕六月十二日に長期信用銀行法を公布し、同年十二月一日から施行したのである。

長期信用銀行法は旧特別銀行、たとえば勧業とか興業とかいうような、それぞれの銀行だけに関する一行一法を意味するものではなく、そうした銀行の名称いかんを問わず、この法律の適用対象となり得るものはすべて長期信用銀行に属するのであって、立法の方式からすれば、あたかも「銀行法」がすべての普通銀行に適用されるのと同様に、どの長期信用銀行にも適用される共通法であるといえる。したがって長期信用銀行は必ずしも現存の日本興業および日本長期信用の二銀行のみに限らるべきものではない。しかし現在ではこの二行を存するだけで、前者は二十七年〔1952〕十二月一日に普通銀行から転換したいっぽう、後者は同月五日から開業して今日に及んでいるのである。

長期信用銀行法は「長期金融の円滑を図るため、長期信用銀行の制度を確立し、その業務の公共性にかんがみ、監督の適正を期するとともに、銀行業務の分化により金融制度の整備に資することを目的と」して制定された特別法である。その任務に関し「長期金融」というだけで、あえて事業金融と限定しないのは、旧勧業銀行が普通銀行に転身して、不動産銀行が存在しなくなったからには、そうした特殊の金融業務をはじめ、およそ長期にわたる資金の融通は、すべて「長期金融」に属するものとして一括されたのであろうと見られる。「銀行業務の分化」ということは、わが国特有の不動産金融や事業金融の在り方にかんがみ、その混雑を分解、純化するという意味に解される。というのは、農工銀行が消滅した後のわが国では唯一の不動産銀行であった勧業銀行が時代をおって普通銀行化してきたいっぽうで、預金を主たる融資源としている普通銀行は、殊に定期預金に依存して長期の不動産金融をあえてしているほか、事業資金の供給にも相当の重きをおいているという現状であるから、その間における分業的関係をはっきりとさせることは、「金融制度の整備」を期する上に当然の方針であるといわなければならない。

こうした趣旨に基づいて設立される「長期信用銀行は、資本の額が五億円以上の株式会社で」、「大蔵大臣の免許を受けた者」でなければならない。また「預金の受入に代え債券を発行して設備資金又は長期運転資金に関する貸付をすることを主たる業務として営もうとする者は、大蔵大臣の免許を受けなければならない」が、「大蔵大臣は、免許を申請した者の人的構成及び事業収支の見込、経済金融の状況その他を勘案し長期信用銀行の業務を行うにつき十分な適格性を有するものと認めた場合に限り、」その免許を与えるというのであるから、旧特別諸銀行のように、それぞれの特別銀行として、最初から債券発行権を与えられているのとは異なり、長期信用銀行であっても、こうした条件による「免許」を受けなければ債券の発行はできないわけである。

長期信用銀行が営むことのできる業務は次のとおり。

一　設備資金又は長期運転資金に関する貸付、手形の割引、債務の保証又は手形の引受

二　国債、地方債、社債その他の債券、株式又は出資証券の応募その他の方法による取得。但し、社債その他の債券（政府が元本の償還及び利息の支払について保証しているものを除く）、株式又は出資証券については、売出の目的で取得する場合を除く。

三　預金の受入。但し、国もしくは地方公共団体又は貸付先、社債募集の委託会社その他の取引先からの預金の受入に限る。

四　為替取引

五　地方債又は社債その他の債券の募集の受託

六　前各号に掲げる業務に附随する業務

この六項目にわたる業務は、いわばその本業に相当するものであって、このほかになお副業に属する次の諸項目が挙げられている。

一　前項の業務に妨げのない範囲において、設備資金及び長期運転資金（資金需要の期間が六箇月をこえるものをいう）に関する不動産を担保とする貸付をし、又はその受け入れた預金及びこれに準ずるものの合計金額を限度とする短期資金（資金需要の期間が六箇月以下のものをいう）に関する貸付、

手形の割引、債務の保証又は手形の引受をすることができる。

二　担保附社債信託法により、担保附社債に関する信託業を営むことができる。

これらの各号に掲げられた以外の業務を営むことはできないのであって、大体、旧興業銀行の業務規定と多分に共通するものがある。

ところで、前に述べた債券の発行については、「資本金及び準備金（利益準備金、資本準備金その他株主勘定に属する準備金をいう）の合計金額の二十倍に相当する金額を限度と」することになっていて、これを「発行する場合においては、売出の方法によること」もできるのであるから、このことについても大体、旧興業債券に関する規定と同様ではあるが、ただし債権の発行そのことが、前述の条件による大蔵大臣の免許事項とされている点は、旧興業銀行の場合とまったく異なるところである。これは長期信用銀行が特別銀行であるとはいっても、それは特別法の規定による銀行というだけの意味であって、実質は純私法人たる株式会社である以上、よぎない監督上の制限であるといわなければならない。

これらの規定から見れば、「長期信用銀行は銀行法にいう銀行ではない」が、「但し、銀行法及びこれに基く命令以外の法令において銀行とあるのは、別段の定めがない限り、長期信用銀行を含むものとする」というのである。

なお本法の附則において、前に述べた「銀行等の債券発行等に関する法律は廃止」されたから、銀行法にいうところの銀行、すなわちいわゆる普通銀行は商法の規定による「社債」のほか、いっさい債券の発行はできなくなったと同時に、米国対日援助見返資金をもって引き受けることにより優先株式を発行することもできなくなったものと認められる。なお旧興業銀行が普通銀行に転身しないで長期信用銀行に振りかわったことは、主として銀行側自身の意向によるもののように伝えられているが、それについて裏面に政府側の希望などがはたしてまったく作用していなかったか、どうかは明らかでない。

附録

各巻序文類

序（日本金融史第一巻明治編）

旧刊の拙著『明治銀行史』は、明治の末ころに、渋沢栄一から委嘱されて執筆したものである。これは、渋沢が同文館からの依頼に応じて、同館発行の辞典に収めるための明治の銀行史を、私に代筆してくれということであったから、前半は、当時、すでに公にされておった『開国五十年史』所載の同人述『銀行史』を典拠とし、後半は滝沢直七著『稿本日本金融史論』に基いて全編をまとめたが、何分にも渋沢が日頃、非常に多忙であるままに、脱稿はしたものの、訂正を加え、添削を試みる暇もなくて打ち過ぎてきた。そんなわけで同文館としても、よぎなくあきらめていたもののようであった。しかし私としては折角の骨おりを無駄にするのは惜しいと思って、とにかく渋沢に一読を請うたところ、大体よくできているという好評を受けたので、昭和二年〔1927〕三月から『竜門雑誌』――（渋沢の友人、門下生による同人雑誌）――に十三回にわたって全編を連載した。

すると、その後、改造社が『現代金融経済全集』を出版するについて、同社から是非ともその一巻に充てたいとの依頼を受けた。私としては、それならば、なお相当に加筆したいと思う点もあったが、そうした暇もなく、請われるままに、文体をなおしただけで、昭和十年〔1935〕その一巻として旧刊のままを公にしたものである。

この改造社版は、あとから読みなおしてみると、記述も論評も粗雑の感じを免れないが、それでも割合に簡約であるためか、今日でも、時おり学者や実際家が一部を引用しているのを見受けるし、またかつて或る人から、この拙著がハーヴァード大学の図書館に納まっていると聞かされて、ひそかに、むずかゆいような思いをしたこともある。そんなわけで、今では、むしろこれをタネ本とし、観察の対象を拡めて明治金融史を編述したいと希望し、いろいろと計画を進めたが、何分にも、私は今や七十代の老年に達したことでもあり、また参考資料に照らして一事一件を考証するなどのことは、とうてい不可能に属するので、久しくちゅうちょしておった。

ところが、たまたま『大正金融史』を鈴木憲久博士との共著として出版することになった縁故から、この『明治金融史』もまた同博士との共著とし、大体の筋道は『明治銀行史』をたどりつつ、これに若干の修訂および補正を加えて新たな一編にまとめたものである。したがって修訂とはいっても、何となく棚ざらしの感じがしないでもないし、また記述に多少の遺漏もあろうし、かたがた、なお意に満たない点も少なくないが、旧巻の『明治銀行史』はすでに絶版となり、しかも古本屋の店頭にも、ほとんど見当らなくなった今日、いろいろの方面から、何とかして再版してはどうかと勧められるままに、あえてこの修訂版を刊行することになった次第である。

次に『大正金融史』についても一言しておかなければならないものがある。これは、最初、昭和十二年〔1937〕六月に私が東京銀行集会所で試みた講演の速記録を、同集会所が自刊の『銀行叢書』の一巻として発行したもので、それが『大正銀行史概観』であった。これを鈴木博士と共に全面的に補修して竜門雑誌に連載し、後年、さらにこれを一とまとめにして限定版三百部を刊行したのが『大正銀行史』である。しかるに、当時、私は金融界の第一線で働いていた関係もあって、その内容に関し同業者から、あれこれと批判を受けたこともあったが、最初から本書は竜門社の同人などに配布するだけの目的に出でたものであったから、必ずしも公刊の著述と同一視さるべきではなかろう。

しかも大正の銀行または金融に関する歴史としては、坂入長太郎著『日本金融制度史』のなかに述べられたものがあるのを除いて、今日まで他にまとまった刊行物がないためか、時おり諸方面から、この旧刊の贈与を要請されることがある。この『大正銀行史』もまた粗雑な記述に過ぎないが、『明治銀行史』よりは、ややまとまっていると思い、今日では、むしろこの方から先に再刊しようかとも考えたほどである。だが、順序としては、「明治」をさしおいて「大正」を先にするのは面白くないので、内容のあちこちに若干の手を入れ、書名も『大正金融史』と改め、『明治金融史』とならべてこれを世に送ることとしたのである。

すると、当然に今一つ問題となるのは、昭和の金融史をどうするかということである。打ちあけたところ、私としては昭和の、特に戦時中、みずから金融業務の一主脳者としての立場にあった関係上、これは、執筆したくもあり、また執筆したくもないというのが本心である。しかし「明治」と「大正」とをならべて公刊したまま、「昭和」を欠いだのでは余りに不完全であるから、前二巻に引きつづき、鈴木博士と共同して、おもむろに考証を試みつつ述作することに決心もし、また相談もまとまっている。ただし勝手ながら、読者の方々としては、こうした情状をくまれて、あまり早急の出版を期待されないように希望しておく。

明治から大正を経て昭和の今日に至るまでの金融史に関する資料としては、さきに第一銀行が同行創立七十年記念として東京大学に提供した寄付により、後には日本銀行などの多大の好意にあずかり、土屋喬雄博士主宰の資料編纂所で、大体その編纂が完成したのを日本銀行で引き取り、さらに同行調査局で編集されたのが『日本金融史資料』であって、その明治大正編第一巻は既に公刊され、毎年四―六巻ずつ続刊し、二十五巻で終了する予定になっている。誰か、この資料によって、明治維新以来、現代にわたる金融史を編述する人があれば、この数十年にわたる世界に類例の少ないわが国の金融の変遷は、遺憾なくまた有益な文献としてまとめられるであろう。私としては心からそのような業績が世に出ることを切望して止まない。私どものこの三巻から成る日本金融史は、それまでのつなぎという意味で世に送りだしたものであることを、あらかじめ諒とされたい。

明治金融史における史的段階の区分については、石沢久五郎著『本邦銀行発達史』および東洋経済新報社の『金融六十年史』の所説などは、いずれもそれぞれ実際に妥当するものと認められるが、旧拙著の『明治銀行史』では始終を通じて七期に区分してある。明治十九年〔1886〕に日本銀行がはじめて銀貨兌換による銀行券を発行したのを画期とし、明治時代の始終を通じて前、後の二期に区分するのも一方法ではあるが、この分け方は実質的には、大正年代を前、後期に区分するほどに、はっきりとした情勢の変化が見られないので、いろいろと考察を重ねたあげく、やはり、大体、『明治銀行史』の区分方法にならうこととした。

最後に、『明治銀行史』は、もとは漢文口調の文章体でつづられていたのを、後年、改造社から出版するに際して言文体に書き改めたものであるが、今日、これを読みなおしてみると、ところどころ文体に不調和の感じを与えるような点が残されている。しかし、またこれを『大正金融史』と同様に、まったく現代風の口語体に書き改めるとすれば、或いは原文の意味を失いまたは間違えさせるようなきらいもないとは限らないと思ったので、幾分か古くさい口調が出てくるところがあっても、止むを得ないのではないかと思いかえして、できるだけ原文の真意を保全するようにつとめた次第である。

これらの難点にかかわらず、もし、この小編が学術上、実務上、さらには世間同好の方々にとって、何らか参考資料の一端にでも供されることを得たならば、著者としては望外の幸であることを付言しておきたい。

昭和三十年十一月三日　　明石照男

共著者の一人として（日本金融史第一巻明治編）

明石さんの序の日づけでもわかるように、この小編、といっても第一巻と第二巻とが、一応、脱稿したのは一年半余も前のことである。それから半年以上にわたり、両人は毎月二、三回ずつ、原稿について、腹蔵なく討議を重ねた上、すっかり話あいがついて、大体、これでよかろうと、ひとまず、この二巻分だけを出版元へ渡そうということになったのが、三十一年〔1956〕六月はじめの某日であったと記憶する。

と、同月なかばに、思いもよらず、明石さんは入院されることになった。主治医のはなしでは胃がんの切開手術を要するとのこと。おどろきと心配とで、私は一時、ぼうぜんとならざるを得なかった。もちろんそれは過去二十数年にわたる親交からの至情でもあるが、同時にまた、あるいは、より以上に気づかわれたことは、万一、この人が再起不能という最悪の不幸に陥られたならば、それは単なる一私人の一私事のみとして、あきらめることのできないわけがあるからである。

というのは、私が明石さんから、最初に、この著述について相談を受けた当時、私は、その頃、なお在世中であった池田成彬および結城豊太郎の両氏に、このことについて指導を依頼したところ、両氏の所見がまったく一致していたことにある。それは「明治時代からの金融業務にたずさわり、したがってまた明治以来の金融の本すじを歴史的に理解している実際家で、今なお生存しているものといえば、まず三人（池田、結城の両氏と明石さんとを指す）くらいのものであろう。ことに明石さんは典型的なサウンド・バンカー（健実主義の銀行家という意味）の一人であるし、観察の公平な点でも、十分に信頼を払うことができる。日本の金融史としては、まとまったものが、まだ世にでていないことでもあるから、それは是非とも協力して仕上げてほしい。今なら金融関係のことについては、なんでも打ちあけて話してあげられる。側面から、できるだけの援助をしてやろう」という激励のことばを受けた。私はほんとうにうれしく、俗にいう百万の援軍を得たような思いで、明石さんにこのことを伝えた。明石さんも非常によろこばれた。

池田、結城および明石の三氏は、終戦後はいずれも第一線から隠退していたが、しかも、わが国における金融界の三長老として、財界からだけでなく、官界からも尊重されていた人々であったのに、前二者はその後、間もなく相ついで世を去り、ただ、ひとり健在であった明石さんも、不幸にして今や帰らぬ客となられた。私自身の当惑よりも、かくて「生きた歴史」の一片が失われたことこそ、その損失は社会的意味において大きく評価されなければならないであろう。

私は原稿について、明石さんの入院後、なお質したいこと、また確かめておきたいことがあったが、病床の人を煩わすのは心ないわざであると控えながらも、気にかかってならないままに、三十一年［1956］九月二十九日という最後の日の三日前、愛子夫人と同席のうちに、この著述のことについて、せめてもの遺言でも承っておきたいと、思いきって相談したところ、意外にも、明石さんは「あれは、もっと先でよい。」といわれた。私はこのことばの意味について、その後、いろいろと考えたが、けっきょくこれは、なお検討を加えた上でよいと思われたからであろうと判断した。まったく筆をおくまでに、またまた一年近くを経たのは、こうした事情によるものである。

そんなわけで、この著述における欠点や誤りや不備に関する責任は、いっさい、私ひとりに帰するものであることを、余計なことわりのようであるが、一言つけたしておく。

思えば、このようななげかわしい事情による不幸な著述が、他に類があろうか。私は最大の哀愁のうちに、今、この著述の一本を共著者の霊前に供えなければならないという悲痛の述懐を以て、謹んで序にかえる次第である。

昭和三十二年七月一日

鈴木憲久

序にかえて（日本金融史第二巻大正編）

第一巻（明治編）の明石さんの序文は、大体第二巻をもふくめてかかれてあるから、第二巻には特に序文を掲げる必要はないが、かんじんの明石さんは第一巻の出版をも見ないままに世を去られたので、後にのこされた私としては、改めて第二巻の巻頭に、共著者としてのあいさつを述べるのが、私自身の義務であると思う。

第一には、第一巻から第三巻までを通じて、各巻ごとにこれを編別にしたことである。著者両人としては、もとより三巻を通じて一本をなすべきものと思い、また読者諸氏としても、そのつもりで全編を読了されたいと希望していたが、なにぶんにも各原本を執筆した時代または時期がそれぞれに異なっているのと、一方、読者諸氏のうちには史的推移の各段階について、たとえば大正なら大正の分だけというふうに、区画別にまとまったものを要求される方もあろうと察したので、著者両人は再三相談した上、全巻を通じて一本とするという最初からの構想は一貫不動とし、同時にまた各巻別にでも、それぞれにまとまった一本として読者諸氏の満足をあがない得るようにしたいと期待したので、なかには、あえて重複をいとわず記述や説明の労をとった点もある。

次には執筆するについての基本的理念のことである。第一巻の明石さんの序で明らかにされているように、第一巻の明治編は昭和十年〔1935〕に旧版を改造社から改修して出版するに際し、著者両人で熟議の結果、その内容に渋沢栄一翁の見解によるところが少なくないのであるから、文献としての価値から見ても、できるだけ原本の保全に忠実であらねばならないと心がけた。したがって、このたびこれを『日本金融史』の第一巻に充てるにしても、いくらかの補修を加えた外は、いわゆる衣鉢をそのままに受けついだということである。

第三に、大正編の原本は全く著者両人の合作といってよいが、それとて昭和十三年〔1938〕の版であり、その後二十年近くを経た上、ことに太平洋戦争によって世情が一変した今となっては、一事件、一問題に関する見かたや批判にも、おのずから異なるものがあるべきように思われるが、およそ明治時代から大正時代を通じて金融界に一貫していた指導理念は、自由主義に基づくサウンド・バンキングという一事につきる。だから、その大正時代の金融界が、どのような歩みをつづけてきたかを、ありのままに説述するためには、今さら、なまじ加筆などしない方がよかろうということに、両人の意見が一致したので、この第二巻についても本筋は改変しないことにした。

最後に、第二巻には、巻末に金融関係ばかりでなく、経済事項の主なものの統計表や、ほかに付録をのせたが、これは第一巻では、是非とも欠くことができないというほどの必要がなかったので、紙数の制約に応じて割愛したのを第二巻では、特にその必要を認めて補足したものであることを諒とされたい。

共著者の一人に先立たれて以来、すでに一年五ヵ月を経過した今日、あとにのこされた他の一人として、改めてこうしたあいさつを述べなければならない私としては、いまは、ただ感慨無量という外はないことを一言つけたして序にかえる次第である。

昭和三十三年二月一日

鈴木憲久

序（日本金融史第三巻昭和編）

第三巻を出すに当って、なによりもまず、ことわっておかなければならない要件は、第二巻の序に述べておいたように、共著者の明石さんが中途で永眠されたことである。第三巻の内容について共著者と意見を交換したのは金解禁の問題だけで、その他はすべて私自身が故人の主義や見解を酌量しながら、あえて共著としたまでのものである。といっても、これは決していささかでも故人に責任の一部を転嫁しようなどというつもりではない。本巻に関する限り全責任は私一人で背負うべきであることを終始念頭においている。

次に読者諸家の諒承を得たいことは、巻末がいま一段というところで尻切れの形になっている点である。これも決して責任のがれの弁解をするわけではないが、昭和の編を明治、大正の分と同様のページ数に集約しようというのは、もとより無理な注文である。どうかして所与のページ数までにまとめあげようと試みた結果、大体、講和条約の発効すなわちわが国が独立を確保するまでの経過を、かろうじて収め得たが、それでも紙数が意外に超過せざるを得なかったことは遺憾である。

しかしまた独立後における国の歩みは、引きつづいてこれを「歴史」の一節と見るには、あまりに「現代」の画期内に属しすぎる。それは現代編とでも名づけて、改めて続巻または別著にゆずるべきであろうと思った。なにはともあれ、明治維新前後から太平洋戦争後までのわが金融界の消長を明らかにし、それによってこの間にわが国民経済が推移してきた経過を認識してもらいたいというのが、この小編のねらいにほかならないのである。

第三には、用語や表現の方法が時勢の変遷にともなってかわってきたことにも注意を要するものがある。殊に末段で日華事変の勃発から太平洋戦争の終末まで、わが国民としては空前の大事変を体験したこととて、こうした用語や表現の異動はむしろ当然の移りかわりといえる。たとえば「特殊銀行」が「特別銀行」になったのなどはまだしも、「政府機関」とか「政府関係機関」などという新しい機関が出現する。「金融機関」の実体についても、法令上の定義が客観的情勢の変化にともなって異なってくるというようなわけである。

終りに、この第三巻の執筆には共著者に先だたれたという不測の不幸のほか、さきに二度の戦災をこうむっていっさいの文書を焼失した筆者としては、資料集めや事実の調査や参考文献の照合などに、おうおう絶望的な難渋にすら陥らざるを得なかったが、幸いにも私の兼務している拓殖大学大学院で私の助手をつとめてくれている福田俊夫君が甚大の協力を与えてくれたので、ようやくここまでたどりつくことができたのは予想外の好運であった。ここで同君に対し心から謝意を表する次第である。

共著者が逝いて満二周年に当る

昭和三十三年九月二十九日

鈴木憲久

明石照男（あかし・てるお／1881-1956）

1906年東京帝国大学法科大学政治科卒業。1911年第一銀行入行、1935年同行頭取。1940年日本銀行参与理事。1943年帝国銀行会長。1945年貴族院議員。1946年公職追放。1951年日本経済団体連合会顧問。著書『明治銀行史』『青淵渋沢栄一』『三聖人の経済道徳観』等。

鈴木憲久（すずき・のりひさ／1889-1960）

東京商船大学中退。1930年東京帝国大学経済学博士。大阪毎日新聞経済部記者、時事新報論説員、拓殖大学教授・総長、日本大学教授を歴任。著書『最近日本財政史』『統制経済と景気の動向』『国民経済と広域経済』『財政新講』等。

近代日本金融史要（大正昭和編） 震災・恐慌・総力戦

刊　行　2025年4月

著　者　明石照男

鈴木憲久

刊行者　清藤　洋

刊行所　書肆心水

東京都渋谷区道玄坂 1-10-8-2F-C
https://shoshi-shinsui.com

ISBN978-4-910213-61-3 C0021

—既刊書—

日本銀行近代史

創設から占領期まで

三宅晴輝［著］

総裁の権力、通貨の信認、その歴史性

激動の日本近代の諸局面において、日銀は何を守り誰を救ってきたか。日本資本主義の建設と発展に大きくあずかった近代日銀。1882年の日本銀行条例による営業開始から、1942年の日本銀行法を経て、1997年の新しい日本銀行法により現在に至るまでの日銀——その簡潔平易な前半史。

本体5900円＋税

日本銀行・通貨調節・公益性

金本位制から管理通貨制への経験と理論

深井英五［著］

金利政策と公益、通貨量と生産力

日銀が視野に収めるべき公益とは何か——近代の経験からの示唆。近代日銀歴代総裁きっての国際派、第13代総裁深井英五が語る中央銀行通貨調節の基本。金本位制の有無を超越して貨幣経済に共通なるべき道理を探求した思索と実務の記録。実際的で理論的な、ドグマなき日銀経営の経験。

本体6900円＋税